本书为江西省社会科学规划项目"乡村振兴战略视域下江西传统村落的衰退遏制及价值重塑研究"（项目编号：20SH12）成果之一

本书为上饶师范学院学术著作出版基金资助项目成果

本书为上饶师范学院博士科研启动费资助项目成果

韩城宗族

一个"城中族"的文化实践

戴五宏 著

中国社会科学出版社

图书在版编目（CIP）数据

韩城宗族：一个"城中族"的文化实践 / 戴五宏著. 北京：中国社会科学出版社，2024.10. -- ISBN 978-7-5227-4063-8

Ⅰ．K820.9

中国国家版本馆 CIP 数据核字第 202496JN73 号

出 版 人	赵剑英
责任编辑	金　燕　石志杭
责任校对	闫　萃
责任印制	李寡寡

出　　版	中国社会科学出版社
社　　址	北京鼓楼西大街甲 158 号
邮　　编	100720
网　　址	http://www.csspw.cn
发 行 部	010-84083685
门 市 部	010-84029450
经　　销	新华书店及其他书店
印　　刷	北京明恒达印务有限公司
装　　订	廊坊市广阳区广增装订厂
版　　次	2024 年 10 月第 1 版
印　　次	2024 年 10 月第 1 次印刷
开　　本	710×1000　1/16
印　　张	18
插　　页	2
字　　数	260 千字
定　　价	98.00 元

凡购买中国社会科学出版社图书，如有质量问题请与本社营销中心联系调换
电话：010-84083683

版权所有　侵权必究

目 录

绪　论 ……………………………………………………………… 1

第一章　族与城：一个宗族与城市的互涵共生 ………………… 21
　　第一节　从移居到入籍 ……………………………………… 23
　　第二节　守城抗倭 …………………………………………… 36
　　第三节　易代鼎革 …………………………………………… 40
　　第四节　修西郊水坝 ………………………………………… 44
　　小结 …………………………………………………………… 53

第二章　分与合：陈氏宗族的凝聚与分化 ……………………… 55
　　第一节　宗族建构 …………………………………………… 56
　　第二节　从城居到县域 ……………………………………… 74
　　第三节　清代初期的宗族重整 ……………………………… 79
　　第四节　乾嘉以降的宗族分衍 ……………………………… 93
　　第五节　集体化时代的宗族消解 …………………………… 110
　　小结 …………………………………………………………… 112

第三章　组织与权力：陈氏宗族的结构特性 …………………… 115
　　第一节　家庭结构 …………………………………………… 116
　　第二节　房支结构 …………………………………………… 122
　　第三节　权力结构 …………………………………………… 142

小结 …………………………………………………………… *156*

第四章 土地、市场与资本：陈氏宗族的经济体系 ………… *158*
  第一节 土地 ………………………………………………… *159*
  第二节 市场 ………………………………………………… *186*
  第三节 资本 ………………………………………………… *194*
  小结 …………………………………………………………… *199*

第五章 宗族再造：陈氏宗族的文化重构 …………………… *203*
  第一节 宗族表征的重塑 ………………………………… *204*
  第二节 仪式与象征的再造 ……………………………… *228*
  第三节 宗族化运动下的寻根潮 ………………………… *240*
  第四节 遗产政治叙事下的文化实践 …………………… *243*
  小结 …………………………………………………………… *250*

结论 "城中族"的再发现 …………………………………… *253*

参考文献 ………………………………………………………… *260*

后　记 …………………………………………………………… *281*

绪 论

◇ 一 研究缘起与问题意识

宗族是传统中国社会中最基本的结构单元,也是认识和理解中国社会最重要的窗口。一直以来,宗族研究受到了人类学、历史学、社会学和政治学等诸多学科的共同关注,产生了十分丰富而精彩的研究成果。坦白讲,宗族早已是一个老生常谈的议题,似乎很难再取得一些实质性的突破和进展。然而,综观以往的宗族研究成果可以发现,学界对城市宗族的研究仍十分薄弱。由于宗族所具有的血缘性和乡土性,人们常理所当然地认为宗族主要存在于血缘与地缘高度紧密结合的村落,而非城市之中。人类学家莫里斯·弗里德曼在其名著《中国东南的宗族组织》一书中开篇即点明:"几乎在中国的每一个地方,几个紧密相连的村落构成乡村社会的基本单位。氏族(书面语一般为'世系群'或'宗族')通常只是村落的一个部分。但是,在福建和广东两省,宗族和村落明显地重叠在一起,以致许多村落只有单个宗族,继嗣(agnatic)和地方社区的重叠在这个国家的其他地区也已经发现,特别是中部的省份,但在中国的东南地区,这种情况似乎最为明显。"① 显然,弗氏的

---

① [英]莫里斯·弗里德曼:《中国东南的宗族组织》,刘晓春译,上海人民出版社2000年版,第1页。

观察甫一展开，即涉入中国东南地区传统乡村社会中一项最为引人注目的特征，"宗族与村落相重叠"所谓"宗族村落"这一现象，而这也长期占据着汉人宗族研究范式的主导性地位。相反，城市宗族则长期未能得到学术界应有的重视，如美国社会学家奥尔加·朗（olge Lang）就曾直接断言："同宗（宗族）只存在乡村或小镇，城市里实际上没有同宗的祠堂和族长。"① 裴达礼（Hugh D. R. Baker）在一篇收于施坚雅主编的《中华帝国晚期的城市》的文章中，尽管已注意到城市宗族的存在。不过同时他也指出，在城市中，由于宗族成员难以分享共同的族产，他们的职业分化程度高，社会流动性和地理流动性都非常大，并不再依赖宗族提供安全保障，这些因素导致宗族的分裂和解体，而为了适应城市生活而建构出来的联宗组织和宗亲会则得以存在和发展。②

2011年4月，笔者跟随指导老师张先清教授赴闽东韩城③从事田野调查工作，在这期间参访了上杭陈氏宗祠。该祠位于市政府驻地即原古县衙驻所后方仅百来米，是始建于明代中叶奉祀韩城陈氏肇基始祖陈孺的宗祠。当时，适逢宗祠修缮竣工，陈氏宗族正在举行曾中断数百年的晋主④仪式庆典，此前各房族已相继将历代列祖列宗的龙牌晋入宗祠享祀。我们有幸躬逢其盛，参加了这场声势浩大的仪式活动，整个仪式场面之隆重、参加人数之众、耗费人力物力之巨，以及在此过程中组织管

---

① [英] 休·D. R. 贝克《传统城市里的大家族》，载 [美] 施坚雅主编《中华帝国晚期的城市》，叶光庭等译，中华书局2000年版，第598页。
② 参见 [英] 休·D. R. 贝克《传统城市里的大家族》，载 [美] 施坚雅主编《中华帝国晚期的城市》，叶光庭等译，中华书局2000年版，第594—619页。
③ 韩城是自宋淳祐五年（1245）析分长溪县地置福安县以来的县治所在地，现为福安市政府驻地。相传宋朝以前最先由韩氏所肇基，故名韩阳，之后设县治故又称韩城。城内有山"形如廌，邑居其山之下"称为廌山，因而廌城亦是福安宰邑者及地方文人雅士所惯常使用的简称。但由于廌字较为晦涩生僻，为了表述的便利，本书拟用"韩城"来指称福安城，这既遵循了取用学名的学术惯例，又顾及了地方传统。
④ 指将祖先牌位送到祠堂中享祀，也称"进主"，在族谱资料和当地仪式中时常将二者混用。

理之井然有序，都给我们留下了极为深刻的印象。

通过查阅族谱等相关历史文献及对族中耆老的初步访谈，得知陈氏宗族共有八大房，房族之下又各有分支，现总人口约有三万人。自宋代肇基以来，族人长期居住在韩城北门的上杭、官埔、后垅一带，繁衍生息，至明代中叶建祠于上杭凤岗之麓，逐渐发展成为邑内望族。尽管随着宗族人口的不断增殖，陆续有族人向邑内周边村落、集镇移居，尤其是嘉靖三十八年（1559）倭寇进犯韩城，因城中军备不足，北门无兵可守，陈族自告奋勇组织族人守卫北门抗击倭寇，但终因寡不敌众导致城破，史称"己未之变"①。城陷后，倭寇伺机报复，大肆屠戮，陈氏一族遇难者有千余人，许多族人逃出城外避难乡里，直至寇乱平定后才重新返回城中居住生活。这是一个与城市如此紧密地联结在一起的宗族。在经过初步的田野调查之后，笔者隐约地意识到，韩城陈氏宗族的个案似乎代表了为此前学术界的宗族研究所长期忽视和弱化的一种基本类型——"城中族"。既有的宗族研究把焦点放在乡村，而这并不能够完全代表中国社会的整体性知识。因此，本书拟以韩城陈氏宗族为例来探究这一系列相关问题：究竟有没有"城中族"这样一种宗族基本类型存在？如若存在，它又是如何在城市社会中生长、发育起来并在急剧变迁的社会环境中得以延续和发展的？它在中国社会结构中扮演着怎样的角色？

◇ 二 被忽视的"城中族"

宗族作为中国传统社会结构的基础，其在传统社会中所处的地位几乎可说是无与伦比的。明清时期，宗族建设被许多杰出的思想家视

---

① 陆以载修纂，福建省地方志编纂委员会整理：万历《福安县志》卷9《杂纪志·外夷》，厦门大学出版社2009年版，第224—225页。

为挽救社会危机、安邦济民的治国方略。明末大儒顾炎武极力颂扬世家大族在安定社会、抵御外敌中的积极作用。清代启蒙思想家魏源更是说得直白明快："天下直省郡国各得是数百族，落落参错县邑间，朝廷复以大宗法联之，俾自教养守卫，则鳏寡孤独废疾者皆有所养，水旱凶荒有恃，谣俗有所稽察，余小姓附之，人心维系磐固而不动，盗贼之患不作矣。"①

清末以降，宗族尤其受到追求国家独立自强的革命先贤、社会活动家和知识分子的普遍关注。孙中山先生在其《民族主义》讲演中就曾提出由宗族结为国族的构想，希冀从宗族传统当中发掘出现代民族国家建设的积极性资源。②同时，也有一些不同意见，如被胡适先生誉为"中国思想界清道夫"的吴虞则直陈说："儒家以孝弟二字为二千年来专制政治、家族制度联结之根干，贯彻始终而不可动摇。使宗法社会牵制军国社会，不克完全发达，其流毒诚不减于洪水猛兽矣"，因而他力主摧毁传统宗族，认为"家族之专制既解，君主之压力亦散，如造穹窿然，去其主石，则主体堕地"③。毛泽东在其早期著作《湖南农民运动考察报告》中亦曾指出，近代中国"由宗祠、支祠以至家长的家族系统"构成的族权是"束缚中国人民特别是农民的四条极大的绳索"之一。④尽管上述诸家因其时代背景、政治立场及知识阅历等不同，而对宗族所持的观点和态度迥然相异，但毫无疑问地都表明了宗族在中国社会中所具有的举足轻重之地位与作用。从某种意义上说，宗族是认识和理解中国社会最重要的窗口之一。因此，对于这样一个具有重大理论价值和社会现实意义的课题，长期以来人类学、历史学、社会学和政治学等诸

---

① 魏源：《庐江章氏义庄记》，载《皇朝经世文编》卷59，世界书局1964年版。
② 孙中山：《三民主义》，岳麓书社2000年版，第47—68页。
③ 吴虞：《家族制度为专制制度之根据论》，《新青年》第2卷第6号，1917年。
④ 毛泽东：《毛泽东选集》（第一卷），人民出版社1991年版，第31页。

多学科领域的中外学者都投入了极大的关注度,并从各自的学科立场和理论视角展开研究,取得了极为可观的研究成果。①

在中国传统社会中,"城市"通常是指中央政府下属县以上地方政权机关所在地,大体上均是由于在行政上的重要性而具有筑城的资格和需要,包括都城、省会、府城、州城、县城等各种不同层级。"宗族"通常是指分居异爨而又认同于某一祖先,聚居于一定地域范围内的亲属团体或拟制的亲属团体。② 顾名思义,"城市宗族"即指分居异爨而又认同于某一祖先,聚居于城市社区的亲属团体或拟制的亲属团体。然而,由于宗族所具有的血缘性和乡土性,人们通常理所当然地认为宗族主要存在于乡村而非城市,如深受我国著名社会学家潘光旦推崇的美国学者奥尔加·朗女士在其著作中就曾指出,宗族只存在于乡村或小镇,而城市里则没有同宗的祠堂和族长。人类学家弗里德(Morton Fried)则认为:"只有极少数宗族是严格属于城市的",裴达礼虽然承认城市中存在宗族组织,但他同时指出"城市宗族在发展方面和社会意义方面,都比农村宗族受到多得多的限制"③。萧公

---

① 目前,已有不少学者分别从各自的学科立场和背景出发,对宗族相关的研究成果进行了精彩的回顾与评述。其中,较具代表性的述评性文章有:陈奕麟《重新思考 Lineage Theory 与中国社会》,《汉学研究》第2卷第2期,1984年;陈其南《汉人宗族制度的研究——弗里德曼宗族理论的批判》,《考古人类学学刊》1991年第47期;王铭铭《社会人类学与中国研究》,生活·读书·新知三联书店1997年版,第65—111页;常建华《二十世纪的中国宗族研究》,《历史研究》1999年第5期;张宏明《宗族的再思考——一种人类学的比较视野》,《社会学研究》2004年第6期;陈纬华《人类学汉人亲属研究:回顾与批评》,《汉学研究通讯》第23卷第1期,2004年;周建新《人类学视野中的宗族社会研究》,《民族研究》2006年第1期;乔素玲、黄国信《中国宗族研究:从社会人类学到社会历史学的转向》,《社会学研究》2009年第4期;石奕龙、陈兴贵《回顾与反思:人类学视野下的中国汉人宗族研究》,《世界民族》2011年第4期。鉴于既有的这些研究论著已经对中国宗族的研究状况进行了详细的回顾,此处不再重复这些工作,而是拟就与研究主题较为密切相关之城市宗族的研究成果加以扼要的评述。

② 郑振满:《明清福建家族组织与社会变迁》,中国人民大学出版社2009年版,第14页。

③ 转引自[英]休·D.R.贝克《传统城市里的大家族》,收入[美]施坚雅主编《中华帝国晚期的城市》,叶光庭等译,中华书局2000年版,第598—600页。

权指出，城市虽然时常为许多规模较大、组织较强的同宗选为大宗祠结成联宗组织①，但这并非散居宗族②。大体而言，目前学术界所谓的城市宗族研究主要集中在联宗组织、城居宗族以及城中村宗族三个方面，下文将逐次加以简要评述。

一 联宗组织研究

"联宗组织"是指由分布于区域范围内的乡村分祠以共有、资助公有的方式在城市（省、府、县城）修建大宗祠，以为其成员应试、商贸、纳粮、诉讼等相关活动提供便利，并根据父系世系关系组成的宗族联合体③；尽管谈迁、张尔岐、顾炎武、赵翼等传统学者均曾对联宗、通谱、认族等现象做出相应的评断和解释，但真正在现代学术意义上奠定联宗研究理论基础的则是以日本学者牧野巽分别于1948年和1949年发表的《广东的合族祠与合族谱（之一）——以庐江何氏书院全谱为例》《广东的合族祠与合族谱（之二）——以苏氏武功书院世谱为例》两篇论文，文章对联宗组织的基本性质、功能性因素等进行了详尽的论述和分析。④莫里斯·弗里德曼在《中国宗族与社会》一书中对"地域世系群"

---

① 弗里德曼在《中国的宗族与社会》一书中，从与地域社会的关系角度考察了宗族具体的存在形态，提出了"地域世系群"（local lineage）、"上位世系群"（higher-order lineage）、"分散世系群"（dispersed lineage）等概念。地域世系群（村落宗族）是指聚居于村落或村落一隅的宗族，上位世系群（联宗组织）是由若干个村落宗族在共同祖先的基础上所组成的，而分散世系群（散居宗族）则是指地域世系群中的部分成员分散居住在聚落之外，即当迁居者子孙仍是原居地村落宗族的成员时，就构成散居宗族。参见 Freedman Maurice, *Chinese lineage and Society: Fukien and Kwantung*, London: Athlone Press, 1966, pp. 20–21。

② Hsaio Kung-Chuan, *Rural China: Imperial Control in the Nineteenth Century*, Seattle: University of Washinton Press, 1972, p. 699.

③ 参见钱杭《血缘与地缘之间：中国历史上的联宗与联宗组织》，上海社会科学院出版社2001年版。他通过对联宗组织的世系学原则的深入研究，指出"联宗是中国宗族发展到一定阶段以后的产物"，"联宗的结果不是形成一个新的宗族组织，而是形成一个建立在共同利益基础上的同姓或异姓的功能性地缘联盟"。

④ 牧野巽二文收入东京御茶水书房1985年出版《牧野巽著作集》第6卷《中国社会史诸问题》。转引自钱杭《血缘与地缘之间：中国历史上的联宗与联宗组织》，上海社会科学院出版社2001年版，第40—48页。

(local lineage 村落宗族)、"上位世系群"(higher-order lineage 联宗组织)、"分散世系群"(dispersed lineage 散居宗族)等基本概念作了比较明晰的界定。① 此外，日本学者上田信、田仲一成、未成道男、濑川昌久等均曾对联宗组织进行过相应的研究。

钱杭在《血缘与地缘之间：中国历史上的联宗与联宗组织》一书中，综合运用历史学、文献学、社会学和人类学的方法，在充分总结学术界已有成果的基础上，从同姓联宗、通谱、中国古代世系学三个方面考察了联宗的历史渊源，并分别对同姓联宗和异姓联宗的根据、过程和类型进行了精彩的分析。② 黄海妍在《在城市与乡村之间：清代以来广州合族祠研究》一书中探讨了清代以来广州城中合族祠的发展演变情况，并指出"尽管合族祠努力塑造符合正统宗族观念的宗祠形象，但是这些由各地同姓宗族组合而成的松散联盟，本身并不是一个宗族组织"，无论是哪一种合族祠，它们都位于广州城中，又为参与其中的各地同姓族人赴广州应试、候委、纳粮、诉讼提供居所，成为来自各地乡下的同姓宗族在广州城中共同建造的联络点和办事处。因此，清代以来广州城中的合族祠"实际上是一个介于城乡之间的社会组织"③。黄挺以20世纪前30年广东省汕头市的三个联宗组织为研究对象，通过对祠堂建筑、族产设立和使用、族谱编纂等方面的考察指出，在这一时期汕头的联宗活动中，商人起到了非常重要的作用。而这与汕头开埠后的商业发达、竞争激烈密切相关。联宗的目的是借助宗族的力量，以便提高竞争力进而获取更大的商业利益。④ 于云瀚在讨论古代城市中民间社、会的基本

---

① Freedman Maurice, *Chinese lineage and Society: Fukien and Kwantung*, London: Athlone Press, 1966, pp. 20–21.
② 钱杭：《血缘与地缘之间：中国历史上的联宗与联宗组织》，上海社会科学院出版社2001年版。
③ 黄海妍：《在城市与乡村之间：清代以来广州合族祠研究》，生活·读书·新知三联书店2008年版，第117、223页。
④ 黄挺：《城市、商人与宗族——以民国时期汕头市联宗组织为研究对象》，《中国社会历史评论》第10卷，天津古籍出版社2009年版，第103—113页。

特征时指出，尽管古代中国历经动乱，社会经济形态、国家政权形式多有变迁，但构成其社会基石的始终是由血缘纽带维系着的宗族制度，它同时也构成古代中国"人以群分"的现实基础。由一个男性祖先的子孙团聚而成的宗族，因其经济利益和文化心态的一致性，往往会形成较为稳固的且能够超越时空的社会实体。虽然这种"实体"在乡村具有更为明晰的表现，但在古代城市的民间社会组织中，也表现得同样明显。而且由于城市中人口流动性大、社会交往增多，这种"实体"还可通过盟誓结拜及"以文会友，以友辅仁"等"类血缘化"形式，使其无限地扩大化。①

二　城居宗族研究

"城居宗族"是指传统上由于乡村宗族内部的阶层分化，宗族士绅、地主城居化而形成的乡村宗族的城市分支。② 明清时期，江南作为中国的经济与文化重心，商品经济活跃发达，乡村宗族内部发生急剧的阶级分化，许多财力雄厚的乡间地主、士绅等精英阶层开始麇集在生活优裕、交通便利、信息灵通的城市。③ 这些精英阶层在城居化后，经过数代繁衍、发展而逐渐形成乡村宗族的城市分支即城居宗族。④ 在江南地区，这些世泽绵延的家族往往就是经学、史学、文学、艺术等各种文

---

① 于云瀚：《古代城市中民间社、会的基本特征》，《人文杂志》2001年第1期。
② 参见叶舟《中国传统社会中的宗族与城市：以清代常州为中心》，《史林》2010年第3期。
③ 参见［日］北村敬直《关于明末清初的地主》，《历史学研究》140号，1949年；［日］重田德《乡绅支配的成立与结构》，收入《日本学者研究中国史论著选译》第2卷，中华书局1993年版；吴滔《流动的空间：清代江南的市镇和农村关系》，博士学位论文，复旦大学，2003年。
④ 乡间地主城居化主要有两种模式：一是乡间宗族的贵显之后徙居城市，而支族犹居乡间；二是外地乡村宗族成员来某城市为官，遂定居城中，并建立宗族组织，形成一种完全的城居宗族模式。参见叶舟《清代常州城市与文化：江南地方文献的发掘及其再阐释》，博士学位论文，复旦大学，2007年；《中国传统社会中的宗族与城市：以清代常州为中心》，《史林》2010年第3期。

化发展的载体,甚至左右着当时文化发展的方向。显然,对江南城居宗族的研究,实际上是探究区域社会、经济、文化以及地方政治的重要窗口,因而涌现出许多重要的研究成果。

20世纪40年代,著名优生学家、社会学家潘光旦在《明清两代嘉兴的望族》一书中,通过对嘉兴91个望族的考察,统计分析出所谓"君子之泽五世而斩"的说法不能成立,他指出贤明的母教、优良祖先品质遗传以及家族迁徙、婚姻网络等客观实在的因素才是决定世家大族兴衰成败的关键。[①] 20世纪80年代,江南家族研究重新回到学者们的视野当中。赖惠敏在《明末清初士族形成与兴衰——若干个案的研究》一文中,重点考察了苏州申时行、太仓王锡爵、海宁查继佐等数个家族在明清之际的兴衰成败,指出这些家族充分把握了当时商品经济发展的良机,通过手工业、商业积累获得了稳定的经济基础,并大力培养科举人才,从而持续地在地方社会发挥重要影响力。[②] 吴仁安先后出版两本学术专著,分别对上海以及苏南镇江、常州、苏州、太仓三府一州和皖南徽州的著姓望族做了详尽的研究和分析。[③] 美国学者艾尔曼所著《经学、政治和宗族——中华帝国晚期常州今文学派研究》一书,突破思想史与社会史研究的畛域、隔阂,深入探讨了清代常州今文学派的形成过程中经学、宗族与国家正统意识形态三者之间互动的复杂关系。尽管全书的主旨是围绕着今文经学而展开论述的,但他对于庄存与、刘逢禄两个科举世家在常州今文经学形成中的支配性角色给予了充分重视,他指出,"士绅的政治结合如何是基于非亲族的纽带,就会被界定为'私'(即自私),而且会遭到禁止,基于亲族关系的社会组织则受到鼓励,称之为'公',正好和现代西方的命名相反……1900年以前中国宗

[①] 潘光旦:《明清两代嘉兴的望族》,上海书店1991年版。
[②] 赖惠敏:《明末清初士族的形成与兴衰——若干个案的研究》,收入《明清之际中国文化的转变与延续研讨会论文集》,(台北)文史哲出版社1991年版,第377—438页。
[③] 吴仁安:《明清时期上海地区的著姓望族》,上海人民出版社1997年版;《明清江南望族与社会经济文化》,上海人民出版社2001年版。

族的发展，不是出自'私人'对国家的对抗，反而是国家和士绅精英之间'公共'互动的演变结果"①。王标在其所著的《城市知识分子的社会形态：袁枚及其交游网络的研究》一书中，对苏州、扬州、南京三座城市的宗族构造进行了比较，他认为由于苏州和扬州社会结构的不同，导致两座城市的宗族构造呈现出不同的特点，苏州范氏义庄宗族模式是其宗族组织的典范和样板，这也使得苏州成为我国宗族组织中最完善和最具代表性的一个地域，而在扬州创建宗族组织的主要是从事盐业的徽州商人，他们出于商业利益的考量，纷纷在"占籍"之地修纂族谱和建立宗祠，但较少设置赡养贫困族人的义田，却大力投资公益事业扩大救济对象，体现出更多的公共性特征，其经济基础主要依赖商业利润，而极少像一般宗族那样依靠土地收入。而南京作为总督、府、县三个行政级别的政府共同所在的政治性城市，很难让各个层级的官僚们放弃对地方政治的指导力，而将地方秩序的维持委托给地方精英的做法几乎是不可能的，因而政府对宗族组织抱有某种程度的戒备之心，使得南京宗族的发展受到规限。②

值得注意的是，周泓通过对清季民国北方商镇杨柳青的考察，提出市镇"商域宗族"的概念，指出商号是市镇的空间与记忆符号、基本组织形式，绅商、商绅是市镇宗族的类型并引导市镇类型，宗族及其延伸组织为农人和商人市民所共有，宗族作为商人天然的内层信任机构具有营商功能；绅商、商绅是市镇宗族的核心圈层，中国式市民社会是绅商、商绅人格的复制或放大③，这在某种程度上补充了弗里德曼的宗族

---

① [美]艾尔曼：《经学、政治和宗族——中华帝国晚期常州今文学派研究》，赵刚译，江苏人民出版社1998年版，第19页。

② 王标：《城市知识分子的社会形态：袁枚及其交游网络的研究》，上海三联书店2008年版，第50—53页。

③ 参见周泓《市镇宗族与圈层格局》，《学术研究》2013年第1期；《试论商域宗族》，《广西民族大学学报》2010年第4期；《商域与宗族：杨柳青商镇形态与基础结构》，《西北民族研究》2010年第3期；《北方市镇与"商域宗族"——兼论"圈层格局"》，《民族研究》2010年第1期。

研究模式，扩展了宗族类型研究。

三 城中村宗族研究

改革开放以来，随着我国现代化建设和经济的快速发展、城市化进程的不断推进，许多原本位于城区边缘的农村被划入城区，从而在区域上成为城市的一部分，与此同时，原本属于乡村的宗族演变为特定意义上的城市宗族即城中村宗族。这一现象尤其突出地表现在城市化进程发展迅猛，宗族传统发达的珠江三角洲地区，许多学者的研究都是在此一区域展开的。

美国社会学家葛学溥所著的《华南的乡村生活——广东凤凰村的家族主义社会学研究》是中国社会学、人类学的第一次对村落全面的田野调查，是第一本关于华南汉族村落社区的民族志报告。该书全景式地描述了凤凰村，记录和分析了其人口、经济、政治、教育、婚姻和家庭、宗教信仰和社会控制等方面的内容，并提出一个核心概念"家族主义"（Familism），他指出家族主义是一种社会制度，所有的行为、标准、思想、观念都产生于或围绕着基于血缘聚居团体利益的社会制度。[1] 周大鸣自1994年开始对凤凰村进行了多次人类学回访式的田野调查，并于1998年完成了凤凰村的续篇《凤凰村的变迁——〈华南的乡村生活〉追踪研究》[2]，以后又陆续回访并对凤凰村城市化及宗族制度的变迁等都做了有益的探索。广州南景村是与凤凰村齐名的学术名村，社会学家杨庆堃曾在1949年前后指导岭南大学社会学系的学生进行长时间的调查，从不同侧面和角度对其社会生活展开研究。[3] 自20世

---

[1] ［美］丹尼尔·哈里森·葛学溥：《华南的乡村生活——广东凤凰村的家族主义社会学研究》，周大鸣译，知识产权出版社2011年版。

[2] 周大鸣：《凤凰村的变迁——〈华南的乡村生活〉追踪研究》，社会科学文献出版社2006年版。

[3] Yang, C. K, *Chinse Communist Society: The Family and The Village*, Massachusets: The M. I. T. Press, 1965.

纪80年代以来，中山大学师生周大鸣、孙庆忠、高崇等相继对南景村开展了回访追踪研究。周大鸣、高崇在《城乡接合部社区的研究——广州南景村50年的变迁》一文中指出，南景村在20世纪40年代末50年代初是一个都市周边的村庄，宗族组织特别是车、莫两大宗族牢牢地控制着村民社会生活的绝大部分，至20世纪80年代发展为都市扩展中的村庄，当时村民的宗族意识较为淡薄，直到20世纪90年代则完全发展成为都市里的村庄，随着宗族祠堂的修复、祭祖仪式的恢复以及宗族长老影响的扩大，原本淡薄的宗族意识重新焕发出生机。[1] 高崇发表的《都市化进程中华南宗族的演变动态：以南景村为例》一文对南景村个案进行了进一步的深入考察，指出宗族虽然被官方列为都市化进程的客体，但在地方社会中仍具有主体能动性，并与不断成长的都市现代性互动。他认为宗族能动性主要包括三个方面：一是宗族与国家认可的村庄正式权力结合；二是族产的公司化经营管理；三是努力从祭祖中建构和发掘适应当代市场社会需要的象征性资源，祭祖观念也开始顺应社会文化的转型。最后得出结论说，宗族作为一种社会组织方式，不仅没有把自己跟现代化话语对立起来，而且通过经济发展提供的良好条件得以再组织和延续。[2] 孙庆忠通过对隶属于广州市海珠区管辖的三个城中村的考察指出，尽管传统观念的文化土壤、都市环境的心理适应以及经济利益的内在牵引使得都市宗族得以延续，但是都市生活的浸染也使得宗族权力日渐萎缩，宗族意识日趋消解。而随着"城中村"改造、"村庄的终结"，都市村民的宗族生活必将转化为远离其传统载体的文化躯壳，并在跨越边界的社区网络中渐淡地延续下去。[3]

---

[1] 周大鸣、高崇：《城乡接合部社区的研究——广州南景村50年的变迁》，《社会学研究》2001年第4期。

[2] 高崇：《都市化进程中华南宗族的演变动态：以南景村为例》，《浙江大学学报》2005年第3期。

[3] 孙庆忠：《乡村都市化与都市村民的宗族生活——广州城中三村研究》，《当代中国史研究》2003年第3期。

周建新的《动荡的围龙屋：一个客家宗族的城市化遭遇与文化抗争》是一部关于一个客家宗族城市化遭遇的民族志，讲述了作为粤东地区客家人宗祠、祖屋空间载体的围龙屋古建筑面临城市拆迁的遭遇，以及客家人对此的反应、态度和行动。全书采用"过程—事件分析"的研究路径和"文化抗争中相互建构"的分析框架，重点阐述了钟村客家宗族针对祖祠拆迁而发起的保护围龙屋运动的原因、过程、特点及其社会文化意义，深入分析客家宗族社会与现代变迁、文化保护与现代化等问题，探讨文化抗争背后的心理活动、行为方式及策略手段，回应人类学关于传统文化研究与保护的时代主题。① 田阡、孙箫韵对深圳龙西客家社区的城市化进程及其宗族状况进行考察，着重从宗族的习俗调整、聚居格局、经济基础和权威体系等几个方面，探讨了宗族在城市化进程中所发生的一系列变化，指出现代社会的价值元素的传入，并不代表着传统文化特征的消退，在某种程度上二者是可以并存和相互融合的。② 侯功挺的硕士学位论文《传统的再造——一个华南城市宗族的人类学考察》通过对厦门薛岭陈氏宗族保护龙源宫文化遗产个案的考察，研究都市化背景下小型宗族如何灵活运用各种资源来适应转型期社会环境的变化，为宗族谋求最大的生存与发展空间，指出弱小宗族虽然不如强宗大族一样能够成为相互博弈，进而影响力量对比的一方，但其往往能够避实就虚，通过及时改变策略来应对社会环境的变化，因而更具有灵活适应性。③

此外，尽管都市人类学在相当长时期内都十分重视亲属关系等相关议题的研究，但其所聚焦的是亲属关系在城市中的持续性，或者说亲属关系在乡村移民城市适应过程中所发挥的作用和影响，而很少将其作为

---

① 周建新：《动荡的围龙屋：一个客家宗族的城市化遭遇与文化抗争》，中国社会科学出版社2006年版。
② 田阡、孙箫韵：《城市化进程中的宗族变迁——以深圳龙西客家社区为例》，《广西民族研究》2007年第2期。
③ 侯功挺：《传统的再造——一个华南城市宗族的人类学考察》，硕士学位论文，厦门大学，2009年。

透视城市社会结构的基础。① 与此相对应，近年来我国都市人类学虽然加强了对"单位""居民委员会""机关大院"等由新政权在集体化时期所建立的城市基本组织的研究②，却忽略了对构成传统城市（老城区）内在肌理的家族、宗族等相关议题的研究。

毋庸置疑，以上这三个方面的研究均在一定程度上扩展了宗族研究的面向，但是其考察对象应仅算是宽泛意义上的城市宗族。联宗组织（合族祠）与城居宗族的研究实际上探讨的是传统社会中城乡之间的互动联结，而城中村宗族研究则主要探讨的是乡村宗族的现代城市适应策略问题。显然，这些研究的根本出发点和落脚点还是集中在乡村，而未曾真正触及宗族与城市的嵌入性关联，其导致的结果就是"城市本位（城市性）"的宗族即"城中族"研究长期遭到学术界的忽视和弱化。此外，对这些所谓宽泛意义上的城市宗族的研究，尤其是联宗组织和城居宗族的考察主要还是依靠文献史料所做的历史研究为主，而较少有比较深入的人类学田野调查研究，"田野在场感"的缺失不仅使其研究无法呈现鲜活的社会事实，同时也使其对文献的解读和把握存在相应的不足。因此，本书拟在借鉴既有研究成果的基础上，充分利用人类学的田野调查方法，将田野考察与文献分析有机地结合起来，尝试以闽东韩城陈氏宗族为例，对一个"城中族"是如何在城市中生长、发育起来，并在急剧变迁的城市社会环境中得以延续和发展的文化实践过程加以考察，希图借此能拓展中国宗族的类型研究。

◇ 三　研究方法、基本概念与分析构架

对于研究方法、基本概念和分析构架的介绍及说明，将有助于更清

---

① 周大鸣：《未来的都市与都市人类学——都市人类学研究（下）》，《广西民族学院学报》1997年第4期。
② 余冰：《西街社会：对一条广州老城街道中社区组织的研究》，博士学位论文，中山大学，2008年。

晰地展示本书所采用的科学手段、研究路径、核心议题以及写作的基本构思和章节逻辑。

一 田野与资料

宗族研究是人类学、社会学、历史学、政治学等学科共同关注的议题，本书将主要以人类学的学科视角为基础，并借鉴其他相关学科的理论视野和研究成果，以便尽可能地展开综合性的分析。

宗族既是历史现象，又是现实问题，这就决定了宗族研究不能仅仅只停留在文献资料的利用上，而应当扩大资料搜罗的范围和方法，在积极收集族谱、方志等史料的基础上，加强田野调查资料的发掘，以便使得资料更为丰富完整，同时也对文献史料进行批判性利用。诚如葛剑雄所指出："家谱所记载的内容，从本质上说都属于观念层面、制度层面或家族上层，与实际情况往往有很大的差距，更难于代表家族的底层、内部的实际。一般的家族无不扬善隐恶，如果不了解当地的历史背景，就不可能得出正确的结论。"[①] 因此，本书资料主要来源于笔者田野调查之所见所闻以及族谱、方志、档案、碑刻等相关文献史料两个方面。以下笔者将简要叙述田野调查以及资料收集之过程。

2011年4月，笔者跟随指导老师张先清教授赴闽东韩城从事田野调查工作，从而有机会第一次接触到陈氏宗族。在调查期间，我们不仅先后参访了陈氏宗祠以及肇基始祖孺公墓，而且当时适逢宗祠修缮竣工，各房族相继将列祖列宗之龙牌晋入宗祠享祀，我们也有幸观察和记录了丙一支晋主的仪式过程，整个仪式场面之庄严隆重，管理秩序之井然有序，都给笔者留下了极为深刻的印象。据初步调查得悉，陈氏族人长期繁衍生息在城市中，而其宗祠、祖墓均位处韩城中心地段，这许多表现均与平常我们所见之乡村宗族迥然相异。尽管当时笔者对此议题尚无具体和深入的想法，但此次调查却埋下了重新认识中国宗族类型的诱

[①] 葛剑雄：《家谱：作为历史文献的价值与局限》，《历史教学问题》1997年第6期。

因。此外，笔者还分别收集到乾隆六十年（1795）、道光元年（1821）以及1965年等不同时代与陈氏族人有关的房屋、店铺买卖契约。

2011年暑期，在指导老师的带领下笔者再次对陈氏宗族展开田野调查。在此次调查过程中，我们不仅参访了陈氏宗祠理事长家族位于城内三姓路的祖厝，并在陈祠理事的陪同下先后对后垅兴隆宫、隆坪节孝坊、城郊虎啸山蕙房开支祖墓、溪柄茜洋华房陈就冈墓等宗族文化遗迹进行了实地考察，同时也了解到其背后的人物故事信息。为了解陈氏宗族人口与家庭结构的基本情况，我们还选取兰房二支作为抽样调查对象，随机发放了家户调查表格120份，最终有效回收115份，这些统计资料是了解陈氏家庭结构类型的主要资料来源。与此同时，我们还曾前往韩城档案馆查阅了相关文献史料，并在宗祠会议室与理事会成员进行了深入的座谈。此外，陈氏各房所藏三十余册谱牒则悉数由宁德市方志办主任缪品枚先生拍摄提供，较早的有清道光十八年（1838）所修之《凤岗陈氏左一房族谱》和光绪戊戌年（1898）所修之寿房丙一支《颍川陈氏族谱》，而其主体部分则是民国时期及20世纪90年代两次重修之谱牒。这些族谱资料不仅为本书重构陈氏宗族之发展历程提供了资料基础，而且其中收录的案卷、碑刻、诗文等则使宗族重大历史事件得以精彩地呈现，并为当下的田野调查提供了相应的线索和脉络。

2012年7月，笔者先后对陈氏宗族以及韩城甘棠镇所在地之甘棠堡进行了考察，并在综合考量研究主题、田野现场进入等各种因素的情况下，最终决定选择陈氏宗族作为研究考察对象，以探讨长期被学术界忽略的"城中族"议题。经过较长时间对此前收集的族谱、档案等文献资料的认真阅读，笔者从文本上大致了解到陈氏宗族在城市社会中的基本发展脉络。2013年3月27日，笔者正式对韩城陈氏宗族展开田野调查工作，承蒙陈祠理事长陈同春先生安排入住宗祠办公大楼的房间。由于宗祠各房办公室每日均有工作人员值班，负责接待持续不断来访的族人，协助处理各项日常事务，遂成为笔者最为重要的蹲点地。在此，笔者不仅参加了宗祠理事会主持召开的工作会议，而且还接触到族人因各种缘由前来要求宗祠进行调解的纠纷，切身见识和体验到陈氏宗族组织和权力的运作情况。陈氏宗祠所位处的上杭及与之相连接的官埔、后垅是陈氏族人主要居住地①，对生活在这片区域族人的调查访问，不仅使笔者对宗族成员的日常生活具有较为深入的观察，同时也了解到族人对自己宗族与乡村宗族之间差异的认识。此外，由于当时适逢各房正在紧锣密鼓地开展修谱工作，几乎每天都有不少族裔前来宗祠填写家状，笔者蹲点各房由此了解到许多特殊情况下的世系继承变通，以及数例新近插支加入宗祠的家户、家庭，并且这些家状材料为我们了解宗族人口及家庭情况提供了宝贵的材料基础。另外，笔者还对修谱先生进行了多次访谈，了解到许多包括"插支""收族"等适应新社会情势的修谱实践策略。在修谱过程中，宗祠理事会邀请了历届曾在宗族服务过的老理事前来参加座谈，就宗祠历史沿革、祖宫变卖以及民国时期陈王基、陈荫南两位族长及改革开放后历届理事会的主要贡献等重要问题进行讨论，以便客观、合理地在新修总谱中予以体现。此后，宗祠理事会再次召开会议讨论新修总谱材料审议工作，希望通过集中讨论协商，能够在一些宗族重大历史事件的表述上消除分歧和争议。这几次会议笔者均有全程参与并做了详细的记录。此外，笔者还曾协助修谱先生帮忙审阅与核对从旧谱中抄录而来的文字材料，这些经历不仅加深了笔者对陈氏宗族历史发展脉络的理解，而且了解到族谱文本的真实"制作"过程。总之，笔者对此次陈氏修谱过程不仅做了充分的观察和了解，而且在许多重要环节都曾有相当程度的亲身参与。在田野调查过程中，笔者曾跟随陈祠理事会代表团赴湾坞上洋陈氏支祠参加晋主庆典，从而了解到韩城陈氏与其支祠之间的关系。与此同时，笔者亦曾随由荣誉理事长陈文达以及数房房长、理事组成的纠纷调解队赴柘荣县富溪镇，参与调解本族居住在该镇前宅村的族人与邻村温姓家族的山林纠纷，从而观察到陈

---

① 上杭、官埔、后垅等三个相邻的社区是陈氏族人的主要居住地，或可称为"陈氏聚落"，只不过此一聚落并非我们通常所理解的乡村聚落，而是位于城市之中。

氏宗族如何利用其庞大的声望、人脉等各种社会资本协助族人处理纠纷的实例。此外，笔者准备了详尽的访谈提纲，对包括宗祠理事长、常务理事等关键性人物进行了深度访谈，了解到他们参与主持和管理宗祠事务的心路历程以及宗族经济运作的基本情形等。

在此次调查过程中，笔者还参与观察了许多重要的仪式活动。例如，农历二月二十五和农历七月十七是陈族每年例行举办春、秋二祭的日子。春祭是在城内龟金间肇基始祖陈孺墓前举行的墓祭，秋祭则是在宗祠内举行的中元祭仪和布施法会，这两次最为重要的宗族祭祀仪式笔者均有全程参与，并借助相机、录音笔等技术设备记录了相关仪式程序，同时就部分细节对相关报道人做了详细的访谈。此外，笔者还分别观察到左三腴房修谱"开笔"仪式和左一华房的房谱封谱庆典。2013年9月2日，笔者结束了此一阶段对韩城陈氏宗族的田野调查工作。

2013年12月笔者又专程前往韩城参加陈氏宗族举行的总谱封谱庆典，在这期间先后参加了迎谱踩街巡游、拜祖祭谱、封谱等仪式活动，全程参与并拍摄了相关照片、视频材料，从而了解到较为完整的封谱仪式程序。

此外，由陈祠理事会所组织编辑的《福安市上杭陈氏宗祠的记忆·最近八百天》（2011）、《福安市上杭陈氏宗祠的记忆·文化八百年》（2013）等文本，尽管其中包括通知文告、会议纪要、规章制度、宗祠简介、谊族贺词等各种参差不齐的内容，但这种原汁原味的丰富性本身就颇值得玩味，因而也成为本书的重要资料来源。

总之，笔者通过深入陈氏聚落展开田野调查，与其族人建立投契的熟悉信任关系，以当地人的思维方式去思考宗族在其日常生活中的作用和影响，并进行客观描述和记录，以形成民族志撰写的基本素材。并且，充分结合族谱、方志以及其他各种文本资料信息，对田野中所获取的纷繁复杂的文化事项不断进行爬梳和分析，提炼出文化现象背后的"意义之网"，总结出规律性的认识，从而撰写出内容翔实且具有理论意义的文本。

二 概念界定与写作框架

本书将考察命题确立为"一个'城中族'的文化实践",主标题是"韩城宗族",意在凸显出宗族的城市属性。下面对本书所涉及的"城中族""县域宗族""文化实践"等关键词做出基本界定。"城中族"一词在传统文献中有所使用,如"廛里与园廛之别:廛,城中族居之名;里,郭内里居之称"[①]。此处显然是将"城中""族居"两词叠加,用以解释"廛"字乃是指称城中聚居地之意,而并非指城市宗族组织。"城中族"作为学术概念界定使用似乎是由本书所原创,是指其从最初的祖先肇基、繁衍到修建祠堂、编纂族谱及设立族产,成为一个具有正式组织形态的宗族之过程都是在城市中发生和完成,并长期在城市社会中得以延续和发展下来的实体性宗族组织。"县域宗族"是笔者根据经济学上"县域经济"的概念发展而来的,在本书中是指由于战乱、灾祸以及人口增殖,导致原本完全城居的宗族人口逐渐向外移居,形成一个族人散居在县域范围内的地域性宗族。特别需要指出的是,县域宗族并非指其族人完全居住在县级行政区内,其中亦会有少量族人游离出县域之外,但因传统时期交通、信息发展水平落后,因而逐渐失去与宗族之间的联系。依据法国人类学家、社会学家布迪厄的实践论观点,文化实践是指人类学研究不应只单纯地关注只有在理想状态下才能发挥作用的所谓文化规则,而应当充分考虑到人们在处理民间事务时所表现出的弹性。在本书中,"文化实践"特指士绅精英、普通族众等宗族成员在面对不同社会情境时,透过对宗族文化规则和传统的重新解释、再造与发明,从而使得宗族在城市社会中得以延续和发展的各种实践活动与策略。

本书将主要依据田野调查及族谱、方志、档案、碑刻等相关文献史

---

① (宋)张载:《张载集》,中华书局1978年版,第254页。

料，以闽东韩城陈氏宗族为个案考察对象，探讨一个"城中族"是如何在城市社会中生长、发育起来的，并对其在急剧变迁的城市社会环境中得以延续和发展的文化实践过程加以考察，进而思考"城中族"在中国宗族研究中的类型意义及其在中国传统社会结构中的角色。本书的分析框架主要遵循以下基本思路：绪论部分主要介绍本书的研究缘起和问题意识的形成，以及相关领域学术史的回顾，并对研究方法和基本概念的运用略作解释和说明。本书第一章分别截取移居入籍、守城抗倭、易代鼎革、修西郊水坝等陈氏宗族重大历史事件和场景，对宗族与城市的互涵共生关系进行详细的考察。第二章系统考察了明初以降直至中华人民共和国成立以后的集体化时期陈氏宗族由凝聚与分化两个互补性过程所形塑的发展历程。第三章从组织结构与权力结构两个维度，对陈氏宗族的内部结构进行详细考察，以揭示出"城中族"的基本结构特性。第四章围绕宗族与土地、市场、资本之间的关系，考察宗族在城市社会中赖以维系其生存和发展的经济支柱体系。第五章从宗族表征重塑、仪式与象征的再造、宗族化运动背景下的寻根潮及遗产政治叙事下的文化实践等方面，叙述陈氏宗族在新时期国家权力话语体系下的文化重构。结论部分主要对全书进行总结，并揭示"城中族"在当前中国宗族研究中的类型意义及其在中国传统社会结构中的角色。

第一章

族与城：一个宗族与城市的互涵共生

韩阳风景世间无，堪与王维作画图。
四面罗山朝虎井，一条带水绕龟湖。
形如丹凤飞衔印，势似苍龙卧吐珠。
此处不堪为县治，更于何处拜皇都。

——（宋）郑寀《韩阳风景》①

南宋绍定二年（1229）进士郑寀是福安本土成长起来的官员，这位被后世誉为"韩阳十景"的缔造者，其以诗立县的故事至今犹为县民所津津乐道。② 在他浪漫豪迈的笔触下，寥寥数语即勾勒刻画出韩城

---

① 光绪《福安县志》卷38《杂记》，福建省福安县地方志编纂委员会点校本1986年版，第724页。
② 郑寀，字载伯，号北山，穆阳人。绍定二年（1229）登进士甲科，授隆兴府推官。淳祐元年（1241），召试馆职，除秘书省正字，转著作郎，俄除右正言兼侍讲，迁侍御史。淳祐七年（1247）七月，除端明殿学士同金书枢密院事。九年（1249），除资政殿学士。尝侍理宗，燕闲因言所居北山结澄庵，理宗为书"北山澄庵"赐之。时长溪有分县之请，寀力持卜治韩阳版，为诗奏闻，理宗题扇赐答，议遂决。寻卒，年六十有二。赠通奉大夫。县令郑黼以其有建邑功，立祠祀之南峰下。祀乡贤。参见光绪《福安县志》卷22《人物》，第427—430页。

青山环绕、龙卧凤飞的优越地理形势和碧水盈盈、如诗如画的秀丽风光。而就是在郑寀将这首诗作呈献给理宗后，才使得延宕二十余年的建县之事出现巨大的转机。宋理宗深为其诗作所描绘的美景所吸引、感动，以致欣然提笔御批"敷赐五福，以安一县"，议决以福安为县名，析长溪西北乡地建县，设县治于韩阳坂。本书的田野调查即是在郑寀诗文中所描绘的美景如画的韩阳城进行的。

图 1-1 韩城新貌（作者自摄）

韩城位于福建省福安县中部的富春溪畔，四周青山环绕，属于典型的盆地地貌，地势较为平坦，绿水萦回，城西南境界有富春溪流经阳头、阳尾，右旋及天马山下与秦溪汇合，东接秦溪经程家边至溪口直下黄沙汇入赛江。韩城历来是县府所在地，工业发达，商贸繁荣，是闽东地区重要的政治、经济和文化中心。依据 2020 年第七次全国人口普查统计，韩城现有常住人口约为 13.22 万人。因本书主要关注

"城中族"这一特定议题,故选取的研究对象即世居韩城位列"氏族第一"的陈氏宗族。因此,本书田野调查点主要限定在包括上杭、官埔、后垅等三个相邻城市社区所组成的陈氏聚落。如图1-2所示,方框中所标识的区域即陈氏聚落的大致位置,其间居住生活着数以万计的陈氏族人。以下笔者拟通过对移居入籍、守城抗倭、易代鼎革、修西郊水坝等重大历史事件和场景的叙述,来呈现本书的田野点概况以及族与城的紧密关联。

图1-2 陈氏聚落区位

◈ 第一节 从移居到入籍

当然,人们口耳相传的口碑故事总是带有许多传奇性色彩,显然县治的设立更多地应被视为区域社会经济发展及其在传统国家治理中重要性上升的结果。自宋室南迁定都临安以后,福建在全国政权中的重要性日渐凸显。① 著名汉学家人类学家施坚雅（G. William Skinner）根据章生道先生所收集的有关初建县治的一些资料，统计出七个大区及长江中游五个亚区民国以前各不同历史时期设立的县治数目和比例。其中，作为七个大区之一的东南沿海地带（主要指福建省所辖区域）221 年前县治数为 10 个，所占比例为 11%；221—589 年为 20 个，所占比例为 21%；589—1280 年为 33 个，所占比例为 35%；1281—1911 年为 32 个，所占比例为 34%。② 由此可见，唐宋时期是东南沿海设立县治最为集中的历史时期。③ 很显然地，无论是地方神明被正式纳入国家祀典获得正统性，还是在基层社会设立正式的行政机构，都表明了福建在传统国家治理中重要性的凸显，而福安县的设立正是在这一区域性大背景下所催生出来的产物。不仅如此，从微观层面上来看，县治的设立还与地方姓氏家族的移居及其带来的社会经济发展密切相关。

依据考古出土的文物资料分析，一般认为早在商周以前福安就有古人类活动，并且与当时绝大多数的东南地区一样，生活在这里的早期先民为福建土著居民——闽越人。④ 然而，福安真正意义上的开发，则是伴随着秦汉以来北方移民的陆续南迁而展开的。尤其是在唐宋时期，大规模的北方移民相继进入闽东地区，许多家族开始徙居于长溪流域的各个河谷盆地及河口冲积平原等自然条件相对较为优越的地方。随着始迁祖携全家老幼辟地定居，繁衍生息，子女成家后的分家析户，从而产生

---

① 如科大卫（David Faure）、刘志伟两位教授就曾明确指出，"在南宋迁都临安后，福建对宋朝有特别的重要性，所以在《宋会要》中记载了很多福建的地方神获得赵宋王朝敕封的事实"。参见刘志伟、科大卫《宗族与地方社会的国家认同——明清华南地区宗族发展的意识形态基础》，《历史研究》2000 年第 3 期。

② 参见 [美] 施坚雅主编《中华帝国晚期的城市》，叶光庭等译，陈桥驿校，中华书局 2000 年版，第 11 页。

③ 据朱维幹统计，唐代在福建设立二十四县，五代王审知时增为三十一县，宋代增设十县：沿海则怀安、福安、惠安；山区则兴化、崇安、政和、光泽、上杭、武平、莲城（元代改为连城），共四十一县。参见朱维幹《福建史稿》，福建教育出版社 1984 年版，第 240 页。

④ 栗建安、范祚其：《福建福安地区的有肩石器》，《考古》1995 年第 10 期。

了数个独立的小家庭，进而经过数代的裂变繁衍渐成聚落。这样就使得福安民间形成了地方志中所谓"故家巨族，自唐宋以来各矜门户，物业转属，而客姓不得杂居其乡"① 聚族而居的地域风貌。

清光绪十年（1884）所编纂的《福安县志》卷终专列《氏族》一章，记载了本县 35 个主要族姓的 142 位始迁祖及其始迁年代的基本情况。据笔者统计，除有 51 位未载明开基年代外，其余 91 位开基祖的年代均较为明确，而其中隋唐五代时期的有 23 位，约占 25%；宋元时期的有 40 位，约占 44%；明清时期的有 28 位，约占 31%。② 由此可见，唐宋时期的确是北方移民徙居和开发福安最为集中的历史时期，大部分姓氏家族都是在此时进入福安，筚路蓝缕、艰辛创业，逐渐辟地成村聚族而居的。例如，穆水—廉溪流域作为福安较早进行开发的区域，很早就发展出一些巨家望族，廉村陈氏更是在两宋之际取得科甲鼎盛、仕宦盈门的辉煌成就。③ 穆洋地区，"忠惠庙，在穆洋，神姓罗名汉冲，光州固始人，任江州司户。黄巢之乱，避地入闽，居于穆洋。当是时，其地半皆荆棘，汉冲首垦辟之，召民耕种，遂为沃壤"④。又如甘棠地区，宋元丰年间（1078—1085），林氏始祖美和公"世居长溪赤岸，簪缨阀阅裔也。一旦（日），与青山致政提刑谢公乘舟过访同窗友刘省元爱云公，见其门首海地，堪以围塘。归与谋诸同志（及）朱、金、郑各宦家而经营焉"，美和公"围于南，是名南塘；朱、金、郑围于中，是名官塘；陈、苏、郑围于外，是为外塘也。先因筑海成田，后遂即其地而居焉。三塘之名始于此"，最终形成"民居稠密，鸡犬相闻"

---

① 万历《福安县志》卷 1《风俗》，厦门大学出版社 2009 年版，第 36 页。
② 光绪《福安县志》卷终《氏族》，第 740—756 页。
③ 据万历《福安县志》卷 5《选举志》所载，有宋一代廉村陈氏高中进士功名者至少包括陈雄、陈昂、陈最、陈宗礼、陈骥、陈骏、陈奕、陈经、陈汲、陈端平、陈鬻、陈准、陈锡荣 13 位。
④ （明）黄仲昭修纂：《八闽通志》卷 60《祠庙》，福建人民出版社 1990 年版，下册，第 416 页。

的兴盛景况。①黄崎镇"在三十四都,距县一百五十里。置自唐之前,旧为税场,在三江口,东管长溪温麻港,西管宁德铜镜港,中管本镇甘棠港……镇为州县要冲,海洋喉舌"②,甚至成为长溪流域极为重要的集市之一。而城内望族亦多于唐宋时期迁居韩阳坂,如宸东郭氏"宋孝宗时,常盛生儿子,长曰一天,庆元五年,特奏科,为长溪县丞,遂携弟一育卜居长溪大桥头。迨一天之子若仪肇居宸东棠发境……今其族与宸西一育裔孙,同极繁衍"③;青云吴氏"世居浙之阴和乐村,唐光禄大夫璟之后。至武德大夫、招讨使文质巡闽,过长溪长汀仕坂,度其土地可以聚族,遂于元和三年,挈眷而来家焉。十一传至令史惟凯,于宋皇庆二年,始迁邑城重金山下"④。

"先耙连,后种菜(蔡),牛(吴)吃菜,藤(陈)来牵"⑤,从表层来看,这句俗谚所描绘的似乎只是一幅很普通的农业社会生活画卷,实则不然,它在韩城有着非比寻常的社会意涵。在当地方言中,"连"意指被整理成条块状的田地,"菜"与"蔡"音同,"牛"与"吴"和"藤"与"陈"发音都十分相近。连、蔡、吴、陈是韩城的几个著姓望族,至今仍在地方社会中声名卓著。这句俗谚一语双关,其深层意涵所指乃是这几个姓氏家族移居韩城繁衍生息的先后次序及彼此间在城市社会中的势力消长。显然,陈氏并非最早迁居韩城的姓氏家族,至少在其之先即有连、蔡、吴、韩⑥等诸姓已进入此地定居开发,不过其后来者

---

① 林机先:《甘棠迁城立堡记》,载陈一夔《甘棠堡琐志》(1927),福安市甘棠镇地方志编纂委员会1993年重印本,第1—2页。

② 万历《福安县志》卷1《舆地志·集市》,第33—34页。

③ 光绪《福安县志》卷终《氏族》,第742—743页。

④ 光绪《福安县志》卷终《氏族》,第747页。

⑤ 报道人:陈麟书,73岁,陈氏宗祠,2013年3月27日。据其口述,除蔡姓外,其余三姓原本均修有祠堂,连姓祠堂在秦溪洋,吴姓祠堂旧址在今金山路邮政局,其宗祠在日军侵华时期为日军空袭炸毁。本书所涉及的访谈者人名,除特别征到报道人同意外,将遵循学术惯例一律采用匿名式处理。

⑥ 相传宋朝以前即有韩氏率先迁居韩阳坂,故名韩阳,又称韩城。参见《福安县地名录》,福建省福安县地名办公室1982年编印,第8页。

居上，逐渐发展成为邑内最具声名的著姓望族。韩城陈氏肇迁于未创邑之先，据光绪年间所编纂的《福安县志》载：

> 唐末，陈檄宦闽留居。及五代时，檄孙汉唐迁居寿宁三峰寺。宋乾德间，再迁寿宁杨鹳揆村。汉唐孙孺，得道术，又迁邑城上杭。宋淳祐间，邑有虎患，孺显灵驱除之。示梦县令，题请授封为威惠侯。至明时，支派蕃衍，建祠于上杭凤山之麓。今成巨族。①

由引文可知，唐朝末年陈氏先祖檄公入闽仕宦，但因当时北方地区正值战乱频仍、社会动荡不安之际，因而决意不再北返，索性留居闽中落籍。及至五代，陈檄孙辈汉唐公迁居寿宁三峰寺，至宋乾德年间再迁寿宁杨鹳揆村。当时福安尚未立县，而寿宁更是迟至明景泰六年（1455）方才析分福安县西北地、政和县东北地置县，福安及寿宁大部其时均属长溪县（治所在今霞浦）辖地。可见陈氏迁入长溪流域的时间大抵与邑内其他著姓望族相当，均系集中于唐宋之间。至于有关始祖陈孺②肇基韩城的具体时间，根据族谱资料记载：

> 敕封威惠侯始祖孺公，聪明元旷，不屑俗务，曾传庐山济人术，与詹张二师齐名。其先世居闽之侯官，复迁鳌阳。公于乾兴年游韩阳，先寓龟龄，后迁凤岗山下，遂肇基焉。③

从族谱记载可知，陈孺在北宋乾兴年间云游韩阳，先是寓居龟龄

---

① 光绪《福安县志》卷终《氏族》，第740页。
② "宋时，詹、张、陈传法闾山。归，詹寓西善寺，其名不传。张寓仙圣寺，为开山祖师，号元成和尚。陈名孺，寓龟龄寺，后徙上杭。时邑有虎患，县令林子勋梦神人陈孺驱虎出境。明旦，虎果死凤岗山下井边，因名其井曰'虎井'。事奏闻，敕封威惠侯。邑中诸巫至今多传其术。"参见万历《福安县志》卷9《杂纪志·仙释》，第215—216页。
③ 《凤岗陈氏右第二房支谱》，《列祖行迹一》，1946年重修本。

寺，后于凤岗山麓肇基。乾兴是宋真宗赵恒的年号，北宋使用该年号仅一年，即1022年。相较于方志、族谱等历史文献语焉不详的记载，陈氏族人中流传的祖先肇基传说故事信息则显得更为丰满：

> 我们的肇基始祖是孺公，曾跟另外两位姓张、詹的人一起去闾山学法，成为一位精通道法的术士，当时有陈、张、詹"三仙师"之称。孺公学成归来后在龟龄寺修行，那时候我们上杭凤岗这边荒凉无比，山林茂密，虎豹熊狼常常出没，时常伤及无辜。那孺公知道这个事情以后，就决心要为民除害。于是，他利用自身修得的高超法术，历尽艰苦将老虎击毙于虎井旁。你可以看到虎井的井口与一般的古井不同，它好像是张得很大的虎口，所以大家现在都叫它"虎井"①。当时的县令原本正为这件事烦扰，后来得知虎患已除，就立刻对孺公予以嘉奖，并上报朝廷对他进行封赠，于是我们的祖宗孺公就被封为"威惠侯王"。孺公当时看到上杭凤岗这边，远眺龙、虎二山相拥，前方笔架山宛如屏障；近看富春溪似银带锁住银镜龟湖；回头望风水自虎山岗发脉，左脉发凤顶为龙山，右脉发西山为虎山。宝地龙脉飞泻百里，连绵不绝，好像是凤凰展翅欲飞。这里的地理形势绝佳，确是一块风水宝地，日后必得兴旺发达，当时就决意定居在这里。②

如上所述，陈孺及詹、张三位道人皆是闾山教门徒，他们在习得道法后均寓居邑内著名佛教寺庙，却并未住持道教庙宇。③ 孺公所寓乃是

---

① 据万历《福安县志》卷1《舆地志》载："虎井，又名义井。泉溜石罅，作酒精美。宋淳祐，多虎患。邑令林子勋祷城隍，虎夕仆井旁，因名。"

② 关于孺公驱虎的传说故事，先后有数位族中耆老都曾向笔者讲述，尽管在表述细节上存在些微差异，但是故事的框架则是基本一致的。报道人：陈耀年，70岁；陈麟书，73岁；陈幼生，67岁。

③ 关于缘何这三位道人术士全部寓居佛教寺庙，而非住持道教宫观，如今我们已很难真正洞悉其中原委，但是根据笔者访谈所获资料，民国时期福安境内僧尼与乾坤道人混住寺观的现象并不鲜见。大体而言，这一非常现象的发生应与福安民间社会对于释、道的认知与分野较为模糊有关。

位于九都唐代咸通元年所创的名寺——龟龄寺①，后云游至韩阳上杭，被其优越的风水地理所吸引，决意徙居韩阳坂凤岗之麓，由此为陈族日后的繁荣发达奠定了坚实的基础②。诚如日本学者濑川昌久所指出的，我们不应贸然地把这种基于风水判断的移居当作事实来接受，其中必定存在"为弘扬祖先遗德所进行的虚构，他们的始祖对这一块被认为有发展前途的土地入居这一事实本身，的确为他们身后整个宗族的永居和繁荣带来了可能性"③。然而，若单从结果上来看，孺公选择肇基的上杭凤岗山麓恰恰占据了韩阳坂地势相对高耸的区域，而这使其成为历次遭受洪灾侵袭入城损失最小的姓氏家族。尽管孺公驱虎肇基之说系属民间传闻，但它不仅为陈氏族人营造出共同的历史感，而且故事叙述结构中的"关键情节"④也恰恰折射出宗族在地方社会中的话语权力与实际地位。

相传陈孺曾以高深的道行驱除虎患、普济苍生，官府将其功绩上奏

---

① 龟龄寺，在九都。唐咸通元年（860）建。宋韦斋先生尝携朱夫子寓此。明知县孟充《龟龄寺诗》曰："肩舆寻旧踪，一径八千峰。溪雨湿沙燕，林烟生水松。僧飞江上锡，船宿渡头钟。粉壁留新墨，天门欲跳龙。"参见光绪《福安县志》卷32《古迹·寺观》，第593页。

② 明代族中士绅陈世理曾撰文《龙山尾西后山说》详解宗族风水，其文曰："吾家风水自虎山岗发脉，左脉发凤顶为龙山，右脉发西山为虎山。宋元以及我朝，我族分为八房结阳宅。坐西向东，取凤顶为龙山遇案，取外重五马峰卫照案，以为宝狼文笔之秀为官星，西边为主山，取外重仙岭为套屏为鬼星。"参见《凤岗陈氏右二房支谱·列祖题咏》，1946年重修本。乡贤二十一世世理公，"好古多学，善诗文，工篆隶。为诸生时，上防倭议，与修邑志。与黄乾行、吴亚为文字交。后充嘉靖乙丑年岁贡，任广东惠州府龙川县训导，升高州府吴川县教谕。致仕归，行乐山水，尝为文，自嘲曰：世理，元旷人也。才无一长，宦囊不能，具褌裆。呜呼，可笑贫醉而死也。著有《朱陆程苏辨》《读书不识字解》《缩蜗解》二十卷，《日格类抄》三十卷，《蓟门草》十卷，《高凉外传》"。见《凤岗陈氏右二房支谱·行迹》，1946年重修本。

③ ［日］濑川昌久：《族谱：华南汉族的宗族·风水·移居》，钱杭译，上海书店出版社1999年版，第41—42页。

④ 所谓"关键情节"是指在特定文化中被预先组织起来的行为图式，是为标准的社会互动的形成与运作所设定的象征程序，亦是为实施文化上的典型关系与情境而组织的图式。参见 Ortner, Sherry B. 1990, "Patterns of History: Cultural Schemas in the Foundings of Sherpa Religious Insitutions", in Emiko Ohunki-Tierney ed, *Culture through Time*, Stanford: Stanford University Press, pp. 57–93.

图1-3 虎井（作者自摄）

朝廷后，被嘉奖封赠为"威惠侯"①。唐宋时期，福建的许多地区尚未得到完全开发，到处都有猛兽出没。据淳熙《三山志》载："始州户籍衰少，耘锄所至，甫迩城邑，穷林巨涧，茂木深翳，少离人迹，皆虎豹猿猱之墟"②，可见其时福州所辖区域的荒凉境况，而对于远为偏僻迟至南宋淳祐五年（1245）才辟为县治的韩城来说，其社会开发程度在当时更是相当有限。由此亦不难想见，陈氏最初开基创业之艰辛历程。陈孺娶妻詹氏，生子一曰祢。祢育有三子，长子飞政分居宾贤，次子留居凤岗上杭，三子飞锐分居后巷锦。③ 若以三十年为一个世代来进行估

---

① 在闽东地区，因驱虎患、安黎民而被奉为神明者并不鲜见，最为有名的例子莫过于广受乡民崇祀的地方神明忠平侯王，又名林公大王。"宋时杉洋村人林亘勇斗猛虎，为民除害。死后，村人尊其为神，建林公宫祀之。明正德年间敕封林公忠平侯。此后，杉洋林公宫香火益盛，福安人常在正月间前往迎取林公大王，今乡村此俗犹存。"参见《福安市志》卷35《风俗》，第1025页。

② 梁克家修纂，福州市地方志编纂委员会整理：《三山志》卷33《寺观类一·僧寺》，海风出版社2000年版，第512页。

③ 《上杭陈氏右第一房族谱》卷1《迁韩阳始祖世系》，1941年重修本。

算，至淳祐五年（1245）福安分县之时，陈孺的子孙至少已经繁衍到了第七、八代，成为一个成员众多的仕宦家族。如第五世陈显"以贤良授银青光禄大夫"，陈詠"以明经授大中大夫"；第七世陈坚"宋嘉泰三年进士，授连州太守"①，谱牒中有关家族成员之仕宦记录，虽间或有不少真假莫辨、虚造溢美之词，但多少仍可反映出陈族在地方社会上的显赫声望。

随着隋唐以来北方各地移民的不断入徙，福安当地人口迅速增长，社会经济开发程度得以进一步提高；另外，唐代以降中国经济重心的南移以及宋室的南渡，福建在南宋政权版图中的重要性不言而喻，逐渐被朝廷视为后方重地。在国家层面和地方性因素的交互作用下，福安地方"四境阔绝，溯江逾岭，百姓有急，不得亟闻于有司"的情势越来越严重，辖域辽阔的长溪县对当地的政治治理愈来愈力不从心，已难以满足地方民众的现实需求，人们吁求分县的呼声越来越高。崇祯年间所编修的旧邑志详细地记载了福安析分成县的经过：

> 嘉定十年，士民郑子化等请于监司，求分长溪为二。至十五年，部符下福州府，权府提刑凭多福委宁德县李亢宗、长溪县李廷相视，台省札付往复者，无虑数十。淳祐二年三月，户部尚书赵必愿力持其议，提举所申送户部郎中拟判，事中辍。四年，太学生张过乞先移西尉，于西乡置司巡检，以安民息盗。五月，省割下，权府运副项寅孙选官相视，九月，帅司令鉴厅郑准往勘县治。准剪除荆棘，经始区画。里人进士许子大首捐其地为倡，人争继之，县基始成。②

宋淳祐五年，朝廷下令析分长溪县西北永乐乡六里，灵霍乡三里，

---

① 《上杭陈氏右第一房族谱》卷1《迁韩阳始祖世系》，1941年重修本。
② 光绪《福安县志》卷2《沿革》，第7页。

置县治于韩阳坂,赐名福安县,属福州。① 福安县衙建基于韩阳坂之凤岗山麓,尽管是由"进士许子大首捐其地以为倡,继而有献地者,有愿移者而新县之基始成"②,但该地基适与陈氏聚居地紧邻,因而可以合理推断当时陈氏族人捐地移居者当不在少数。关于陈族与县府的紧密关系或可从另一则民间传说中看出端倪:

> 某日夜深,上杭境突遭回禄之灾,当时房子大都为土木结构,火势愈烧愈旺,甚至惊动了不远处的县衙,县令亲赴现场指挥救火。时值深冬季节,风助火势、火助风威,顿时烈焰冲天,眼看马上就要延烧至县衙建筑,县令大为惊骇,众人均束手无策。忽然,云端出现一位神明红脸跛足,手执葫芦,往下倾倒圣水,火势顿时熄灭,一场大灾便顿时缓解。次日,知县再赴上杭勘查灾害,步入陈氏祖厅,见神龛有一红脸神像极为面熟,近前一瞧,只见神像脚部有一窟窿,正是被屋漏天雨淋损,心中大骇,顿时恍然大悟,昨夜救火之红面跛足之神仙便是!民间认为孺公闾山法有除妖降魔、御灾捍患,济世救民之功力,所以坊间又有"避瘟大元帅"之誉。③

显然,无论是孺公施法驱除虎患,还是仙师显灵灭火拯救县衙均属民间口碑传说,并不见得确有其事④,但这并不代表说这两则故事就缺

---

① 据万历《福安县志》卷1《舆地志·建置》记载:"宋淳祐五年,乡人左谏议大夫郑寀奏拆县西北永乐乡六里、灵霍乡三里置福安县,属福州。"
② 光绪《福安县志》卷2《沿革》,第10页。
③ 报道人:陈松龄,52岁,陈氏宗祠,2013年3月28日。
④ 陈世理曾撰文《始祖神术辨》对肇基始祖孺公之事迹加以辨析,其文曰:"嘉靖岁戊戌二月之吉,东气主生,物象反始,思祖之心勃勃致祭。典既教矣,予与诸大兄哉生魄之明日缀古礼文,摘究祀事,捻此识彼,因敕谱牒之于再加整焉。典既庸矣,抑谬舛承风不能已于颊舌也。予读宗鲁公墓志,助教公传也,国子先生博于子史,参伍与论,见亦审矣。至南游得仙术之说,恐传里耴也。愚揣其旨意,以泥驱虎之事而神其术耳。夫事当勘破,不可风耳。先生厚信存里说,而弗为析者,作史忠厚之意也。然末世致辨,拏断狐疑,所(转下页)

第一章 族与城：一个宗族与城市的互涵共生

乏现实意义，相反其背后倒是潜藏着深刻的社会性隐喻。在"王权止于县政"的古代社会，由宗族及士绅群体所构成的政治势力和关系网，能够在相当程度上影响和制约官府在地方政务处理上的态度与手段，因而从某种意义上来说，甚至"县政"亦会出现官府与士绅共治的局面。这主要基于士绅权力来源的基础：第一，士绅是传统中国社会科举制度产生以来的一个社会阶层，正因他们获得国家承认的功名、学品、学衔和官职从而掌握了政治和文化方面的特权性身份[1]；第二，士绅权力运作的基础在于其嵌入了社区本身的权力结构，很难想象若其背后缺乏强而有力的家族（宗族）势力支撑，而能够对地方性社会事务发挥重大的影响力[2]。因此，基于以上这些分析，笔者倾向于认为无论是县令林子勋夜梦孺公驱虎平患救黎民，还是威惠侯显灵灭火护县衙，恰恰均隐喻着官府倚重陈氏宗族势力，安靖辖域，和睦乡党的县政治理措施。

自宋淳祐五年（1245）建县以来，福安尽管其行政归属屡有变迁，疆界亦代有损益，但是其作为一个独立县的历史达七百余年，可以说是闽东地区具有较为悠久历史传统和完整稳定领域的一个典型县份。随

（接上页）以令后世改据也。愚按羡门子高安期生殖徒，以仙名者，岂是福济祸之能。惟葆光藏真炼元汁，御云气耳，逸去纷利修出物上。故其字湜山湜人，静则生明，久则自化，自然之理耳。董五经，蜀山人，岂异术哉。且孺公典籍，有秘于山谷者乎，若其传之是亦梦说也。又按，彦高公生之元季，元有宇内九十余年，去宋绍兴一百六十余年，共二百五十余年，公亦未亲见也。予去彦高仅百六十余年，所闻于公亦犹公之闻于昔也。颜之推曰：以千百世之人梦，想千百世之事，未可断也。读书岂无疑勘破分明理，固在此耳。故惟明于天地，不可罔以怪。是以圣人邻之不道，君子感而弗传。或曰：生有英气，没而能灵，理或有之。所谓乡先生没而祭于社，能御灾捍患，而祀之者欤。"参见《始祖神术辨》，载《凤岗陈氏左一房支谱》，道光十八年重修本。

[1] 张仲礼：《中国绅士——关于其在19世纪中国社会中作用的研究》，上海社会科学院出版社1991年版，第1页。

[2] 正如于建嵘所指出的"保甲制度作为代表皇权的官府在乡里社会的延伸，宗族组织作为血缘与地缘的组合，构建了乡村社会的主体。而士绅作为地方权威的拥有者，由于其影响力远远超越了乡里组织和宗族组织的界限，自然而然地成为了乡村社会多种权力发生联系的桥梁。可以说，没有士绅这些乡里精英作为纽带，官府与乡里组织，甚至乡里组织领域与乡民都无法联系和沟通"。参见于建嵘《岳村政治——转型期中国乡村政治结构的变迁》，商务印书馆2011年版，第96页。

着陈、郭、吴、刘、夏、余等诸姓氏宗族不断迁徙移居,至迟到明代韩城已逐渐发展为具有严密规整分布格局的典型县城,包括城内及北门外后垅、官埔、东垅及西门外街尾等在坊五图,属于福安乡界东里一都。至明代中后期,随着地方商品经济的发展,县城各处分别形成了供坊民生活居住的"境"和从事商业贸易活动的街、铺(见表2-1)。

表1-1　　　　　　　　　明代韩城街市

类型	名称	数目
境	金山境、城南境、玉斗境、宾贤境、东门境、中华境、锦屏境、上杭境	八
街	县前南街、学前南街、东街、西街、北街、后巷街、鹿斗街、湖边街	八
铺	北隅铺、鹿斗铺、湖边铺、更楼铺、宾贤铺、东门铺、金山铺、锦屏铺、中华铺、城南铺	十

资料来源:万历《福安县志》卷1《舆地志·街巷》,第31—32页。

在陈族右二蕙房1946年所重修的族谱当中,收录有一幅韩城手绘图,其中不仅清晰地描绘出城市的基本格局,而且明确地标识出官署、官庙以及陈氏宗祠、祖宫等建筑物。这幅图充分地显示出陈族与韩城水乳交融的族城关系,彰显出其在韩城这座城市中独特而又重要的地位。在中国传统社会中,城市通常是由城墙之内的城内与城墙以外的附郭街区两个部分共同组成,并自然地形成城内与城外的功能分野。[①] 韩城陈氏自宋代肇基以来,即主要繁衍生息在城内上杭、北门外官埔及后垅等城市聚落,其中上杭属于城墙之内的范围,而官埔、后垅则是属于城外附郭街区,上杭与官埔、后垅分别有大北门、小北门两个城门相联系。

[①] 鲁西奇、马剑:《空间与权力:中国古代城市形态与空间结构的政治文化内涵》,《江汉论坛》2009年第4期。不过,作者同时也指出,"这种分野仅仅只是就宏观方面而言的,它既时常被频繁发生的社会动乱所打破,又以较为发展的城外街区为前提;而且即便在平常状态下,城内也不同程度地存在着服务于官吏士绅的各种店铺及店铺主与贫民的住宅"。

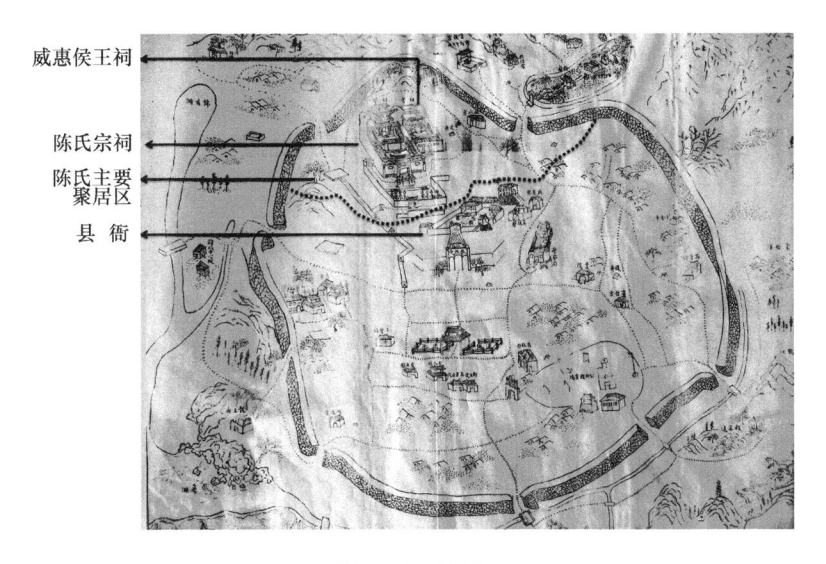

第一章　族与城：一个宗族与城市的互涵共生

威惠侯王祠
陈氏宗祠
陈氏主要聚居区
县衙

图 1-4　韩城

资料来源：《凤岗陈氏右第二房支谱》，1946 年重修本

此三个陈氏聚居地既相互区隔，又紧密联结，形成一个空间布局跨越城墙内外的"城中族"聚落。而上述这三个城市社区即是本书主要的田野调查点，目前仍居住着包括华、腴、兰、蕙、义五房数以万计的陈氏族裔。当然，随着现代城市的发展，传统聚居格局发生了显著的变化，许多族人变卖祖居房产搬迁至新建商品房或自建住宅居住。因此，随着研究的持续推进，在田野调查过程中笔者同时亦深入居住在此三个城市社区外的陈氏族裔中进行调查访谈工作。

韩城陈氏自宋代乾兴年间肇基上杭凤岗之麓，至明代嘉靖年间在紧邻县衙的位置修建祠宇奉祀始祖孺公，渐成邑内望族，被清光绪年间所编《福安县志》列为"氏族第一"[①]。总之，陈族与韩城的关系可谓是水乳交融，密不可分，不仅表现于其在城市建立和发展过程中的重要作用，而且在历次城市防卫中陈族力量亦得以充分展现，尤其是在明嘉靖

[①] 光绪《福安县志》卷终《氏族》，第 740 页。

己未年（1559）的倭变中更是扮演着关键角色。

◇ 第二节　守城抗倭

唐末以降，随着我国经济重心逐渐南移，东南沿海商品经济发展迅速。宋元时期，闽商浮海载货，与海外的朝鲜、日本、南洋各国广泛发展出较为密切的贸易关系。明代初年，朝廷为了加强对地方社会的管理与控制，开始推行重农抑商、闭关锁国的保守政策，严重限制和阻碍了沿海商人的贸易活动。但是，由于福建人多地少、以海为田的自然社会条件，使得许多沿海居民为了谋取生计，不得不铤而走险去反抗朝廷推行的海禁政策，至迟到明代中叶福建沿海各地犯禁下海贸易的现象日渐泛滥。沿海这些从事海上通番贸易的工商业者，为了维护自身的经济利益，开始逐渐走上亦商亦盗的畸形道路。这些不法商贩与倭寇相互勾结串通，劫掠东南沿海各地，福建沿海受倭患滋扰的范围和影响持续扩大，以致"福州、漳、泉无地非倭"[1]，给沿海百姓带来了深重的灾难[2]。至嘉靖、万历年间，倭乱为祸之烈、危害之巨几乎可说是史无前例的，严重危害国家安定和百姓安居乐业。倭患初起，富庶的江浙地区首当其冲，受祸最烈，但由于江浙乃是国家财赋之汇，所谓"东南财赋地，江浙人文薮"，因而朝廷派有重兵防守，使得倭寇在江浙一带屡次受重挫而逐渐南窜，自嘉靖三十四年（1555）起福建倭患更是有增无减，愈演愈烈。[3]

福安境内长溪纵贯入海，下白石的黄崎港是连接福安与外洋的咽喉要道，出黄崎港，可以直通大海；而从黄崎港入白马河，经长溪上游支

---

[1] （清）谷应泰：《明倭寇始末》，收录于（清）曹溶辑《学海类编》第4册，江苏广陵刻印社1994年版，第33页。

[2] 陈支平：《近五百年来福建的家族社会与文化》，中国人民大学出版社2010年版，第15—20页。

[3] 朱维幹：《福建史稿》（下册），福建教育出版社1986年版，第153—230页。

第一章 族与城：一个宗族与城市的互涵共生

流，则可直抵韩城、穆阳、廉村等地。因此，长溪航道不仅成为闽东地区商品贸易、物资流通及文化交流的重要通道，同时此一便利的水路交通网络也常被倭寇所利用而侵袭劫掠沿溪市镇、村落等居民点。

嘉靖三十八年（1559）三月二十六日，数千倭寇攻击福宁州府（治所在今霞浦），久攻不克，于是转而西向攻击福安。四月初五，倭寇攻陷县城并大肆屠戮，这不仅给韩城人带来最为沉痛的苦难历史记忆，是这座青山围护，绿水绕城的古老城市之殇，更是镌刻在陈族后裔心中永恒的伤痛，是陈族之殇。这场被后世称为"己未之变"的倭乱，不但使陈族人口骤减，同时也迫使族人向外迁徙，寻求合适的庇护之所，族人从城居逐渐扩布到整个县域。关于此次倭乱的详细情形，万历年间所纂修的《福安县志》记载：

> 嘉靖三十八年，变异屡见，妖鸟如猫，谓之飞猫，夜深悲鸣，其声凄切。有流星如瓜飞坠西北，长焰竟天，识者曰：此天狼旄头也，主胡兵。三月，南街铺行木板忽风吹起甘棠桥上，盘旋而舞，束纸成刀乱飞。建宁卫千户李赟来守备。夜二更，群鸦竟噪鬼啾啾，四境怪焉。四月朔，报倭寇自福宁至柳溪，侦候者言贼数寡，必不入县，或传已自柳溪散矣。
>
> 初三晚，急报至蛟铺屯聚。时改筑新城犹未完，北城垛墙未砌。知县李尚德始惧，急督民兵守郓。时承平日久，家无戎器，库无硝磺，败铳朽弩，不堪为用。况官无备员，丞、簿缺，典史陆鹏以他务出，独李一人守东城。分教谕程箕同生员王天爵，萧九衢，柳廷谟守东城。训陈豪同生员吴廷珙，吴廷爵，詹洪镐守南城。北城付之上杭陈氏，以其族大，人众而一心者，监生陈垠，生员陈国初，陈魁梧守御。复令晓阳快手并民状召畲人协战。倭至洋头结寨，每夜虏声喧啸，民心颇摇。初四日，攻城数次，矢石乱下，倭少怯退。晡刻，二十余贼与北城观镇，陈氏勇士十余人缒城下，掩击之，枭二首以归，知县嘉奖，揭竿号示，郓士争奋然，倭性狡

谣，用虚铳，竹箭射城中，示我以弱，众驰不备。初五黎明，贼据我乘高注矢，鈇镞、铅铳雨下猬集。生员郭大科捐金募死士，裹粮督战，郭大乾奋身射贼，中炮而死。至午，矢石俱竭，北城垛崩，贼遽入。俄而，龟颈亦破，教官程箕死之。谢君锡具衣冠触文庙柱死，陈豪得生员扶走，免之。李尚德带印出东门遁，其妻陈氏投东河死，李后以印存就史充戍。陈国初执至国泽，骂贼，支解之。①

韩城位于庑山之上，最初宋代淳祐年间建邑之时并未修建城墙，而只筑造了土墙并立有东西南北即瑞应门、礼贤门、秦溪门、衣锦门四门，广袤各有二里，周长约有十余里。明正德元年（1506），分巡道阮宾采用邑人郭廷美等的建议，檄文要求同知施隆、县主簿李友，开始垒砌砖墙为城，同时增设小西门曰凝秀，门各修建有城楼，由此基本奠定了明清两代邑城的基本格局。嘉靖六年（1527），知县颜容端衔命重修，以青石重砌墙体。嘉靖三十七年（1558），倭寇屡屡进犯当时的福宁州所属各县，知县李尚德决议继续对城墙实施改造，将原先高为一丈一尺的墙体加高至一丈三尺，厚度由一丈增加为一丈五尺。② 嘉靖三十八年（1559）四月初，倭寇因福宁州久攻不下，转而袭击韩城，由于当时改筑新城尚未竣工，北城垛墙未砌，而北门正是陈族聚居之所，族众势大，而官府因"承平日久，家无戎器，库无硝磺，败铳朽弩不堪为用"③，守备之人力武器均不充足，于是便将北门完全托付给陈族。然而，尽管陈氏族人在宗族士绅的领导下，万众一心，英勇守卫，终因倭寇来势凶猛、寡不敌众而导致城陷。自然，由于陈氏族人英勇善战，曾给予倭寇以顽强抵抗和痛击，城陷之后便遭到敌人凶残杀戮报复。族中士绅领袖监生陈埙，生员陈国初、陈魁梧、陈学易等先后被俘，皆宁

---

① 万历《福安县志》卷9《杂纪志》，厦门大学出版社2009年版，第225页。
② 光绪《福安县志》卷5《城池》，第61—62页。
③ 光绪《福安县志》卷37《祥异》，第713页。

死不屈，痛骂贼寇，英勇就义。倭寇入城以后，大肆烧杀掳掠，官衙、学宫俱毁，全城死者三千余人，而陈氏一族战死或被俘杀者就达千余人，不但家园庐舍被毁，而且宗谱散佚、祠宇惨成灰烬，族人或被屠杀，或因"城未修复，……犹惶怖，不敢宁居"①而被迫迁徙避难异地，从而使得韩城陈氏各房派逐渐星散于邑内各乡村里社，大致开启了当前城居与乡居并举、族裔遍布整个县域的宗族人口分布格局之端绪。现今韩城陈氏宗族的许多支祠所奉祀的肇基始祖，都是在此一时期移居进入乡村聚落开基立业的。

韩城陈氏以一族之力肩负起守卫北门抗击倭寇之重任，尽管终因寡不敌众而失败，遭到了倭寇惨绝人寰的报复性杀戮，给宗族带来了毁灭性的重创，但其英勇事迹却被翔实地记录在地方史志文本中，而这段沉重的灾难也被深深地镌刻在陈氏族人以及城内居民的集体记忆中。2009年，陈氏宗祠第六届理事会组织修缮祠堂竣工后，特意将族人守城抗倭的历史事迹分别刻画为"血染北门"的红木浮雕置于宗祠礼仪厅侧壁，并制作"守土抗倭"的宣传画悬挂在办公楼走廊墙壁之上。兹将"血染北门"所配文字资料照录如下：

> 明朝嘉靖三十八年四月初，倭寇大举进犯韩阳城。知县得报赶忙派兵坚守东、西、南三个城门。因兵员不足，北门缺人守备，危在旦夕，县官心急如焚，一筹莫展。上杭陈氏宗祠闻之，当即自告奋勇，组织族人守卫北门，男人们用锄头、菜刀、斧头、田刀等作为武器，和手持利器的倭寇顽强搏斗两天两夜，当时城墙新砌，并未竣工，贼拥众攻之。老人和妇女们专门负责送饭、送水，孩子们则用弓箭和石头居高反击，然终因寡不敌众，城陷，陈魁梧、陈学易等不幸被俘，受尽严刑拷打，始终坚强不屈，瞠目骂敌，终遇害，祀忠节。
>
> 陈族宗亲在这场抗击倭寇斗争中，遇难者有一千多人。是时，

---

① （明）舒春芳：《重建县城记》，载光绪《福安县志》卷5《城池》，第62页。

横尸遍地，血染北门，场面壮烈，草木皆悲，不少家庭支离破碎，流离失所，倭寇穷凶极恶，赶尽杀绝，幸存者被穷追不舍，只得零星逃难于各个村落。我们祭祀纪念孺公和列祖列宗，就是要学习和弘扬他们热爱家园、忠于祖国和为国献身的爱国精神。

值得一提的是，陈氏宗族以图文并茂的形式生动再现了族人守城抗倭的历史场景，不仅向子孙后裔彰显和宣扬忠勇节义的家风德行，而且透过此种类似于纪念碑式的实物在宗祠大厅及办公楼等公共场合之显著位置的展示，从而使宗族群体的历史叙述得以有效地记忆和传承。毋庸置疑，通过有意识地在祠堂中展示和宣扬族人为保卫城池所做的牺牲与贡献，将其英勇奋战的事迹转化为群体所共享的历史记忆，由此历史文化遗产的展演"在被创造的传统中投入了象征资本"①，而这进一步地向外界宣示着宗族在这座城市中"客观的权力关系"，并在象征性的表达实践中"再生产和强化那些建构了社会空间结构的权力关系"②，从而有效地为陈氏宗族增添了声望并提升了其在韩城地方社会中的地位。当然，陈氏宗族在韩城地方社会中的影响力绝不仅仅是体现在城市防卫中，其实力在明清鼎革之国家社会大变革的时代中亦得以充分展现。

◈ 第三节　易代鼎革

明朝末年，由于土地兼并严重，人民赋税沉重，导致社会矛盾加剧，百姓揭竿而起发动农民起义。崇祯十七年（1644），李自成率领的大顺起义军兵不血刃地攻破北京城，崇祯皇帝于煤山自缢身亡，统治中国达二百七十六年的明王朝就此悲怆地落下帷幕。不久，吴三桂引清军

---

① ［美］保罗·康纳顿：《社会如何记忆》，纳日碧力戈译，上海人民出版社2000年版，第58页。
② Bourdieu Pierre, "Social Space and Symbolic Power", *Sociological Theory* 7 (1), 1989, pp. 20–21.

入山海关与农民起义军决战，李自成兵败退出北京城。旋即，清朝拥立幼主福临建立中国历史上最后的专制王朝——清。清兵入关后，以多尔衮为首的清朝贵族为巩固其统治，于顺治二年（1645）颁布"剃发令"以武力迫使汉人剃发，引发汉人的不满和反抗。清军对反抗的汉人进行疯狂镇压和残忍屠杀，以致酿成"扬州十日""嘉定三屠"等惨绝人寰的悲剧。然而，随着民族矛盾的空前激化，明朝遗臣和农民起义军在南方各地的抗清斗争风起云涌。而此一大历史在韩城地方史和陈氏宗族史上都留下了深刻的印迹。

福安因其"近则左鹤山，右龟峤，三台、天马控其前，铜冠、宸峰卫其后，形家所谓排衙列戟，莫逾于此。远则五马东骧，仙岭西镇，秦源、环溪、大梅、廉溪，合襟重抱，直走于江之南。而白马门交锁织结，前志所谓'三十六重'是已"，历来是为兵家必争之地，所谓"福安固，则建宁属县及宁德、罗源、连江诸县皆固"①。隆武二年（即顺治三年，1646年），南明唐王于汀州战败，福安邑人右佥都御史刘中藻②改事鲁王，"取苧寮、菁寮诸种人，练之为卒"③，与清军在浙南、闽东等地展开激战，先后攻克庆元、泰顺、寿宁、宁德、福安、古田、罗源诸县，刘中藻被鲁王拔擢为东阁学士兼兵部尚书。

韩城作为福安县治所在地，并且因其处于极其重要的战略地位，成为两军交战最为激烈之地。如此庞大的军队聚集于邑城附近，势必需要大量兵饷粮食的供应，尤其是对于孤立无援的南明军队而言，显然无法从别处调集军需日用，除了就地筹集粮饷外，可谓是别无他法。起初，邑内"富人出财助饷"④，勉为捐输，但随着战争旷日持久地进行，不

---

① 万历《福安县志》卷1《舆地志·形胜》，第29页。
② "刘中藻，字荐叔，号洞山，苏阳人。幼孤力学，以恩贡生入太学。崇祯癸酉，举顺天乡试，乞教职，授闽清教谕；庚辰进士，授行人。"光绪《福安县志》卷22《人物·刘中藻》，第439—441页。
③ 光绪《福安县志》卷22《人物·刘中藻》，第440页。
④ 光绪《福安县志》卷22《人物·刘中藻》，第446页。

但造成地方社会的动荡不安,而且也触及了地方宗族群体的实际利益,由此导致以陈氏为首的城内宗族被迫卷入这场声势浩大的政治军事斗争的旋涡当中。以上杭陈氏为首的韩城宗族士绅势力,认为天下大势已定,局势难以逆转,因而多与清军采取合作态度。隆武二年(即顺治三年,1646年),当刘中藻派遣部属向城内富户筹集粮饷时,城内宗族群体因畏惧清军,故而采取了激进的做法,不但烧毁了大批刘中藻部属的房屋,甚至还杀死了刘中藻属下的筹款将士及其在城中的亲戚、朋友。刘中藻在得知此事后,极为震怒,马上派兵前往攻击韩城,要求惩处为首的人,由于攻城时遭到城中宗族势力的顽强抵抗,刘军损伤惨重。也因为此,在攻陷韩城后,刘中藻的军队对以陈族为首的城中宗族势力进行了激烈的报复,大肆在城内进行劫掠。随后,刘中藻见无力控制局势便率部退守穆阳,而掠城士兵在向福宁府进发途中被清军击溃,韩城再次被清军占领。永历元年(即顺治四年,1647年),刘中藻率军重新包围韩城,并击毙知县郭之秀,围困韩城近两个月。次年(1648)春,清军借机撤出韩城,刘中藻重新占领了韩城。由于以陈氏为首的城内宗族采取与清军合作的态度,而未支持刘中藻的军队,遂再次遭到其报复性的惩罚,陈氏宗族领袖人物陈万辉及其家人等均被处死泄愤。①永历三年(即顺治六年,1649年)正月,刘中藻在进军浙江为清军所败后,将部队移驻韩城。旋即,清闽浙总督陈锦率军十余万包围了韩城,在"树栅列寨,围困四月,孤城食尽,外援陡绝"的情形下,刘中藻自知"事之无成"②,为避免清军战后屠城,遂举册籍、列府库钱粮清单,致信清将进城后勿杀无辜,于四月十二日作绝命诗而自缢身亡,韩城重新为清军占领。毋庸置疑,明清鼎革之际邑人刘中藻率领的南明军队与清军围绕韩城所展开的激战,尤其是采取围困孤城动辄数月

---

① 张先清:《官府、宗族与天主教:17—19世纪福安乡村教会的历史叙事》,中华书局2009年版,第69—92页。

② 光绪《福安县志》卷22《人物·刘中藻》,第444页。

的战略手段给陈氏宗族等城内居民带来了深重的灾难，不但造成了巨大的物质财产损失，甚至宗族士绅基于自身长远利益的考量对清廷采取合作的态度而惨遭杀害。

值得注意的是，尽管自嘉靖朝以来韩城陈氏宗族频繁历经倭乱、兵灾和水患之苦，许多物质性设施如祠堂、庙宇以及族人的屋庐等都遭受相当程度的损毁，但是这并未使其宗族处于一种缺乏凝聚力的涣散状态，相反倒是仍旧在地方社会事务中持续发挥着举足轻重的作用和影响力。明清之际，天主教多明我会进入福安境内传教，此后天主教信仰透过与地域宗族集团的联结得以在乡村社会中扎下根来，并由此逐渐形成以宗族为基础的天主教信仰群体，借助宗族在基层社会权力网络中的各种资源促进和维护了乡村教会的延续与发展。[1] 随着天主教信仰在境内的不断传播与发展，福安逐渐形成了一个较为庞大的天主教信仰群体，成为福建省的天主教中心。[2] 然而，由于天主教传教士厉行禁止信徒举行祭祖敬孔以及其他相关民间习俗的仪式活动，因而激发福安地方社会士绅群体与天主教会之间的矛盾，最终导致了较为激烈的反教事件的爆发。这些反对天主教的士绅群体主要就是来自韩城望族，而陈氏宗族更是其中的旗帜领军，充当着反教急先锋，俨然是官府在地方社会中的代言人。为了反驳传教士宣扬禁止信徒祭祖敬孔的行为，韩城陈氏宗族的士绅陈翰迅[3]不但勤勉地撰写和刊刻反教书籍，并在邑内广为散发，甚至不惜变卖田产，孤身前往京城向朝廷诉求禁止天主教，成为早期福安

---

[1] 关于天主教在福安地方的传播及其与当地宗族关系的论述，参见张先清《官府、宗族与天主教：17—19世纪福安乡村教会的历史叙事》，中华书局2009年版，第304—312页。

[2] 截至1990年，福安市天主教信徒人口为45386人，占当时全省天主教信徒人数的20%，占全市总人口的8.56%，在全境各乡镇均有分布。参见《福安市志》卷36《宗教》，第1036页。据笔者初步调查统计，目前福安全境天主教信徒人数为58000余人。

[3] 陈翰迅，二十四世孙，"太学生，崇正国子监，捐贷助饷，授翰林院典籍。字永烈，行闰八，号容也。配蔡氏，生子一玉成，夭。女二，长适蔡家，次适赵家；又娶林氏，生子三：依仁、笃恭、止孝，女一适卢家"。参见《上杭颍川陈氏左一华房第四榴宗谱·左一房第四榴派系·陈翰迅》，1995年重修本。

反教的重要领袖人物。除此之外，一方面由士绅阶层主导的陈氏宗族不断地向福安官府控告传教士并严格禁止族人信教从教；另一方面，他们还组织族人以民间文化形式鼓动反对天主教传播，其中一个场景就是让人扮演施若翰、山济各等传教士劝少女守贞不嫁，以此讥讽传教士居心叵测。① 这不仅反映出陈氏宗族在地方社会中所扮演的举足轻重的角色和地位，而且显示出其与官府在处理地方性重大事务时的相互支持与配合。此外，陈族在历次修建祠庙楼塔、修缮学宫官署等城市重大公共设施建设中均是积极的募资者和领导者，而这尤其体现在其对关系整个韩城安危的西郊水坝修筑方面所发挥的重要作用。

◇ 第四节 修西郊水坝

福安地方"枕山附海"②，境内地貌以山地、丘陵为主，辅以山间盆地、冲积平原、沿海滩涂等多种类型。为便于更为直观地了解其地貌分布特征，兹将其基本情形列表1-2。

表1-2　　　　　　　　　福安地貌情况

特征 地貌类型	海拔 （米）	面积 （平方千米）	比例 （%）
山地	500米以上	1062.55	56.52
丘陵	海拔低于500米	458.48	24.38
山间盆地		50.22	2.67
冲积平原	海拔低于20米	157.65	8.39
滩涂		67.44	3.59
海域		83.76	4.45

资料来源：福安市地方志编纂委员会《福安市志》，方志出版社1999年版，第81—82页。

---

① 张先清：《官府、宗族与天主教：17—19世纪福安乡村教会的历史叙事》，中华书局2009年版，第275页。

② 万历《福安县志》卷首《修志文》，第4页。

第一章　族与城：一个宗族与城市的互涵共生

　　由表1-2可知，山地、丘陵两者相加的面积超过全市总面积的八成；而适宜农业耕作的山间盆地、冲积平原的面积仅仅略高于全县总面积的一成；滩涂、海域面积为151.2平方千米，则略低于县域总面积的一成。由此可见，地方官在修志序文中称安邑为"环山隔海"①之地的确是恰如其分的。

　　即便是作为县治所在地的韩城，也是四围高山环护，重峦叠嶂，而且城内及近郊亦是虎踞龙盘、山峦连绵。如扆山，"在县治后。屹然中立，县治负焉。形如斧扆，故名"；铜冠山，"在县治东北。山下有泉清冽，可愈疫疠"；鹤山，"在东郊，与龟湖对峙，原在城中，因地旷难守截出之"；龟湖山，"在城西。平城突峯，外瞰城湖。下有巨石如龟"；三台山，"在县南。旧名三公山，为学前文峰"；天马山，"在南郊。形如马，势颇外向，元主簿胡琏辟路象辔控之。万历四年，邑令鲍治建塔山颠"；旗顶山，"在南郊。形家谓之'捍门华表'。明崇祯二年，知县梁兆阳建凌霄塔。四年，知县巫三祝重修塔顶"②。正如旧志中所云："闽头浙尾，左鹤右龟；三台、天马拱前，铜冠、扆峰附后；五马东骧，仙岭西镇；秦源、环溪及梅溪、廉溪，合襟重抱，遥至白马门，为三十六重关锁。"③

　　福安因其山高谷深的地貌特点，境内溪涧纵横，水系较为发达，分布着大小河流数十条。其中，流域面积达30平方千米以上的河流就有19条之多，20平方千米以上的则有4条④，这些河流共同构成了交溪（古长溪）水系。交溪发源于西部鹫峰山脉、西北部洞宫山脉和东部太姥山脉，是福建省第三大河流，流域总面积达5638平方千米，主干支

---

①　光绪《福安县志》，《序文》，福建省福安县地方志编纂委员会1986年点校本，第1页。
②　光绪《福安县志》卷4《山川》，第30、31页。
③　光绪《福安县志》卷3《疆域》，第12页。
④　福安市地方志编纂委员会编：《福安市志》，第99页。

流总长433千米。由于受到域内地势东、西高，中、南低的影响，交溪汇聚了境内绝大多数支流，自北向南，奔腾长贯入海，形成一个面积达1658平方千米、长度为185.4千米的扇状流域。① 这一扇状流域主要由三个部分组成。

1. 交溪中上游流域。交溪上游主要指境内的东溪、西溪两条河流，其中，东溪发源于浙江省丰阳县下庄桥，流经寿宁，由上白石入境；西溪发源于浙江省庆元县举水，流经寿宁斜滩，自社口乡入境，两溪流至城阳乡湖塘坂村处汇聚后称为交溪。交溪自湖塘坂村往下，向南流经福安市区段称为富春溪，然后由福安城往下，流至溪柄扆山村边与发源于柘荣县富溪乡青岚岗的茜洋溪合流，此一区段通常被视作交溪的中游地区。

2. 穆水—廉溪流域。穆水发源于政和县的镇前，流经周宁县荷洋地区，从社口乡入境，经由穆阳、康厝、溪潭至赛岐镇廉首村前与富春溪汇聚。依据传统习惯，人们通常将穆洋以上的境内河段称作穆水，而从穆洋往下直至廉首村一段称作廉溪，其得名源于为纪念廉洁贤德、素有"开闽第一进士"之称的唐代乡贤薛令之。② 此一流域因地处要津，是"泰顺、寿宁、政和、松溪、浦城之喉舌"，传统上形成了穆洋、富溪津两个重要的集市，旧志中称其"鱼盐之货丛集，贩运本县，上通建宁"③，是福安开发较早、经济文化发达的地区，甚至在整个交溪流域都占有十分突出的地位。

3. 交溪下游流域。富春溪流经溪柄扆山村边与茜洋溪汇合，至赛岐镇廉首村处又与穆阳溪汇聚后称作赛江。从赛岐罗家巷往下，直至白马门入三都澳，出东冲口注入东海，此一段河流俗称白马河，属于交溪下游区域。

---

① 福安市地方志编纂委员会编：《福安市志》，第99页。
② 万历《福安县志》卷7《人物志·风节》，第141页。
③ 万历《福安县志》卷1《舆地志·集市》，第34—35页。

由于交溪支流纵横密布，其所覆盖的流域面积涵盖了闽北、浙南、闽东的多个县市，最后从福安境内穿行纵贯入海，这为"陆行非重岗叠嶂，则傍水临崖"[1] 的福安提供了一个较为便利通达的水路网络。在陆路交通不甚发达的古代社会，交溪及其支流成为闽东与闽北、浙南等地人员往来及盐米等物资流通的重要渠道，并在沿岸一些重要节点上形成了数个热闹喧嚣的集市，促进了地区经济发展和文化交流。

福安气候温暖湿润，属亚热带海洋性季风气候。由于地理纬度低，濒临东海，受季风环流影响，具有季风明显，台风频繁，雨量集中的特点。[2] 山高谷深、溪涧纵横的地貌形态，加之台风频繁、雨量集中的气候特征，使得福安每逢春夏雨季，溪水暴涨而往往泛滥成灾。明末邑人李大奎[3]对此深有感触：

> 福安故水国。自温、建两溪夹流而下，来多受窄，一涨而溃啮，再涨而怀襄。开邑以来，卷土拔木，沉灶产蛙之变，往往有之。如宋之绍兴丙寅、明之万历辛巳，流骸委尸，塞川壅原，则其尤烈者也。[4]

连年大小洪灾不仅导致沿溪居民的屋舍损毁，粮食减产甚至绝收，百姓流离失所，而且侵袭入城，给城内居民也造成巨大的生命财产损失，即所谓洪灾泛滥则"城外居民尽遭垫溺，而城内沉灶产蛙，储蓄溢澜"[5]。自南宋绍兴年间以降直至清同治元年（1862），明确见载于史籍的侵袭入城的大洪灾就有见表1-3所列的22次之多。

---

[1] 万历《福安县志》卷1《舆地志·形胜》，第29页。
[2] 福安市地方志编纂委员会编：《福安市志》，第87页。
[3] 李大奎，字惟质，号云野，阳头人。初任湖广荆门州，升云南楚雄府通判，署景东府。参见光绪《福安县志》卷19《选举》，第333页。
[4] 李大奎：《西郊水坝碑刻记》，载光绪《福安县志》卷4《山川》，第49页。
[5] 钱洙：《重筑西坝碑记》，载光绪《福安县志》卷4《山川》，第48页。

表1-3　　　　　　　　　　1150—1862年韩城水患

时间	灾情	主要典据
南宋绍兴二十年（1150）	大雨连旬，东平二溪水涨，没邑。龟湖寺顶仅容数百人，忽长蛇突出，人皆惊溺。田庐漂尽，浮尸数百	（万历）《福安县志》卷9《杂纪志》，第222页
明洪武十九年（1386）	洪水滔天，房屋逐波而海，民死过半。田园为壑、为丘，或决为川，邑城数十年荒凉寥落	（万历）《福安县志》卷9《杂纪志》，第222页
成化五年（1469）七月十四日	二溪交溢，水声如雷。须臾，屋倒楼翻，浸入县治仪门，较之洪武十九年水加高五尺，死者莫算，沿江陂塘冲陷，田禾绝粒	（万历）《福安县志》卷9《杂纪志》，第222页
正德十三年（1518）六月	雨弥旬，水浸县治，恶风害稼	（光绪）《福安县志》卷37《祥异》，第712页
嘉靖三十三年①（1554）七月十六日	无雨，而水顷刻三丈许，破城垣，漂田舍，溺民□□而荡折	（万历）《福安县志》卷9《杂纪志》，第222页
万历九年（1581）七月初九日	洪水滔天，县城内外，民屋推卷一空，惟存县堂、院司、儒学、上杭陈族而已，溺死老幼三千余名。此天地之大变，惨莫言状矣	陈一夔：《甘棠堡琐志》（1927），福安市甘棠镇地方志编纂委员会1993年重印本，第13页
万历三十七年（1609）八月初八、初九	水涨城中，漂没丈余	（光绪）《福安县志》卷37《祥异》，第715页
康熙十四年（1675）八月	大水，舟入城	（光绪）《福安县志》卷37《祥异》，第715页
康熙三十八年（1699）八月十七日	洪水暴涨，浸没县城东、西、南三向	（光绪）《福安县志》卷37《祥异》，第715页
乾隆十四年（1749）八月初九日	大水淹至衙前街	（光绪）《福安县志》卷37《祥异》，第716页

① 嘉靖年间此次大洪灾发生的时间，万历、光绪两志所载有所出入。光绪《福安县志》卷37《祥异》载："（嘉靖）二十二年七月十六日，无雨水暴涨，顷刻三丈许，坏城垣，漂田舍，溪口桥圮。"

第一章 族与城：一个宗族与城市的互涵共生

续表

时间	灾情	主要典据
乾隆十六年（1751）七月十四日	大风。夜二鼓，洪水汹涌城东、西、南三向，人上屋顶避之	（光绪）《福安县志》卷37《祥异》，第716页
乾隆三十八年（1773）六月二十九日	大风，洪水汹涌，东门城圮	（光绪）《福安县志》卷37《祥异》，第716页
乾隆四十七年（1782）七月十五日	大水淹城内	（光绪）《福安县志》卷37《祥异》，第716页
乾隆四十七年八月初三日	大风雨。是夜，又水入东南城隅	（光绪）《福安县志》卷37《祥异》，第716页
嘉庆十四年（1809）七月十七日未刻	飓风大作，祠庙、官署、民房半被毁坏，至西渐息。是夜二更时，水入东南城隅	（光绪）《福安县志》卷37《祥异》，第717页
嘉庆十七年（1812）六月	东、西二溪水溢入城，淹东、西、南三向，一昼夜始退	（光绪）《福安县志》卷37《祥异》，第717页
道光十二年（1832）八月	大水入城	（光绪）《福安县志》卷37《祥异》，第717页
道光十九年（1839）六月	大水入城	（光绪）《福安县志》卷37《祥异》，第717页
道光二十八年（1848）七月	大水入城，至龟湖山岭尾，东、南门民居淹没	（光绪）《福安县志》卷37《祥异》，第717页
道光三十年（1850）七月	大水入城	（光绪）《福安县志》卷37《祥异》，第717页
咸丰三年（1853）七月	东、西二溪水溢入城	（光绪）《福安县志》卷37《祥异》，第718页
同治元年（1862）七月	大水，东城坍坏，漂没庐舍，人有淹死	（光绪）《福安县志》卷37《祥异》，第718页

特别值得一提的是，由于河流走向以及城区的地形特点，东、西、南三面因地势相对低洼，每每受灾严重，尤其是东面临溪更是首当其冲，受害尤烈。反之，北面有庡山、龙山、凤顶山、铜冠山诸山围护，

地势居于城内制高点，占得地利，故历次洪水袭城，北面大体上总是受灾最小的方位，而此正是陈氏宗族的主要居住空间。毋庸置疑，在水患频仍的古代社会，这样的居住格局为陈氏宗族的人丁繁衍、财富累积和宗族发展奠定了极为有利的基础条件。

洪灾不仅给当地乡民带来了深重的灾难，而且成为历朝历代地方官员最为难以处理的要务，如明万历年间知县毛万汇就曾发出"福安连年水患"① 之叹。为了防治水患地方官府采取过许多措施，如"增高城陴，各门置锸……厚培基址，广植竹树，以卫上流"②，严禁乡民以杂粮小利进行开垦剪伐。然而，这些均属治标之法，而修筑西郊水坝才是明清两代官府和城中宗族群体防治水患治本之策，同时也是其城市公共设施建设中最为重要的举措。

福安境内东西二溪分别自浙江发源，后流经至城阳乡湖塘坂村汇聚，至纸场峤抵邑城北，"稍折而西，迤入于南……倘雨涝多则城北溪水折入于西者，水道稍纡，骤难宣泄，遂致泛滥"，因而前人查勘地形水势"筑坝堵御"③。宋元时期，城内陈、郭以及阳头李、黄诸姓即已合力捐资在西郊筑造水坝，但当时所修甚为简陋，"仅御水衅，而低洼不足为恃"。至明万历二十一年（1593），浙江乌程人知县陆以载赴任，旋即"遍按城池，至东南及西门坝，顾盼久之"，提出"防水以堰"的御水良策，遂发动士绅倡议乐捐，纠集"金六百两砌筑西坝五十余丈，高厚比旧倍之"④。万历二十七年（1599），新任知县金汝砺⑤再次"加

---

① （明）毛万汇：《四上院司道厅自明揭》，载《庄梦纪》卷4《韩阳拙令》，明刻本，第66页。转引自张先清《官府、宗族与天主教：17—19世纪福安乡村教会的历史叙事》，中华书局2009年版，第33页。
② （清）潘思矩：《捍福安县水患议》，载光绪《福安县志》卷34《艺文》，第629页。
③ （清）钱洙：《重筑西坝碑记》，载光绪《福安县志》卷4《山川》，第48—49页。
④ （明）赖克绍：《改筑东城西坝记》，载万历《福安县志》卷8《文翰志》，第167页。
⑤ "金汝砺，字颐德，平湖人。进士，万历二十七年知县。宽慈惠朗，望而知为君子。扩城东北隅以全形势，加造西门坝城以消水患。杜绝内珰征求坑治之害。鞠田间冤狱得其情，歼盗魁冀八。加意作人，增应试之额，立赈贫之田。自奉淡泊，在任七年如一日。及去，士民立生祠焉。"光绪《福安县志》卷18《名宦》，第299页。

造西门坝城以消水患",但"维时草昧,规制未崇,支持数十年,渐成圮也"。崇祯四年(1631),知县巫三祝"莅临三载,扫陋维新,巡览水害故处……捐俸三十金,为邑民倡。伐石必大,累土必厚,杜瑕保险,必外廓而中坚,为千百年计"①,前后历时三年方才竣事。

至清初康熙年间,西郊水坝两经荡析。康熙五十四年(1715),知县严德泳到任后倡修西坝,但旋即遭洪水冲毁。雍正九年(1731),福安知县钱洙②爰集安邑士绅,倡议乐捐、纠集资金重筑水坝防治水患,并刻碑永志。碑云:

> 余于庚戌七月莅任福安,进绅士、民人,询邑疾苦、利病,咸称:"城西北隅,水就淹圮,深为民隐忧。"旋检旧志,并周览形势,知福安有东西二溪,俱自浙庆元、泰顺,经闽政和、寿宁入福安界。两溪之水至城北,稍折而西,迤入于南,至溪口桥,经八十里而入海。其间自浙而闽,岩壑奔注,倘雨涝多则城北溪水折入于西者,水道稍纡,骤难宣泄,遂致泛滥。城外居民尽遭垫溺,而城内沉灶产蛙,储蓄溢澜,害莫甚焉。前人相度水势,筑坝堵御,盖万不得已。查数百年旧坝当冲啮之处,约百丈许。其久远无论,即如康熙三十五年八月间,两经荡析,目击者犹能言之。迨后严令深知其害,筑有小坝,旋复刷毁,及今不为兴筑,后患若何?即详明各宪,均蒙俯允饬筑,爰集绅士酌议,兴筑新坝于旧坝基之内,与旧坝之不毁者相接,其旧小坝基不动寸石抔土,留为外卫。计估工匠石土所需,费甚不赀。余捐俸倡养廉三十金,凛遵功令,毋丝毫科扰,唯听好义者乐助;并详售西教废堂基,断无主山木价,暨续捐不等,共银一千四百三十两有奇。开册申报,费文有出。唯是工

---

① (明)李大奎:《西郊水坝碑记》,载光绪《福安县志》卷4《山川》,第50页。
② "钱洙,浙江嘉善人。荫生。雍正九年(1731)任。廉洁自持,弭盗禁赌,夜必亲巡,城乡肃然。又修学宫,铸时钟,造西坝及龟湖寺。后升漳州,民立去思碑,有'神君今穆父,异迹古中牟'之颂"。参见光绪《福安县志》,卷16《职官》,第263页。

匠司其役，而谨出纳、稽勤惰，非得人以董之不可。广文黄、邱两君，久任庠序，素号知人，淳移逊委，得品介石而才敏干者，分董其役。随收随给，出入有籍。稍食无亏，工匠竞劝。采石运土，料物充积，甃砌坚杵，崇亘如式。自寒冬腊月经始，迄今年八月初而告成报宪矣。是坝之成，牢实坚固，可捍数百年惊湍冲溢之患。至旧坝稍坍缺，取次加修，即新坝时加整护，则此方之水患长除，田庐永奠，岂非福邑士民之久远利益哉？但非各上宪之宏慈允饬，则工奚自兴？非绅士商民之乐助，则费何以给？非黄、邱两君公廉知人，与诸同事之敏练无亏，则役和以就？是用纪其始末，并题各姓名于石，以志不忘云。①

此次重修西郊水坝规模最为宏大，所费甚巨，知县钱洙不仅主动义捐俸银，而且将废弃的天主教堂房基及无主山林变卖，并积极发动商民士绅倡议乐捐，而陈族在此项公共工程建设中的贡献更是无与伦比。如二十四世复旦公，"邑主钱公洙请举充约正……砌西郊水坝，督役维勤。龟湖古刹，倡捐有道。其尤彰彰在人耳目者，重修学宫，建尊经阁，名铸学钟，修辑邑志，皆力绩襄有劳。绩云，邑辖以庠生充正宾者，自公始"②，他不仅积极发起民众大力捐资，而且被主事县令钱洙举任约正，勤勤恳恳地参与监督西郊水坝工程建设的实施进度和质量管理，并最终因其在包括修建西郊水坝等多项城市公共工程建设中的突出贡献，开创了福安地区以庠生充任正宾之先例。二十九世逢辰公，"邑侯傅公植选举族正。至若筑西坝、修龟湖古刹、续辑族谱、董修福寿两祠均毅然争光，不辞劳瘁。邑侯钱公洙举充宾筵"③。二十七世贡淇公"英敏正直，读书得其宗旨，见义必为……言生平重然诺，尤为豪举，

---

① （清）钱洙：《重筑西坝碑记》，载光绪《福安县志》卷4《山川》，第48—49页。
② 《凤岗右二蕙房支谱·行迹》，1946年重修本。
③ 《凤岗陈祠左三房支谱·行迹》，1994年重修本。

如邑中修文庙、刊学志、建书院,皆捐百金为倡,其余改砌祖庙垣墙,题修贡院、西坝等事,亦不下数十金"[1]。由此可见,陈族士绅在修西郊水坝的城市公共设施建设中,不仅自身主动捐资出力,而且积极组织领导族人及民众直接参与工程建设。并且,由于陈族士绅在修西郊水坝等城市公共事务中充当着实际领袖的作用,以至于多名宗族精英被地方知县嘉奖并延揽进入宾筵,成为这些官员为政一方采访地方利弊、咨询政事得失的主要依靠力量。总而言之,陈族士绅精英不仅在修谱、建祠等族务上倾力奉献,而且在修筑西郊水坝、修学宫、纂邑志等城市公共事业中亦不遗余力地付出,在城市公共事务中充当着民间宗族群体的实际领袖,从而充分展现出其在韩城地方社会中巨大的实力和影响力。

◇ 小　结

以上笔者分别截取了移居入籍、守城抗倭、易代鼎革、修西郊水坝等四个历史时段和场景来透视族与城的关系,而关系的呈现亦即是对本书田野点的描述。始祖陈孺肇基于北宋乾兴元年(1022),经过数代子孙的苦心经营逐渐发展成为著名的仕宦家族,并与移居立业的郭、吴等其他姓氏家族共同推动地方社会经济的发展,终于在南宋淳祐五年(1245)以福安为县名,析长溪西北乡地建县,设县治于韩阳坂。明嘉靖三十八年(1559)的"己未之变",倭寇进犯韩城,因当时守备不足,陈氏遂以一族之力坚守北门,抗击倭寇,但终因寡不敌众而导致城破族毁。此次事变既是韩城之殇,亦是陈族之殇,深刻地表征着韩城与陈族唇亡齿寒的密切关系。明清易代鼎革之际,韩城因其极为重要的战略地位,成为清军与南明军队激战争斗之地。在此过程中,城内宗族群体亦被卷入政治军事斗争的旋涡之中,以陈氏为首的城中族是双方极力争取和拉拢的对象,但士绅精英出于维护宗族自身利益的需要最终做出

---

[1] 《凤岗陈氏右一房族谱·义行》,1941年重修本。

抉择，对清廷采取合作的态度。另外，韩城洪灾频仍，受水患灾祸甚烈，明清两代宰邑者多次在西郊修筑水坝防治水患，而陈族士绅历次均领袖群伦捐资出力，积极投入各项城市公共设施建设当中。

  总之，陈氏宗族见证和参与了韩城这座城市创设与发展的历史进程，族与城的成长轨迹基本重叠，宗族的壮大带动了城市的形成与发展，而城市的发展也在推动宗族的壮大与凝聚。城与族，水乳交融，是一个互涵共生的命运共同体。

第二章

分与合：陈氏宗族的凝聚与分化

在大多数早期欧美人类学者的研究成果中，由于深受英国人类学界在非洲社会研究中发展出的世系群理论模式的影响，尤其是经由弗里德曼对中国东南宗族的典范性研究对这一理念的推广，使得许多学者忽视了中国宗族组织与非洲社会的分支结构体系之间的区别，从而视宗族为父系继嗣制度本身所"自然发展"出的结果，将其看成社会形态的内在有机组成部分，而较少注意考察宗族的历史维度及其与国家之间的互动，尤其缺乏对宗族建构之具体社会、政治、经济情境的关注。[1] 不过，随着越来越多历史学者介入宗族社会议题的研究，使得这一状况得以有效改善。[2] 诚如有学者研究指出的，明清以降，华南地区发展起来

---

[1] ［英］莫里斯·弗里德曼：《中国东南的宗族组织》，刘晓春译，上海人民出版社 2000 年版；Jack M. Potter, "Land and Lineage in Traditional China", in *Family and Kinship in Chinese Society*, Maurice Freedman, ed., Stanford: Stanford University Press, 1970; Burton Pasternark, "The Role of the Frontier i-n Chinese Lineage Development", *Journal of Asian Studies*, Vol. 28, 1969, pp. 551–61; James L. Watson, *Emigration and the Chinese Lineage: The Mans in Hong Kong and London*, Berkeley: University of California Press, 1975; Hugh D. R. Baker: *Chinese Family and Kinship*, London: Macmillan, 1979; Francis L. K. Hsu, *Clan, Caste and Club*, Princeton: Van Nostrand, 1963.

[2] Hilary Beattie, *Land and Lineage in China: A Study of T'ung-Ch'eng County, Anhwei, in the Ming and Ch'ing Dynasties*, Cambridge: Cambridge University Press, 1979.

的"宗族",并非中国历史上所固有的社会制度,亦非欧美人类学家所谓的简单"血缘群体",而是明代以后国家政治变化和经济发展的一种表现,是国家礼仪变革并逐渐向地方社会渗透过程在时间和空间上的拓展,是一种独特的意识形态由士绅向庶民逐步普及和推广并加以生活方式化的产物。① 因此,在本章中笔者将结合相关文献史料叙述韩城陈氏自明代以降直至1949年中华人民共和国成立以后的集体化时代,如何在纷纭复杂的城市社会中展开其聚散离合的发展历程。

◇ 第一节 宗族建构

从目前笔者所获有限资料记载的人口繁衍情况来看②,我们似乎不难想见韩城陈氏筚路蓝缕,经历过怎样一段艰辛开拓的历程。陈孺自北宋乾兴元年(1022)云游至韩阳肇基凤岗山麓,娶妻詹氏,生有一子名祎,字永副,行十三,住北辰,配郑氏。祎公生有三个儿子,自此家族便开始走向了析分和迁居的发展过程。长子飞政分居宾贤,次子飞晏仍住北辰(上杭),三子飞锐分居鹿斗后巷,是为孺公派下福禄寿三房。③ 此三房至明季均分立祠堂、自修谱牒,各自走向了独立发展的道路,而本书主要研究对象即分居上杭之飞晏公(禄房)的派下世系。飞晏生俛,俛生显、咏。显传衍至十三世之高华、高延、高腴、高远等裔孙成为左四房开支祖,而咏同样传衍至十三世之兰、惠、菁、义等裔

---

① 参见科大卫、刘志伟《宗族与地方社会的国家认同——明清华南地区宗族发展的意识形态基础》,《历史研究》2000年第3期;郑振满《明清福建家族组织与社会变迁》,中国人民大学出版社2009年版,第172—206页。

② 由于族谱绝非仅仅只是一种纯粹的系谱记录,更多地应被视作包含编纂者多种解释和判断的文本,并且对于宗族早期祖先相关的内容记载,即从最早定居于某地的开基祖到编纂第一部族谱的那一世代之间的若干代早期祖先的事迹记载,大都是由族谱编纂者根据各种口碑故事、传说、墓碑及其他种种文献资料进行追溯而编成的结果,因此很难获得确切的早期关于人口繁衍情况的记录。参见[日]濑川昌久《族谱:华南汉族的宗族·风水·移居》,钱杭译,上海书店出版社1999年版,第12页。

③ 《颍川郡上杭陈氏宗谱》,《迁韩阳始祖世系》,1994年重修本。

孙成为右四房开支祖①,由此共同构成陈氏左右八大房之基本宗族组织框架,而这也成为其"宗族内部各分支之间形成各种基本关系的依据,并对宗族的团结和凝聚具有重要的意义"②。自宋代孺公肇基繁衍至十三世大致处于元代时期,尽管其中由于族谱记载偏于简略的缘故,略去部分旁系祖先,但是可以推断出当时家族人口的增殖相对较为缓慢,并且韩城陈氏仍只算是一个父系亲族集团,而直到明季才真正形成组织化和制度化的宗族组织。

一 谱牒与宗族历史重构

族谱作为"防止血缘关系发生混乱而导致家族的瓦解","提倡尊尊亲亲,向族众灌输血亲相爱、亲族团聚的观念,从思想意识上防止家族涣散,达到收族的目的"③,无疑是宗族本质性的表征。尽管宋代民间私修宗谱之风已渐趋风行,但由于修谱事业需要仰赖于一定的经济条件和文化基础作为支撑,是故当时尚且只有一些士大夫家族方才能够有条件编修族谱。例如,欧阳修、王安石、苏洵、司马光等都曾竭力推动家族修谱之事,而且由欧阳修、苏洵所创立的谱例,为后世的族谱编修奠定了框架性的范本,影响至深且远。及至南宋,福建经济取得进一步发展,人文鹊起,特别是以朱熹为代表的闽学成为宋代理学正宗。以朱熹及其弟子群为主的闽籍理学家们大力推动儒家伦理和家族制度的民间实践,以敬宗收族为目的的修谱活动自然也就成为其题中应有之义。不过,家族制度实践的深入推广和发展,包括祠堂的建设、宗谱的修撰等在内的家族建构活动,大抵来说是宋元以后才真正兴盛起来的。④ 由于

---

① 《颍川郡上杭陈氏宗谱》,《迁韩阳始祖世系》,1994年重修本。
② [日]濑川昌久:《族谱:华南汉族的宗族·风水·移居》,钱杭译,上海书店出版社1999年版,第12页。
③ 徐扬杰:《宋明家族制度史论》,中华书局1995年版,第26页。
④ 陈支平:《近五百年来福建的家族社会与文化》,中国人民大学出版社2011年版,第30页。

宋末元初种族冲突对立十分严重，社会动荡不安，以朱熹为代表的理学家群体倡导的庶民化宗法论实际上根本无法在民间社会得以有效推行。直到明朝建立，理学重新成为中国政治话语的焦点，由此，庶民化的宗族论也就重新登上了政治舞台。① 与此同时，随着明朝政府推行休养生息的政策，社会渐趋稳定，地方经济逐步复苏，人口持续增殖并推动家族不断壮大。明洪武三十年（1397），蕙房十五世裔孙陈宗亿②自荆州知府任上致仕返乡，携国子助教原垲公"始为之第其世次，明其讳字，定其行列"③，首次纂修了宗族谱牒。不过，依据目前所获资料分析，当时所纂修的谱牒内容应当十分简略，大概仅仅只是征引相关历史文献，厘清和考订了陈氏源流始自。宗亿公亲自撰写洋洋洒洒千余字的《颍川陈氏源流序》，将陈姓世系根源上溯自神话时代的舜帝，并确立了光州固始作为郡望祖庭，以陈檄为入闽始祖，直至上杭肇基始祖孺公之间的世系明晰可辨。尽管首次修谱内容简略，但是意义却不容小觑。诚如有学者所指出，"族谱的重要性并不仅仅取决于它是个人及其所属群体的自我认同的根据，还在于它具有沟通个人以及宗族的自我意识，与汉民族乃至整个中华文明的历史的媒介意义"④。而将迁居入闽的祖先追溯至河南光州固始，似乎更是闽台宗族攀附闽国王氏之通行做法。南宋著名史学家郑樵对此早有认识，他在撰写《荥阳郑氏家谱序》时指出："今闽人称祖者，皆曰光州固始。实由王绪举光、寿二州，以附秦宗权。王潮兄弟以固始之众从之。后绪与宗权有隙，遂拔二州之众入

---

① 参见王铭铭《社会人类学与中国研究》，生活·读书·新知三联书店1997年版，第86页。

② 陈宗亿，字仕达，上杭人。性至孝，家贫嗜学。父丧庐墓秦源，三年不见室家。人悯其贫，馈之粟不受，曰："亲不及养，何以饱为？"洪武初，举孝廉，授湖广荆州知府。地多水旱，宗亿为之备堤防、开沟渠，筑砌秦川台口石路及长堤，以便行旅、卫水患。众名其堤曰"陈公堤"，路曰"角带街"。祀乡贤。参见光绪《福安县志》卷22《人物》，第434—435页。

③ 《凤岗陈氏右一房族谱》，《重修上杭陈氏族谱序》，1941年重修本。

④ ［日］濑川昌久：《族谱：华南汉族的宗族·风水·移居》，钱杭译，上海书店出版社1999年版，第23页。

第二章　分与合：陈氏宗族的凝聚与分化

闽。王审知因其众以定闽中。以桑梓故，独优固始。故闽人至今言氏谱者，皆云固始。其实谬滥云。"① 由于族谱并非仅由历代祖先生存时的记录所累积而成，而更多的是由编纂族谱的后代子孙依据其所能利用包括传说、文献等有限资料，依照自身当时的社会、文化知识对这些资料加以解释才真正形成的。正如日本学者牧野巽所指出，闽台的河南固始县传说、客家的宁化石壁传说、华北的洪洞大槐树传说及湖南省的江西传说等祖先同乡传说类型，都绝非真实的历史，而更有可能是在某种程度上标志出人们的移居方向和文化的传播方向。这一立场明显体现出一种社会学和文化人类学性质的解释立场和策略，而与希望最大限度地从传说中解读出过去事实之沉淀物的历史学家的立场迥然相异。② 又如钱杭所言，"（族谱）真实的或虚构的记载的根源，在于人们对自身以及自身所属群体的历史思考，而绝不能仅归结为对某种虚荣的满足。因此，很明显，无论是真实的还是虚构的记载，实质上都是编纂者的族群历史意识的'忠实'反映"③。明中叶以后，由于"福建以其得天独厚的自然条件，形成了海上私人贸易的高潮，山海商品经济的发展，为福建民间各家族的修谱活动，创造了必不可少的经济基础"④。自洪武年间宗亿公撰修简谱，韩城陈氏已历百余年未曾修谱，士绅陈子瑜有感于当时宗族中人伦废弛、世风浇薄的局面，力陈四种社会性弊病：

　　吾族古籍长溪，历几百余岁，祭祀蒸尝，春秋俱备。畅然惭惧，所以然者，盖自曩年昭穆咸序，礼义周悉，今则时俗偷薄，闻有谋为自家之谱，囊括归私，而不恤其祭祀，一可诮也！曩时婚姻

---

① 莆田《南湖郑氏家乘》，转引自朱维幹《福建史稿》上，福建教育出版社1984年版，第149页。
② ［日］濑川昌久：《族谱：华南汉族的宗族·风水·移居》，钱杭译，上海书店出版社1999年版，第191—192页。
③ 钱杭：《解说》，载［日］濑川昌久《族谱：华南汉族的宗族·风水·移居》，钱杭译，上海书店出版社1999年版，第266页。
④ 陈支平：《福建族谱》，福建人民出版社2009年版，第12页。

死葬,皆以礼赴告,今有亲族而不相往来,曾无休戚之意?是习以疏远自异,二可诮也!往有孤幼无托者,皆存养抚恤,犹类己子,今有兄弟死,肉未冷,而欺孤取货,以开异日不己之讼,是骨肉自取其疏薄,三不诮也!往时长严少敬,叔侄不相侮,今有长者以轻薄自处,致少者玩狎不恭,久而一见,亦不为礼,甚至侄字其叔,弟名其兄,是尊卑不伦,四可诮也!①

因此,他积极组织族中有识之士于正德十一年(1516)重修新谱,以使族人子孙"知其本源,识其支派,知其尊尚……且知世家有衣冠缨胄"②,力图达到重整宗族之目的。

至嘉靖年间,韩城陈氏不但经济更趋繁荣,祀产丰盈,而且"衣冠济济,科名辈出"。嘉靖十九年(1540),曾任吴川教谕的士绅陈世理等鉴于旧谱"棼淆无伦,字画蝌蚪,字不能以句,句读鄙俚,句不能以音,……诸先达累修之成帙,不幸煨于兵灾",故而"不辞僭妄,埋头月余,略得肯綮",并"分令各房,各节纂流系……有总以系源流,有行实图以纪名字。行列效苏氏之体,五世一提,头依欧阳氏之式",三易其稿,方才正式撰成。由于陈世理等修谱主事者认为"仁人孝子当以实,不以文",所以在这次修谱过程中订立了"唯所知者,不敢毫末有所略。所不知者,不敢远引附会,以张大夸诩"③ 实事求是的原则。

正德十一年(1516)、嘉靖十九年(1540)陈氏宗族两次编修族谱仅相距二十四年,相较民间通常所谓一个世代即"三十年一修"的惯例还要略短,这至少从一个侧面反映出当时陈族雄厚的经济实力,同时也可推断出其时宗族人口快速滋生的历史事实。尽管包括洪武年间在内

---

① 《凤岗陈氏右一房族谱》,《上杭陈氏族谱序》,1941年重修本。
② 《凤岗陈氏右一房族谱》,《上杭陈氏族谱序》,1941年重修本。
③ 《凤岗陈氏右一房族谱》,《谱序》,1941年重修本。

的三次所修谱牒均已散佚，但从现存各房族谱中所载历次谱序及早期世系可以发现，自明初洪武年间至嘉靖年间，正是陈族从十五世发展至二十世①，确实也是陈族人口数量取得较大突破的开始②。随着人丁不断地滋生繁衍，为了确立宗族内部众多成员之间的世代位置以及同一世代成员之间的长幼次序，陈族开始采用较为严格规范的字辈排行制度。

据有关学者研究指出，字辈起源于以一个相同的文字来作为宗族内部同一世代成员之名的部分，用来明确标识出不同世代间的尊卑等级；排行则起源于民间将家族中的同一世代兄弟，依据其出生时间的先后，依序排行为一、二、三（老大、老二、老三），用以标识出同一世代者的长幼之序。至迟于宋代，字辈和排行合流被纳入族谱当中，从而发展成为一种广泛流行的行辈制度。③清代著名学者章学诚曾对行辈字号的形式与意义做过十分精彩的评论：

> 造谱者往往取佳言善字编排行辈，或用忠孝廉节，或用仁义道德，多或百言，少亦三数十字。或有不尽成文，但取字形有别，虽千万之众，百世之远，举其昭穆行辈所值之字，则不问而知为宗族兄弟，且不问而知为长幼先后，盖得古人分族命氏之意。诚宗谱之要检，虽不出于古人，而人自率由不能或废者也。④

毋庸置疑，采用字辈排行既能有效地防止族人世代位置的错乱，又能便于族谱编纂者对族人进行分类登记和做出精确的统计，实际上

---

① 由于韩城宗族很早就出现了分衍，不同分支的世份传承呈现出较大的差别，因而此处采用的是宗族内部人口数目最多的世份。
② 《凤岗陈氏左一房支谱》，《上杭陈氏左一房世系》，道光十八年重修本。
③ 钱杭：《血缘与地缘之间——中国历史上的联宗与联宗组织》，上海社会科学院出版社2001年版，第221—222页。
④ （清）章学诚：《家谱杂议》，载《文史通义·外篇一》，辽宁教育出版社1997年版。

等于一套行之有效的宗族内部专用的编码,这对于像韩城陈氏这样历史悠久、成员众多的巨姓望族,意义尤为显著。只要同是韩城陈氏宗族成员,一旦各自告知彼此的字辈排行,不但知晓彼此的世份尊卑,而且还能了解双方的年齿长幼。一般而言,为了表达美好的愿望及便于记忆,通常行辈字号大都采用接近于诗歌形式的长短句构成,内容或是反映家族的价值取向,或是提倡儒家传统道德理念,或是体现家族和区域文化水准,不一而足。然而,以"佳言善字"来编排行辈仅仅只是行辈字号的第一要义,除此之外,行辈字号一旦确定,其意义便从文字载体中游离出来,文字本身已变得不再重要,更为重要的是一种象征:"通过对这组文字的持续使用,可以反映宗族结构在一个时期内的稳定程度。反之,如果既定的行辈字号从某一个世代起发生了或中断或重编之类的变化,就意味着宗族结构从那时起出现了分化;其动态的改变轨迹,在一定程度上记录了宗族的分化过程。"[①]

此外,从行辈字号的使用情况来看,还可以很容易了解到当时宗族各分支人口繁衍的大致情形。据曾有三十余年修纂族谱经验的陈松龄先生讲述,在闽东地区行字通常都是依照人丁繁衍情况酌情取用,少则数字,多则成百,每一字后缀以"一、二、三……九、十"。因此,若某一世份使用的行字为八个,那么此一世代其男丁人数就在71—80,以此类推,只需将行字乘以十即是该一世代男丁人口数目。如以陈氏左一华房为例,十五世行字为:茂庚,至二十世行字为:原宁莉桢裕仁达束谨宣慈端穆振称,从中可以发现经过六个世代的繁衍,华房男丁数目已从十余人发展至一百四十余人[②];又如右一兰房十五世行字为"亨利贞";到二十世行字则包括"太和敦厚崇宽容友亮邦",男丁数目也已

---

① 钱杭:《血缘与地缘之间——中国历史上的联宗与联宗组织》,上海社会科学院出版社2001年版,第222—224页。
② 《凤岗陈氏左一房支谱》,《名字行列图》,清道光十八年重修本。

相应地从二十余人发展至近百①。

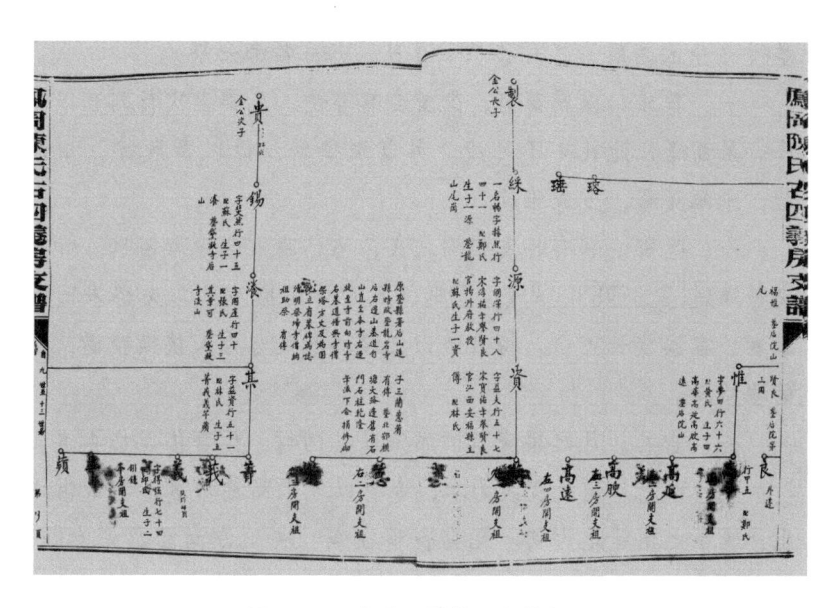

图 2-1 陈氏迁居韩阳上杭世系

伴随着宗族的人丁滋生及房支分衍，为了进一步加强对宗族组织的管理，以族中士绅为代表的领导阶层着手制定相关的家训族规，用以规范和约束族人的行为举止，如明嘉靖十九年（1540）订立了家范九条：

> 一、宗祠。祠堂所以妥先灵而尽报本返始之心也。凡遇朔望，族长必赴祠洒扫焚香，长揖而退。逮祭，必前一日斋宿厥明，夙兴设庭燎，陈牲醴庶品，率族众行奠。如有諠哗失礼及执事不到者，即以不敬论。
>
> 一、祭品。按陈皓以荐祭之品，味有定数，不以多品为美。若

---

① 《凤岗陈氏右一房族谱》，《行列》，1941 年重修本。

多性竞侈反贻越礼之讥。神主分昭穆，合祭始祖中案豕一羊一，左昭豕一，右穆豕一，品物随宜。逐年以二月二十六日、七月十五日举行（今因忌辰，二月移二十五日，七月各房分祭）。

一、敦族。族属蕃衍，少长自有等伦，凡其坐次行列宜以昭穆序。虽邂逅，此礼亦不可废。毋以强挟弱，毋以富欺贫，相亲相睦，雍雍籍籍，方成雅族。

一、睦邻。邻有相友相周之义，恣己凌人非淳厚俗也。如有因交易踹蹴□□□□①戏，□砖掷瓦及恃酒撒泼，与夫盗采田园蔬果者，宜禀族长重罚。将来若田土婚聘所关与为人挟横凌逼，尤当酌理协助。

一、吉礼。凡冠婚庆贺酒席须从礼酌行，毋奢侈以伤古道。

一、凶礼。送死哀毁为本，今有以卮果而迎吊客，甚哉俗之野也，厘今之弊莫此为切。凡有丧事在殡，决不许尚酒及妇女往□，以夸虚文，惟棺椁衣衾之致其力可也。如有不遵者，以不孝罪罪之。

一、业儒。吾族以通籍前朝，克绍前达者，此为第一乘也。今有甲乙酩酊沦溺簺珥，而以嬉游团歌为雅会者，殊非端人之习，须各自警策，各相淬砺。为古之凿壁映雪者流庶克有成，慎勿蹈俗儒之锢习哉，慎勿蹈俗儒之锢习哉！

一、业农。古来序四民必次以农者，以农为国家大本，凡衣食计非此莫辨也。吾族之力农者固多，而怠惰成习，以致收获缺望者未尽无也，族党宜相戒而勉旃。

一、妇行。勤闺门之修，杜境外之行者，妇道也。今邑俗妇女多有乘月夜游连袵市井，或聚祠玩戏，致使狂夫浪花子旁睨窃笑之曰：此某家女，某家妇。甚者骈肩其中，谑以无礼。其为夫子辱，大家羞，岂浅鲜哉！向后有违此禁者，阜长以不谨罪，罪其夫及子。如果事出不得已，许于日中饬肩舆帷幕行之，慎勿玷妇道以贻

---

① □表示原文缺漏，下同。

夫家羞辱。①

可见，此次修谱所订立的家范主要是规定了族长朔望洒扫焚香、主持春秋大祭及处置失礼缺席族人之职权，并要求族人敦亲睦族、婚丧以礼，读书仕进，勤勉务农，各安生业。尤为值得注意的是，其中还特别对族人妻室的行为举止做出了严格规定，禁止其"乘月夜游连衽市井"。毋庸置疑，尽管古代社会民众文化娱乐生活相对较为贫乏，但是相较于居住于偏僻乡村的百姓而言，居住在城市社区的民众，由于集中着一些不事生产的消费者，城市不但在地方交通网络中居于枢纽地位，而且还是各种琳琅满目商品的集散地，是连接城市与乡村贸易流动的重要节点，同时也是地方文化娱乐活动展演的中心地。因此，城市社区居民所能享受到的物质生活、消遣嬉戏、文化娱乐都远比乡村地区民众要丰富得多。同样，城市妇女的生活相较于只知终日劳作的村妇也要富于刺激性。因此，这也就很容易理解为何陈族需要在族规家范中特意强调"酗酊沦溺簪珥，而以嬉游团歌为雅会者"之弊，以及专门对妇女行为进行相应的约束。

随着族谱血缘世系记录和传承渐趋常态化，字辈排行使用的规范化，并为宗族成员订立严格的行为规范，进而在制度上约束族人的行为举止，体现出宗族的价值取向和道德规范，这使得陈氏宗族分支整合和组织建构迈出了坚实的一步，而祠堂的修建则使得始祖孺公之祭走向常态化和规范化，将使韩城陈氏宗族的整合得以进一步实体化和制度化。

二 神圣祭祀空间的构建

尽管宋代以朱熹为代表的理学家们大力鼓吹尊祖敬宗的家族制度，主张恢复实施张载、程颐等人所提出的宗子法，设计出一套宗子祭祖的

---

① 《明嘉靖庚子年修谱家范》，《凤岗陈氏左一房支谱》，道光十八年重修本。

实践方案，设立奉祀高、曾、祖、祢四代祖先神主牌位的家祠，这确实在一定程度上推动了民间家族制度的形成和发展。① 至明初，儒士方孝孺曾撰《宗仪九首》主张为始迁祖建祠堂以维系族人之心："为尊祖之法，曰，立祠祀始迁祖。月吉必谒拜，岁以立春祀，族人各以祖祔食，而各以物来祭。祭毕，相率以齿会拜而宴。"但是，事实上则是始祖之祭在明代嘉靖以前一直未能得以合法化，直到嘉靖十五年（1536）朝廷批准礼部尚书夏言的上疏建议，"诏天下臣民祭始祖"②，始祖之祭才在民间最终得以合法化③。

北宋乾兴元年④（1022）孺公"肇迁于未成邑之先"⑤，历宋元两朝始臻发达，最初并未建祠奉祀始祖，而仅仅只是在孺公墓前致祭，即所谓"草奠露祷耳"⑥。在嘉靖朝放宽官民祭祖的规定以前，庶民不能为祖先立庙，地方上的祠庙不是神明的庙宇，就是贵族（或皇族）为祖先所立的家庙。庶民供奉和祭祀祖先之所，不是在祖先墓地，就是在佛寺（所谓功德寺），或者是家中供奉，即所谓墓祭和家祭是当时祖先崇拜和祭祀的主要形式，而祠祭显然尚未流行于民间。因此，在嘉靖朝以前，墓祭在民间祖先崇拜及祭祀仪式活动中占有尤其突出的地位。每年农历二月二十六的孺公诞辰，福安邑内孺公各派裔孙都会大张旗鼓地前往位于鹿斗境孺公墓前致祭，锣鼓喧天，鞭炮齐鸣，热闹非凡。通过族人们对于始祖墓地的致祭，不但唤醒和整合了孺公派下各房子孙，向外界展现出家族人丁兴旺、家业繁荣的兴盛局面，同时也进一步树立了

---

① 陈支平：《近五百年来福建的家族社会与文化》，中国人民大学出版社2010年版，第13页。
② （明）许重熙：《宪宗外史续编（上）》卷2，第176页，转引自常建华《明代宗族研究》，上海人民出版社2006年版，第18页。
③ 刘志伟：《宗法、户籍与宗族——以大埔茶阳〈饶氏族谱〉为中心的讨论》，《中山大学学报》2004年第6期。
④ "乾兴"是北宋真宗年号，是年真宗逝世，仁宗即位继续沿用，次年改元"天圣"。
⑤ 《祠堂碑记·宾贤旧祠堂基地志》，载《凤岗陈氏右一房族谱》，1941年重修本。
⑥ 《祠堂碑记·重建祠堂碑记》，载《凤岗陈氏右一房族谱》，1941年重修本。

陈族在地方社会中的声誉和威望。

图 2-2 始祖孺公墓

由于孺公坟地位于城内鹿斗境的龟金山间，坟前建有一座庙宇奉祀驱虎护邑有功的孺公，并供奉有供周边坊民崇祀的乡社土神。坟庙所处鹿斗境向系宸西郭氏①聚居之所，该座庙宇郭氏先祖亦曾出资捐地共襄盛举。明弘治②年间（1488—1505）因龟金山间突遭回禄之灾，庙宇遭大火焚毁。陈叔谨等陈族裔孙筹集资金，重建庙宇并独祀孺公，遭到以郭用成为首的郭氏族人的强力反对，并强行将新建祠庙拆毁，郭、陈两族因此事遂成世仇，缠讼不已。关于陈、郭两族之间的争讼，族谱、方

---

① "先世渊源与宸东同。一育之子若凤，肇居宸西鹿斗境。后子姓昌盛，于明万历丁亥建祠，崇祯十六年火，国朝康熙甲子年重建，乾隆丙申年，复建内寝室。迄今三十余世，衣冠人物与宸东相埒。"光绪《福安县志》卷终《氏族》，第743页。

② 原文作"宏正"，但历史上并无此年号，根据前后案卷的相关记载推断应为"弘治"，而"宏正"之误应是清代重修族谱抄录时避乾隆之讳而刻意为之。

志等文献中保留有官府处置此事的案卷资料,通过详细解读这些材料,或可大致还原其中事情梗概。

陈叔谨、郭用成去世后,两人孙辈因此事于嘉靖十八年(1539)再次兴讼互控。陈维胜①"思恐前地久后湮没",呈诉状控告,地方推官判准庙地由陈姓管业,但责令其出银一百五十两入官承买,但是郭姓不服,其族人郭德均②亦以"乞去淫祠,立圣庙"的名义向巡按福建监察御史处控告陈族强夺侵占。巡按核查后觉得郭姓先祖曾有助地,该地向系"四隅人民公用",而将庙地独归陈氏管业,而银两又追入官府,使得郭姓"价业两无"则似有不妥,因而重新判决,责令陈维胜出资一百两给郭德均收领以为其祖助地之价,而庙地仍归陈姓管业,但其不得以修坟为由"致伤风水",要求两人"纳米赎罪"息讼。然而,两族之间的斗争并未能因此次判决而平息,仍持续争讼不已。官府不得已,便将该庙地入官,不许两家再行争占,并将其录入县志存档。

至万历年间,郭姓士绅郭文询③又借"与修邑志"之机,"暗地弄笔,于县志内混乱更改",将孺公坟庙由鹿斗境龟金间篡改至县后,"希图久后可以侵占",而把原在县治后山的官亭扆峰亭④在新志中添注"即仙亭"三字,将其移花接木于陈氏祖山,企图"飞害陈族"。万历二十六年(1598)陈姓族人在得悉此事后,自觉非同小可,于是责令以陈晓梧⑤、陈洪铸⑥等为代表的陈族士绅搜罗遍查旧志,厘清事实后呈书官

---

① "维胜,二十一世,字兴旺,行良七,配林氏,生子一:景玥。墓葬祔父坟,有传。"《左一房第五榴系派》,载《颍川陈氏左一华房宗谱》,1995 年重修本。
② "郭太平,字德均,鹿斗人。"光绪《福安县志》卷 20《选举·除授》,第 370 页。
③ "郭文询,字景问,鹿斗人。广东龙川训导。孝敬醇默,家贫嗜学,不苟言笑。"光绪《福安县志》卷 24《文苑》,第 465 页。
④ 扆峰亭,《通志》"古迹"条云:"在县后,林子勋建,登眺其上,以望云物。"
⑤ "字昕卿,上杭人。苦学,善属词,分巡李公奇之。以选入太学,为国子师所赏识。与北雍诸名士结诗社。归益沉酣书史,剧吟放浪山水间。著《小巫稿》、《穀音篇》。"光绪《福安县志》卷 24《文苑》,第 465 页。
⑥ "陈洪铸,字有陶,上杭人。松溪县训导。"光绪《福安县志》卷 19《选举》,第 333 页。

府"迫令改正",并要求"立案以为他年重修根底",以便永绝后患。①

不同姓氏家族之间对于土地、山林、水利设施等各种有形物质资源及以风水为代表的无形资源的控制和争夺,往往会导致相互之间激烈的分类械斗。宗族械斗的问题在许多地方志、族谱中都有记载,并且时常成为人们批判宗族组织作为封建落后势力的重要表征之一。尤其是在中国东南宗族聚居的地域,械斗之例,比比皆是。但是,相较于乡村宗族频繁而又暴力性十足的分类械斗,似乎像陈、郭两姓这样的城中族,尽管也存在宗姓之间的矛盾与冲突,但其表现形式更多是通过官府力量的介入及以争讼方式来加以解决。在传统时期,长期争讼需要仰赖家族雄厚的经济实力和政治能量的支撑,因此士绅也成为此类争斗的中坚力量,较少表现为直接性的暴力械斗。陈、郭两族之间的缠讼时间几乎跨越了弘治、正德、嘉靖、隆庆、万历五朝,两姓之间数代裔孙持续向各级官府互控,判决亦曾几经更改,最终以庙地划为官地完结。由于士绅在宗族争斗过程中所占据的主导性作用,以及其所具有的政治和文化特权,是以借编修邑志之机,利用文字伎俩来攻击和暗害对方,这些都与乡村宗族之间暴力性的分类械斗有所区别的。如《福建省例》中所言:

> 闽省地方,山海交错,非重洋大海,即峻岭崇山。凡生养其地人民,居近城市通衢者,习见官常,比户诵读诗书,讲求礼义,故华族世胄,所在济济彬彬。惟深山穷谷愚民,平日深居简出,既不素习礼义,又不知晓法律,心本蠢愚,性复强悍,往往或因私忿,或因挟微嫌,恃其族大丁多,动辄聚众执械,互相斗杀。殊不知此宗彼族,虽分各姓,然皆同井共里之人,岂可忘却守望相助之义,自相残贼,以丧身命?②

---

① 以下案卷材料均录自卷首《案卷》,载《颍川陈氏右一兰房宗谱》,1994年重修本。
② 台湾银行经济研究室编:《福建省例》卷28《刑政例上·劝诫械斗》,据同治间刻本排印,台湾银行经济研究室1964年版,第893页。

毋庸置疑，无论是省城、府城还是县城等各级城市都是其所处区域的政治、经济和文教中心，因而一方面城市社区民众通常会受到更好的教化，即所谓"诵读诗书，讲求礼义"，尤其是城中族大都拥有不容忽视的不事生产的士绅有闲阶层群体，他们在处理宗姓之间的纷争时更为理性和雅驯，借助官府力量来进行司法诉讼是其更为常见的方式；另一方面，在"王权止于县政"的传统社会，国家力量对于城市社区与乡野之地的管理和控制差别极大，官府通常将有限的兵力部署于府衙所在地，以保卫城中官员与官方机构，对偏僻乡野之地就显得鞭长莫及而缺乏有效的控制力。① 因此，城中族透过官府力量的介入循政治和司法的途径来处理彼此之间的争斗，以及宗族士绅通过在地方性事务中抢占主导权来显示家族力量和声誉就显得理所当然。

　　尽管谱牒中并未宣称坟庙为威惠侯祠，但是根据族谱材料记载应可断定其乃是陈氏祖庙，并从祀有其他民间俗神，系威惠侯祠之前身。后来，孺公后裔先后在城内上杭、中华境修建两座威惠侯祠。② 位于上杭境的威惠侯祠与其后所建的上杭陈氏宗祠相邻，系由三世飞晏（禄房）后裔捐建，直至"文化大革命"前夕仍保存得较为完好，祠内不但供奉孺公及詹氏孺人神像，而且还供奉有临水夫人、真武大帝、文昌帝君等其他民间俗神。而中华境的祖庙则应是孺公孙辈另两位分居他处的飞政（福房）和飞锐（寿房）之后裔所建。显而易见，在明代中期以前陈氏尚未修建奉祀始祖的祠堂，而孺公墓及其坟庙和后来的威惠侯祠就成为后裔祭祀祖先的主要空间，并加强了分居邑内各处宗支的密切交往与联络。

　　嘉靖十五年（1536），朝廷开始推行"诏天下臣民祀始祖"的新政，

---

① 陈启钟：《明清闽南宗族意识的建构与强化》，厦门大学出版社2009年版，第127—128页。

② "威惠侯祠，一在上杭，一在中华境。神为宋陈孺，曾除邑虎患。"光绪《福安县志》卷13《典礼》，第228页。

全国各地民间普遍兴起修建祠堂的运动。嘉靖二十一年（1542），飞晏公（禄房）派下子孙筹资购地置祠堂房基土地，坐落于东门宾贤境，前深四丈零五寸，阔四丈二尺，中深二丈，阔六丈四尺，后深五丈，阔四丈，东至姚家，西至萧家、刘家，前至大街路，后至山，以墙基为界，并刻意注明与飞政、飞锐二公子孙无干。或因当时族中存有争议，故未能在房基上修建祠堂建筑，而是将其租与他人，"逐年庆诞，福首收租凑用"，直到清乾隆年间始将其卖给族中裔孙建房架屋，其地价用作宗族祭祀支出。① 由于此祠基所处宾贤"因属别境，祀事未便"，八房子孙议于本境（上杭）内建置，买得卓家、郑家、孙家地基，修建奉祀上杭肇基始祖儒公的宗祠。② 祠堂的修建使得祭祀始祖的仪式逐渐趋向制度化、规范化，这就使得原本已经疏远甚至失去联系的宗族房支，通过共同祭祀始祖的关系而联结为一个庞大的宗族。原来只是在谱系中传承下来的飞晏公派下裔孙，通过共同捐资并以十三世八位祖先的名义合资修建祠堂，成为所谓的"合同式宗族"③，有效地整合了宗族内部的各种政治资源和社会资源，极大地提升了族人的地位和声誉。

令人惋惜的是，刚新修不久的祠堂在嘉靖己未倭变中被焚毁，化为灰烬。由于此次倭乱，陈氏族人伤亡、损失异常惨重，所以直到万历三年（1575），八房族长淮南公、榕山公、五峰公、榕冈公"为祠祀计，偕朝献公、时平公"等宗族领袖人物，纠集烝尝银两，购买材料，组织族人在旧基上重建新祠。④ 后因有族人思虑既然已修建有前堂，祭必有后寝。于是再费五十两向族孙陈用宏购买其此前所买谢家地，遂于万

---

① 《宾贤旧祠堂基地志》，载《凤岗陈氏右一房族谱》，1941年重修本。
② 《上杭新祠堂并后寝宫地志》，载《凤岗陈氏右一房族谱》，1941年重修本。
③ 郑振满指出，合同式宗族是以利益关系为基础的宗族组织，其形成主要与族人对某些公共事业的共同投资有关。由于合同式宗族的集资方式一般都是以等量的股份为单位，其经营管理与权益分配往往具有合股组织的性质，其基本特征在于族人的权利及义务取决于既定的合同关系。参见郑振满《明清福建家族组织与社会变迁》，中国人民大学出版社2009年版，第78—90页。
④ 《重建祠堂碑记》，载《凤岗陈氏右一房族谱》，1941年重修本。

历三十八年（1610）用银二百余两建起后寝①，从而使得"数百年祀祖栖神之所，一旦翕然就绪，焕然增彩"②。

三　聚居空间的地景化③

正如有学者所指出的，家族公共空间的构建"不仅体现在有形空间，也体现在精神空间，家族聚落的形成既是有形空间的拓展，也是精神空间的建构。因为聚落格局以家族为中心，进而形成了不同家族对空间的不同阐释，赋予了不同的意义"④。随着时间的绵延和推移，至明代中叶陈氏肇基韩城上杭已历经四五百年，经过历代祖先的经验积累和知识传承，陈族裔孙对聚居空间环境的认识愈加深刻，并开始赋予其居住的地理空间以人文意义。这些地理空间不仅承载着祖先筚路蓝缕、生活奋斗的历程，而且还蕴含着丰富的历史掌故和传说故事，留下了点点滴滴真实而又荣耀的祖先记忆和印迹。伴随着宗族士绅阶层的崛起，他们开始将原先只是口耳相传的地理空间记忆雅驯化和地景化为所谓"上杭八景"⑤，并配有诗文章句记录入谱：

---

① 《上杭新祠堂并后寝宫地志》，载《凤岗陈氏右一房族谱》，1941 年重修本。
② 《重建祠堂碑记》，载《凤岗陈氏右一房族谱》，1941 年重修本。
③ 地景是人与周遭互动的一套关系，此关系中主客难以二分，相互交融，并受到不同文化逻辑与政经权力影响。从某种意义上来说，地景是"心灵与情感的建构"。参见郭佩宜《当代南岛社会的地景批评研究》，《考古人类学刊》2008 年第 69 期。
④ 刘晓春：《仪式与象征的秩序——一个客家村落的历史、权力与记忆》，商务印书馆 2003 年版，第 59—60 页。
⑤ "八景"是一种集称文化，在各地方志中大都有关于"八景""十景"等的记载，且在游历祖国各地名山大川时，几乎都能耳闻目见以"八景""十景"命名的景观。"八景"一词最初是一个道教概念，指人的眼、耳、口、舌等主要器官，也指八个最佳行道受仙时间里的气色景象，所表达的是天人合一的追求。旧方志中主要是对当地八处（十处或更多处）有名景点的列举与歌颂，方志以记述地方名人为主，当属一方"人杰"，而"八景"则显示一方"地灵"。人杰地灵，相得益彰，这或是地方志记述"八景""十景"的真实意图。现今学界一般认为，最早传世的"八景"是"潇湘八景"，相传缘起于宋代著名画家宋迪所画的潇湘风物八幅图，再经大书法家米芾赋诗，书画相配，潇湘八景始得以传世，米颠的题诗也就成为"潇湘八景"之定名诗。经过历代不断的文化积淀，后世持续地大加推广，渐成风气。参见耿欣等《从中国"八景"看中国园林的文化意识》，《中国园林》2009 年第 5 期。

宸城望族，颍水名宗。宋室侯封，熙朝甲第。接胡公令绪，追敬仲芳踪。孝友三百年，曾旌华表，同居十四世，时号义门。百尺楼头还仰元龙，意气千寻玉树犹攀。至道休光由鳌阳而衍韩阳谟烈偕箕裘；丽溯祖德而怀神德威灵协庙貌齐辉。祚衍八房，如太极而生八卦；族居九世，似洪范而锡九畴。况天道左旋最光乎北，而星野列宿咸拱乎辰。凤起楼头，展翅冲云霄万里；龙吟冈上，嘘气作雨露一天。荡荡平平，祠前版石遵道路；活活泼泼，观后池塘咏鸢鱼。家饮虎井，流泉沾祖泽，于无既人游；仙亭挂月，得天工之自然，太史奏金章乃是。棋坪星聚，河阳名花县河殊。宸树烟舍，约以五言，不尽秀灵呈眼底，谱为八韵自成锦。绣灿毫端，宸北一隅，堪附韩阳十景，城东多胜还余铜冠双松。

凤起楼头——五采飞云端，百尺攀其下；匪但毛羽丰，众鸟总难亚。

龙吟冈上——本非池中物，时为食五花；天路频来往，长吟沛泽多。

祠前版石——祖制泽荡平，孙曾遵道路；车马簇如云，里门还巩固。

观后池塘——鉴湖一片天，涵尽清虚景；活泼喜鸢鱼，趣同吾道永。

虎井流泉——既显祖之威，还垂祖之惠；文炳出层曾，水光映云际。

仙亭挂月——高致入青云，纵观山河影；天放一轮灯，常照蓬莱境。

棋坪星聚——方塘一局棋，围盖千珠络；经纬凭造工，奚啻商山乐。

宸树烟舍——万灶拱岩茏，乔木老色翠；一幅米家图，浓淡皆古致。①

"上杭八景"的确立不仅是对宗族聚居空间的"历史地景化与形象化"，同时也是在向外界宣示其在地空间的主权论述。凤岗、宸山、虎井等既是陈氏族人日常生活及生产的平台与基地，又是他们重要的历史经验与文化传承的感知载体与记忆空间。对陈氏族人而言，遍布其聚居空间的这些朗朗上口的地名和故事，不仅是宗族的口述历史，同时也是铭刻在地景上的共同记忆，更是连接着过去与现在乃至未来的人地图谱，给宗族群体提供了一种情感依附在城市核心空间的家园。显然，宗族聚居空间地景化的构建，不仅表明了陈氏族人对这一地理空间认知与理解的深刻性，而且更为重要的是营造出"一种占支配地位的公共符号"（dominant symbol）②，从而充分展现出陈族在韩城地方社会中所具有的知识、权力与声望。

显然，至迟到明代中后期，随着宗族谱系与历史的重构、祖庙、祠堂等宗族公共祭祀空间以及聚居空间地景化的逐步完成，韩城陈氏才正式步入组织化、制度化和规范化的轨道，并最终确立其在邑内的望族地位。

◇ 第二节　从城居到县域

在历经嘉靖己未倭变的重创之后，韩城陈氏不仅族人伤亡惨重，财产、屋舍损失更是难以计数，而且因族谱散佚、祖祠被毁导致宗族面临着日趋涣散、凝聚力减弱的危机。尽管随着韩城防御工事的修缮

---

① 《列祖题咏·谱上杭八景》，载《凤岗陈氏右第二房支谱》，1946年重修本。
② 汤芸：《以山川为盟：黔中文化接触中的地景、传闻与历史感》，民族出版社2008年版，第28页。

竣工①，陆续有族人重新回到城内谋求生计，重建家园，但是亦有不少在倭患中避居乡里的族裔遂就此星散留居乡村，从而开启了陈氏宗族从完全城居到散处邑内城乡的基本格局。隆庆二年（1568），以陈一诚为首的族中士绅再次肩负起整合宗族的重责大任，在检阅族谱后发现旧谱"纷纷失次"，感叹"谱内纪先垂后之大典，而毁于倭变"，于是趁着"是年七月望日，值祀节，子姓咸在"②，决议组织族人共同编修新谱。但是，自万历以降，福安地方水患灾害频繁、战乱祸端不止。明清易代鼎革之际，韩城更是数度遭军队围困，孤城食尽，致使许多陈氏族人纷纷逃难避居乡里。

图2-3　上杭陈氏右第一房族谱

① "（嘉靖）三十八年四月初五日，城陷，未逾月，淫雨，城俱圮。九月，分巡舒春芳率县丞韩锡、主簿杨练、典史陆鹏相度城基，经营甫定。十一月，知县卢仲佃至，一意兴复，且筑且守。逾年四月五日，倭复猝至。仲佃极力守御，贼战不利去，始得悉力于城。十月城完，周八百丈有奇，高一丈五尺有奇，广三丈，深三之一。增小北门曰凤坡，增窝铺五十，楼橹五，作木吊桥，以易门外石桥。"光绪《福安县志》卷5《城池》，第62页。
② 《隆庆二年重修族谱序》，载《凤岗陈氏右一房族谱》，1941年重修本。

迨至清初康熙甲寅年（1674），"复遭耿变，叠次兵灾，流移转徙"①，遂使昔日"朝夕聚首"于韩城的陈氏族裔纷纷"散处离居"②在县域范围及其周边区域的各乡村里社。由于当时动荡不安的地方社会环境，自隆庆二年编修合族宗谱后，陈氏宗族迟迟未能践行其"三十年一修"的谱牒编修传统，及至清康熙二十四年（1685）方才继续几乎中断一百二十年之久的修谱事业，对此族中修谱主事者曾详细地解释个中缘由：

> 前谱修订，当明隆庆初年，迨万天崇三朝，计七十七载，正值重修之期，而明祚尽矣。国朝定鼎之初，兵戈四起，屋庐灰烬，向之郭内外，东西南朔，皆有我陈氏族处者，今一望靡芜，皆窜居乡曲，不复归故井，甚者远离桑梓。由是山之陬，海之澨，以及邻封接壤，过都越国，到处皆有。其在城者，尚不及三之一，视昔之群萃而稠处者，其聚散不类也。且由明隆庆迄今，逾年百有二十世，数遥旷视，昔之当代相接者，其远迩又不类也。诸父老目击心怆，谓今若因仍苟且，谱牒不修，将来子孙远出者，视祖宗讳字不辨，若栗陆、若尊庐等，其同时俱在者，乡邑异地，即谋面而语，不谙为亲属，若秦楚、若吴越，人一人之身，分而至于途人，相联相隔非情也，势也。③

从上引文可知，明末以降，福安地区频繁的战乱兵燹造成剧烈的社会动荡，致使民不聊生，原本聚居在城中的陈氏族人之屋庐尽毁，家园靡芜，不得不"窜居乡曲"，远赴山陬海澨等各处谋取生计，而城居者甚至不及全族人口的三分之一，朝代鼎革给陈氏宗族所带来的深刻影响可

---

① 《颍川陈氏族谱》"康熙二十四年陈耆山序"，光绪二十四年重修本。
② 《上杭陈氏右第一房族谱》卷1"康熙二十四年陈书绅序"，1941年重修本。
③ 《上杭陈氏右第一房族谱》卷1"康熙二十四年陈达行序"，1941年重修本。

见一斑。家园毁坏,人丁离散,无疑使得陈氏宗族难以有效地整合资源,从而导致谱牒失修几达"百有二十世",最终造成"人一人之身,分而至于途人"宗族涣散的窘困局面,实在是形势所迫,情非得已。尤为值得注意的是,前述引文指明了陈氏宗族居处格局的根本性变化,即由原来城居的聚居宗族转变为城乡并举的散居宗族,笔者将其定义为"县域宗族",即指族人主要散居分布在县域范围内的血缘亲属群体组织。

传统中国是一个典型的农业社会,田地和屋宅是最重要的生产生活资料,更是人们安身立命之本,并由此形成了根深蒂固的"安土重迁"之价值观念。显而易见的是,这也使得传统社会中人口流动性较弱,远徙他乡的难度变大。因此,人们通常都会相对长期稳定地在一个地方繁衍生息下去,如此久而久之,就会随着人口的自然增殖而形成家族、宗族聚居的局面。而这种宗族成员聚居生活形态的形成,主要并非宗族观念影响下的产物,"而是兄弟的均分财产的分家原则"所导致的结果,"如果不是实行诸子均分制,而是像西欧中世纪社会那样实行嫡长子继承制,就不会形成宗族聚居局面"[①]。毋庸置疑,在实行财产诸子均分之继承制的情况下,每个子孙都可以从父祖手中获得一定程度的田园、屋舍等生产生活资料。如此,父传子,子传孙,再传曾孙,财产持续析分,代代相承。同一家族或宗族成员就会在祖先开拓的田宅基业旁聚居下来,烟火相接,比屋而居,最终形成宗族人口聚居分布的情形。由此,在一个相对狭小的社区范围内居住的人们,实际上都是一个宗族的成员,他们相互之间是祖孙、父子、兄弟、叔侄,又或者是堂兄弟、叔侄、从兄弟、叔侄,都有着或近或远的亲缘关系。当然,上述诸位学者所述基本是就村落宗族而言,而对于像陈氏这样的城中族来说,尽管其宗亲族属呈现出聚居形态,但因其身处城市社区的特殊环境,相较于村落社区而言,其土地、屋舍等生产生活资料的买卖实际上要更为自由开放,因而聚居之中又穿插有

---

① 参见杨际平、郭锋等《五—十世纪敦煌的家庭与家族关系》,岳麓书社1997年版,第201页,注释2;另可参见徐扬杰《中国家族制度史》,人民出版社1992年版,第311—312页。

异姓杂居的情形发生。① 例如，在陈氏修建祭祀肇基始祖孺公的宗祠之时，宗祠基址中相当大的一部分都是从卓、郑、孙等外姓手中购买所得，这显然从一个侧面反映出城中族聚居之外杂有异姓的社会事实。

显然，在家庭财产代代析分的情形下，随着家族人口的不断增殖，父祖田宅产业将因兄弟均分而在下一世代手中呈现倍减，原有居住空间所能提供的生存资源也就愈来愈紧张，直至原先祖上所遗留的产业难以维系新增家族人口的基本生活需要。② 这就促使一部分家族成员被迫向外迁徙拓展寻求新的生存空间以谋取生计，可以想见，当家族成员向外迁徙到一个新的地方后，除非所迁入地属于荒无人烟之所，否则原先聚居的生活形态势必会很自然地被打破，而出现家族成员散居分布的局面。这通常是乡村宗族发展的一般情形，即主要是不断繁衍的人口在有限的土地上达到饱和状态，致使宗族成员不得不向外移居寻求新的生存空间而演变为散居宗族。而对于居住在城市社区的陈氏宗族成员来说，尽管土地仍是其许多族人所仰赖重要的生产资料，但却并非不可或缺，城市能够提供除耕作以外的诸如雇工、小商品买卖等多种谋生手段之机会。因此，即便人口繁衍使得宗族成员的生存和发展空间受到一定程度上的限制，但是大致上城市的发展能够消化新增的人口压力。陈氏由城市聚居宗族向散居型宗族的转变，更多是与剧烈动荡的地方社会发展形势相关。笔者将陈氏这种散居型宗族定义为"县域宗族"并非指其族

---

① 尽管在许多乡村聚落中往往也存在多姓杂居的情形，但是大体上各宗姓通过传承其祖先田园、屋舍、宅基等生产生活资料，各自形成相对较为封闭和独立的居住生活区。

② 关于人口增长繁衍与土地财产兄弟均分所导致人地关系紧张的矛盾，清代著名学者洪亮吉曾有一段十分精彩的论述："试以一家计之，高曾之时，有屋十间，有田一顷，身一人，娶妇后不过二人。以二人居屋十间，食田十顷，宽然有余矣。以一人生三计之，至子之世，而父子四人，各娶妇，既有八人，八人既不能无佣作之助，是不下十人矣。以十人而居屋十间，食田一顷，吾知其居仅仅足，食亦仅仅足也。子又生孙，孙又取妇，其间衰老者或有代谢，然已不下二十余人。以二十余人而居屋十间，食田一顷，既量腹而食，度足而居，吾以知其必不敷矣。又自此而曾焉，自此而元焉，视高曾时口已不下五六十倍，是高曾时为一户者，至曾元时不分至十户不止。其间有户口消落之家，既有丁南繁衍之族，势亦足以相敌。"洪亮吉：《卷施阁文甲集》卷1《治平篇》，清授经堂精刻本。

人迁徙移居的范围仅限于县域，而是基于如下两个方面的原因：第一，由于传统社会中社会经济发展水平较为落后，交通条件十分不便，陈氏族人徙居仍以福安县境为主，兼及周边县市邻近地方；第二，即便有少数族人移居至外府县乃至外省，但同样地，由于社会、经济和交通方面的原因，其渐渐同宗族组织失去联络而脱离出去，自然逐渐丧失其宗族成员之身份，或者更为准确地说，这一身份对其逐渐失去意义。因此，笔者将其称为"县域宗族"，这样的表述既适切地描绘了陈氏宗族人口相应的分布情形，又彰显出其族人并未离心涣散，而是同属聚合在祭祀肇基始祖孺公宗祠下的宗族成员。

总之，明末福安地区频繁的倭乱、兵祸、水灾造成了剧烈的社会动荡，致使陈族人口分布格局发生显著变化，原先基本聚居在城市的陈氏族人不得不"窜居乡曲"，星散分布于邑内城乡。由此，韩城陈氏便从一个典型意义上的聚居型城中族逐步演变为族裔遍布城乡的散居型"县域宗族"。不过，这并未从根本上改变其城中族的性质，许多徙居乡村的族裔历经数代繁衍发展，并逐渐认同于在地村落，从而开始自修谱系、分立支祠成为独立的村落宗族，而大多数城居及少量离散村居族裔依然稳固地维持其城中族认同。

第三节　清代初期的宗族重整

明末清初，福安地区水灾、兵燹、匪患[①]等天灾人祸层出不穷，造成社会动荡不安，百姓负担沉重，生活困苦不堪。例如，南明政权时期，邑人刘中藻以文臣而通晓军事，极力招募骁勇善战的贫苦畲族民

---

① 义士二十二世陆梧公，刚勇好义。顺治丁亥年，罗寇攻城，公为乡长，奉委守御率众直前，力乏以身殉之。既而族众呈请邑主吴公文炎，批云：匹夫而作干城！吾闻其语矣，陈某之率众拒贼，为国殉身，非旷古仅见耶。伊妻王氏复能守志熊丸，誓死不二，只以草野之风声难，遂致门之天眷未临，本县闻之殊为浩叹，赠以"忠肝苦节"四字，犹欲向石渠虎观间，为太史陈之夜。参见《凤岗陈氏右二房支谱·行迹》，1941年重修本。

众，与清军在福安等地多次发生正面激战，并曾一度占领福安县城，最终兵败殉难，死伤无数，损失惨重。① 清初顺治年间，郑成功据台抗清，清廷为对郑氏集团的抗清据点实行经济封锁，企图断绝其与内地的联系及获得粮草军备等各项供应补充的渠道，下令施行海禁，不许外地海船靠岸，亦不许本地商船运载米麦、钉铁等各项物资出海，甚至要求沿海居民向内迁界三十里，而福安被划入界外荒芜田顷数达484顷。② 此后，又有康熙十三年（1674）三藩之乱的耿氏兵变，福安亦深受其害。接连不断的战乱兵祸，不仅给福安地方社会经济的发展带来巨大的伤害，同时也导致韩城陈氏宗族屋庐尽毁、谱牒失修，遭受巨大的损失和剧烈的冲击，即所谓"适丁鼎革，越丙戌秋九月，土逆陷埔，炬邑庐而尽灰之，吾家邀威惠公灵，幸留祖祠及祠旁数屋而已。时悉望乡而巢，复邦族者，无逾十数家，虽渐次革筑，稍得聚族而居，然历经兵灾，流移转徙，谱之存于煨烬窜逸之余者，什不一二"③，其惨状跃然纸上。

在经历了朝代更迭的剧烈社会动荡之后，直到17世纪末叶的康熙年间，中国开始进入相对较为稳定和繁荣的时期，而福建沿海地区的社会经济发展步伐更是明显加快④，这客观上为促进地方宗族组织的整合与发展提供了十分有利的条件。正是在福安地方安靖和社会经济发展的大背景下，韩城陈氏在族房长、士绅等宗族精英的领导下，开始陆续展开包括风水维护、修葺祠堂和祖宫、重修族谱、规范祭祖仪式等各项宗族重新整合工作。

一　风水维护

在中国人的传统观念中，风水好坏直接关涉子孙后代的福报，举凡

---

① 光绪《福安县志》卷22《忠烈·刘中藻传》。
② 朱维幹：《福建史稿》下册，福建教育出版社1986年版，第396页。
③ 《上杭陈氏右第一房族谱》卷1"陈茂芝序"，康熙二十四年重修谱，1941年重修本。
④ 朱维幹：《福建史稿》下册，福建教育出版社1986年版，第431—465页。

第二章　分与合：陈氏宗族的凝聚与分化

人丁繁衍、科举文脉、贫富祸福，无不被认为与风水选择的优劣有着千丝万缕的关联，甚至还会影响到整个家族乃至国家的兴衰存亡。几乎所有宗族都表现出对风水堪舆之术的极度崇信，尤其对于象征着宗族标志的祠堂、祖先埋葬的坟茔等重要风水象征物，其选址与营造更是极为谨慎，不惜花费大量人力、物力加以悉心维护，以致人们将其与宗族的命运结合在一起，成为宗族兴衰的精神象征。

韩城陈氏肇基始祖陈孺作为一名道行高深的术士，自然深谙风水堪舆之道，而肇基之凤岗山麓又是县衙所在，故此向来就被认为是风水绝佳之处。明代宗族士绅陈世理曾撰有《龙山尾西后山说》一文详解曰：

> 世理僭妄敢抒鄙悰以告族长，吾家风水自虎山岗发脉，左脉发凤顶为龙山，右脉发西山为虎山。宋元以及我朝，我族分为八房，结阳宅坐西向东，凤顶为龙山遇案，取外重五马峰为照案以为贪狼文笔之秀为官星，西边为主山，取外重仙岭为套屏为鬼星。祖宗以鬼星属火，乃多培植松柏遮蔽，兴星则此为泉山无疑。时乃出知府公、助教公、御史公、海阳公、尚素公诸名英，此祖宗深谋远识，子孙蕃衍，至近来无知者以松柏小利，占为己业，自砍伐，殊为可笑。诚恐松柏俱尽，火星现露，吾家岂能安住？今后合行严禁须要砌埠，再多培植松柏杂木，以蔽火星，以荫风水，以复祖宗之旧，则延枝叶于万年矣！此非理之臆说也，曾闻之井岗、少岗而先生，而二先生闻之凤岗公，凤岗公闻之武康公云。①

从上引文可知，陈氏族人认为本族之所以能够取得支分派衍、科举仕进兴旺发达的局面，正是得益于祖先高瞻远瞩、深谋远虑的居住地风水选择，这也成为历代族裔口耳相传的佳话。只是由于人们目光短浅，

---

① （明）陈世理：《龙山尾西后山说》，载《凤岗陈氏右二房支谱·列祖题咏》，1941年重修本。

贪图蝇头小利，致使庇护风水景观的松柏遭到砍伐，而这很自然地引起了有识之士的重视，所以士绅陈世理见此情形，便及时知会族长希望引起他的重视从而切实加以维护。

由于明清之际福安地区频繁的战乱兵燹，族人被迫迁徙乡隅，宗族涣散，基本生活尚且照料不暇，显然无法过多地关照到风水景观林的营造与维护。但是，毕竟风水关涉家族兴衰荣辱大局，因而一俟社会安靖，至康熙年间陈族便首先将风水维护正式提上议事日程，并立碑警示曰：

> 龙山尾培植丛树，庇荫合族。铜岳公已详言矣。至于起凤后山，尤风水发源处，前人栽培树木，今有存者，宜各自爱护，勿加剪伐，私砍者，惩责外，仍议罚。
>
> 康熙二十四年乙丑七月廿四日①

可见此时陈族对风水景观林的保护，已不再仅仅停留在口头劝诫，而是订立出具体的实施章程规约，严格禁止附近民众砍伐龙山尾及凤后山的风水林，若发现有私自砍伐者，不但要送交祠堂加以严厉惩处，而且须罚以银钱。与此同时，惠房裔孙"绍显、绍统、圣谟等捐大北门内榕树下地与祠架店，以卫风水"②，而宗族决议每年为其分颁胙肉拾斤以表彰他们的善行义举。

毋庸置疑，陈族对龙山尾景观林的营造与维护，不仅只是简单地在精神象征维度上为促进宗族的延续与发展所进行的风水实践，而且是通过对此一地理空间话语的创建与掌控，表达出宗族在地方社会中的实际权力以及资源的独占性。

---

① 《起凤山风树说》，载《凤岗陈氏右二房支谱》，1941年重修本。
② 《凤岗右二房支谱·行迹》，1941年重修本。

二 修葺宗祠与祖宫

陈氏宗祠曾于明嘉靖三十八年（1559）的"己未之变"惨遭倭寇焚毁，直到万历三年（1575）始由各房族长组织经营再造。由于自"倭祟以来其间土逆之陷墉，山寇之剽掠。迄国朝定鼎余孽犹未平，复有海氛之虐，耿藩之乱，浍兵燹者不知凡几矣"①，地方社会动荡难平，导致宗祠破败失修。清康熙四年（1665）十月，由于久旱未雨，天干物燥，韩城上杭境发生火灾，陈氏宗祠及祖宫（即威惠侯祠）部分亦遭回禄延及，幸好损毁并不算严重。但是，由于当时尚处于战乱兵燹之中，宗族尚无足够人力物力加以重建，而只是暂时将祖祠简单修葺，重新雕刻塑像，安排族众日夜虔诚敬奉香灯祭拜，每年春秋两祭合族裔孙举行隆重的祭仪。

康熙十年（1671）八月十六日，族房长用钦、养畴、养日、周士、养晋、平子、二南、仲斋等因有感于祠堂"规模卑陋"，决议鸠集合族裔孙捐建华表坊，以"增成雅观"②，共计费银五十两整。随着福安地方社会经济的恢复与发展，康熙三十三年（1694）二月，各族房长、族裔及宗族士绅精英聚祠共同商议决定重建宗祠，于是众人踊跃捐献③，有钱者出钱，有力者出工，"首事勤于董理，族众乐为赞襄"，从六月动工到十二月共费时半年，最终使得宗祠"左右砌以垣墙，栋梁廊庑，焕然一新，比前规尤壮丽焉"④。此后，宗族士绅领袖"考自南宋以来卿士大夫家率立祠堂，兼有后寝"，所谓"祠必有寝者，前祠以奉神，后寝以藏衣冠"。尽管陈氏曾变通其意以威

---

① （清）陈大任：《原赠族谱序》，载《凤岗陈氏右一房族谱》，1941年重修本。
② 《建华表坊志》，载《凤岗陈氏右一房族谱》，1941年重修本。
③ 宗族士绅阶层以身作则，踊跃倡捐，如处士二十三世学祗公，"族中兴作，力前以倡"，又如乡宾二十三世学祐公"门内整肃，族有兴建，以伦率先倡举"，他们在宗族重新整合的各项活动中发挥着极为重要的领导作用。参见《凤岗右二惠房支谱·行迹》，1941年重修本。
④ 《重建祖祠碑记》，载《凤岗陈氏右一房族谱》，1941年重修本。

惠公祠前座为祠堂致祭之所，而后寝各房先祖贤达神主均祔食其中，但不幸遭回禄损毁，由此导致"中元祔食典缺"，康熙四十八年（1709）春，族长学祐公"慨然有重建之志"，于是通知联络各房长继宜、书绅、继臣、重昇、世缨、其椅、嘉谟、其礼、其义、大任等人，在宗祠祭祖祷告，表明重建后寝之意，众人踊跃捐输，总共获捐银"二百有奇"，并着手拓宽旧址展开重建，前后历时三年终使其较之原先规模、面貌更为隆重光彩，所谓"夫以数十年久废之事，一旦兴之，尊祖而敬宗，贵贵而贤贤，一举而数善备焉"①，陈氏族裔为之欢欣雀跃。

韩城陈氏肇基始祖孺公迁自鳌阳之三峰（今属寿宁县），其肇基始祖为汉唐公，汉唐公再传"洪钰公及其季弟少宗伯洪轸公，乐善好施，舍旧墅为兰若，捐田三万贯，复立祭田三十二亩，寺僧奉檀越，祀三公于寺左，今寿祠是也"②，这其实就是陈氏家族的家庙。尽管后来孺公肇迁韩城"子孙蕃衍，祠宇辉煌"，但韩城陈氏仍旧享有这些祭产收益，并且每三年（逢子午卯酉年）都会由族房长率族裔宗亲前去寿宁家庙祭祖，由寺僧准备羊豖等三牲祭品举行隆重祭仪，以示敬宗尊祖、"不忘本也"。雍正元年（1723），寿祠不幸告圮，韩城陈氏宗族领袖合议认为"三峰，福族为所从出，远所宜追"，于是族长复旦、文禄、裔长、之铭、表兹、文剑、大僖、玉策、逢辰、绍惠等一面清理累年积欠的祭田租金，另一面发动各地族裔踊跃捐献，总共获银二百两，将其中一百两捐助给寿宁三峰重修家庙祖祠，而余下银钱用于装饰韩城陈氏本祠，从而"上荷祖宗默佑之灵，下合族众同心之雅，一举而福寿两祠均大观焉"③，由此可见，陈氏族裔敦本睦族、敬宗追远、善继祖志之高尚情怀。

---

① 《重建后寝碑记》，载《凤岗陈氏右一房族谱》，1941年重修本。
② 《重修福寿两祠碑记》，载《凤岗陈氏右一房族谱》，1941年重修本。
③ 《重修福寿两祠碑记》，载《凤岗陈氏右一房族谱》，1941年重修本。

雍正九年（1731），兰房朝奉公派下二十七世裔孙庠生陈安成置买祠前东南地，深四丈四尺，上阔七尺，下阔一丈二尺，将其捐出以开辟拓宽宗祠前坪及照壁基。① 次年（1732），族长复旦、裔长、文剑、绍鹤、祖泽等共同决议，以安成所捐地拓建祠堂坪及新修照壁。② 乾隆六年（1741），兰房二十七世裔孙贡生陈淇见宗祠左右两面墙体均是泥土所筑成的土墙，因而决议乐捐改砌砖墙，使得祠宇改观，更为坚固典雅。乾隆二十年（1755）腊月，族长端颛、必遇、助文、钦鳌、士林、良璞、性调、勋等举行祭祖仪式，聚集族裔题捐，总共获银三百六十六两，并凑用烝尝银一百二十两，将旧华表拆除，另架建新华表于前，改建头门，并重修祠堂坪前照壁。这样，陈氏宗族在族房长、士绅精英领袖的领导下，历经康雍乾三朝，方才逐渐完成了宗祠、祖宫等神圣祭祀空间的扩建和修葺，从而大致形成了保存至今的宗祠之基本格局与风貌。

三 重修族谱

族谱是同宗共祖的血缘群体记载其家族或宗族世系和事迹的图籍。③ 在一个父系观念强大的宗族社会中，族谱作为明确地标识出每个宗族成员及其群体自我认同的父系祖先源流的文本，不仅对宗族成员的资格加以有效地确认，而且提供了每一个个体与其他宗亲族裔发生关系的基本依据。④ 然而，明末清初接连不断的倭乱、寇患、兵燹导致的社会动荡，无疑对陈氏宗族的谱牒编修和保存都是一次严重的破坏。众所周知，族谱编修必须具备一定的经济基础和相对稳定的社会环境，而福安当时剧烈的社会动荡使得族人们的基本生计的谋取尚且存在困难，显

---

① 《上杭新祠堂并后寝宫地志》，载《凤岗陈氏右一房族谱》，1941年重修本。
② 《祠前照墙志》，载《凤岗陈氏右一房族谱》，1941年重修本。
③ 郭志超、林瑶棋主编：《闽南宗族》，福建人民出版社2008年版，第98页。
④ ［日］濑川昌久：《族谱：华南汉族的宗族·风水·移居》，钱杭译，上海书店出版社1999年版，第21页。

图2-4 陈氏宗祠（作者自摄）

然无法真正参与需要整合大批人力、物力的族谱编修活动中。另外，为了躲避战乱、谋取生计，许多族人纷纷从韩城迁徙到乡隅僻地定居，由此导致陈氏宗族从原先聚居韩城的"都邑巨族"逐步演变为散居城坊乡隅的散居型"县域宗族"。显然，在经济、交通发展水平都较为落后的明清时期，这样的分布格局势必导致族人之间相互联系的减弱，难以整合起来编修所需要的详细记载宗族成员之世系、行辈、生平、家庭情况、坟茔等相关内容的谱牒。

陈氏自明隆庆二年（1568）统一编修八房合族宗谱后，迟至一百一十余年后的康熙二十四年（1685）才开始续修宗族谱牒。曾任邵武府光泽县县学司训的二十六世裔孙陈达行在重修谱序中曾详述其前因后果：

吾族建基绵远，宗支蕃衍。谱牒率数十年而一修，其大端务尊尊亲亲，俾孝弟油然而生，如苏明允（宋，苏洵，字明允，号老泉）所言者是。次则，虑名字行列后先相蒙，正名定分，于是乎在谱之设，由来重矣！其在今日则尤重，何言之。前谱修订，当明隆庆初年，迨万天崇三朝，计七十七载，正值重修之期，而明祚尽矣。国朝定鼎之初，兵戈四起，屋庐灰烬，向之郭内外，东西南朔，皆有我陈氏族处者，今一望麋芜，皆窜居乡曲，不复归故井。甚者远离桑梓。由是山之陬，海之澨，以及邻封接壤，过都越国，到处皆有。其在城者，尚不及三之一，视昔之群萃而稠处者，其聚散不类也。且由明隆庆迄今，逾年百有二十世，数遥旷视，昔之当代相接者，其远迩又不类也。诸父老目击心怆，谓今若因仍苟且，谱帙不修，将来子孙远出者，视祖宗讳字不辨，若栗陆、若尊庐等，其同时俱在者，乡邑异地，即谋面而语，不谙为亲属，若秦楚、若吴越，人一人之身，分而至于途人，相联相隔非情也，势也。于是，合族会议，令各派世系自相催取，在邑辖内者克期以致，外出者不与闻，或同支识其世次代为登录系次，既得详加考订，讳字行列有重复相因仍者，易而定。宦绩贤逸并闺门节义已书未书者，悉阐而录之，文翰诗词凡有所见，必登载之以不忘；隐显可传之行，以毋失杯棬手泽之思（《颜氏家训·风操》："父之遗书，母之杯圈，感其手口之泽，不忍读用。"）。始季春丙子，竣仲秋壬辰。凡五阅月而成。成之日，诸父老徘徊杂踏，睇观久之，喟然叹兴曰：旧典犹存，老成幸在，谱成矣。祖宗功绩于是乎可稽，支分派衍于是乎可别，按世而远者仍迩，览图而散者仍聚；势之隔者，谱以合之；情之暌者，谱以联之。尊尊亲亲，正名定序之义，昔行于耳目之所及，今行于耳目之所不及，则斯谱之修意虽一，而事不更重欤！是役也，议必合，举必当，推属稿者务公正，毋此详彼略；推腾正者务详慎，毋鲁鱼亥豕；推董率主事者，务忠直，毋勤始怠终。同心协力，倡议有成，备列秀岩叔简端，余不复赘，但述诸父老之意、并其言以弁于首。①

从这则修谱序言中可以看出,频繁战乱所导致的社会动荡,使得陈氏族人散居山陬海澨,谱牒遗失,即所谓"历经兵灾,流移转徙,谱之存于煨烬窜逸之余者,什不一二",因而出现"犯讳字、侵行列,蹈前失者不少。且居辽处漠,虽族内子姓,见面而不之识,及相咄嗟,为氓隶,不啻如秦越人,肥瘠之不相关者,比比是也"之情形,尽管宗族父老"虑其残蠹久,罔所稽,数谋欲修之",但是终究因"第以疮痍甫复,物力艰而弗果"②。例如,康熙十九年(1680)二月孺公诞辰,陈氏族裔聚集祖祠举行合族春祭,嗣后房族长及宗族士绅领袖共商修谱事宜,族中贡生陈书绅③曾指出编修族谱昔易今难之数端:"论修谱于昔日易,言修谱于今日难。昔之日,伯叔昆仲朝夕聚首,今则散处离居矣。昔之日,家给人足,物阜时康,今则夫役频兴,兵灾屡见矣。且昔之日,历世犹近,而其事简,今则历世绵远,而其事愈烦矣。有此数难,苟非同心协力、始终弗渝,乌能相与以有成乎?出于无奈,是阜长欲决于行,子弟亦勤于事,然谆谆勤勉,未获就绪者何也?则以人情弗一,时事多阻,而物力维艰故也。"④康熙二十四年(1685),宗族裔孙宜生、继臣率捐烝尝,总共获银二十两,于是贡生陈书绅倡议将其用以续修族谱,得到各房族长的首肯,并另外向族裔征收丁银三十余两,随即祭祖并择期在祖祠由裔孙茂芝、蒿斋、仁斋等人"日取往牒,参互考订,旧有总图以系源流,但世数殷繁,若仍之,则复简重编,夸而炫目。爰谋略焉,只效五世一提,递迤而下,分支别派,定名辨字,井然有条。俾披览者,灿若列眉了然,于尊卑上下之分而不可越,至于宦绩

---

① 《凤岗陈氏右一房族谱》,1941 年重修本。
② 《凤岗陈氏右一房族谱》,1941 年重修本。
③ "贡士二十四世讳书绅公,学问渊博,应康熙戊子岁贡,庚子举乡饮介宾,邑侯傅公植匾赠曰:庠序耆英。"《凤岗陈祠左三房支谱·行迹》,1994 年重修本。
④ 《凤岗陈氏右一房族谱》,1941 年重修本。

贤德、逸行孝节及诗文、墓铭表志，所宜传者，已载者，不敢遗。未纪者，亦必搜录"①，前后历时五个月宗族谱系的重新建构终于告竣。

值得注意的是，由于此次修谱距前次已逾百年，为了顺应新的社会情势，宗族精英们增订了数条家范族规，用以进一步规范和约束族人的行为：

一、孝弟

孝弟为敦本原、笃友爱，行己之大端也。凡为人子、人弟者，宜加勉□□。不孝不弟者，众阜长当于祖庙严行惩责。

一、嗣续

凡为人后者，所以承先绪而衍后昆，所关甚巨。故祖制，凡抱养者概不书入谱内接项宗支。如未生有子，当求应立者立之，否则或择养亲派男或本族内男，以承宗支。如有不遵者，告祖重责外仍将抱养子斥逐。

一、嫡

礼严嫡庶，所以防夺宗也，毋以庶为嫡，伤败彝伦。如嫡生男迟，庶生男早，以嫡为正派，庶男虽长宜居嫡男之次，不得搀越，以乱体统。

一、赌博

士农工商各有定业，如有不务生理，好闲游手，引诱善良专事赌博，势必破家荡产，忘身辱亲，罪莫大焉。众阜长当于祖祠重家惩责。

一、肃庙

宗庙乃奉祀先灵之所，最宜洁净齐整，方为大观。近有一二无知擅将谷麦麻豆等物堆积满祠，或将门壁拆卸为台以致损坏，或小子将前后墙壁污墁，或借坏桌凳，或入庙无敬畏之心有秽渎之语，

---

① 《凤岗陈氏右一房族谱》，1941 年重修本。

诸如此类大干祖制。嗣后各相叮咛告诫，违者以慢祖之罪加之，仍令照旧修赔，不得苟纵。

一、分胙

始祖诞辰、忌日，绅衿俱有分胙，此为礼生执事设也。是早各宜齐集依派执事，以襄盛典。近有怠慢不前反受其赐，忘祖孰甚焉！今后如有仍蹈前辙者，扣其胙，仍以忘祖之罪罪之。

一、福金

始祖诞辰，凡派下子孙无论远近俱要照例入银，以为庆诞之用，倘不与□□议公罚。至于阜长，年六十以上，各房例有分胙，此盖敬老意也，如□□与是忘祖矣，亦扣其胙。①

从上引文可知，此次修谱增订的家范主要包括宣扬孝悌的儒家伦理道德，以及严格限定继嗣继承的基本原则，规范族人日常生活行为举止以及祭祖仪式当中的权利和义务，而对违反基本行为规范的行为依例做出惩罚。值得一提的是，陈族对立嗣的规定和执行相当严格，据报道人郑幼康陈述：

传统上，当某房男丁因故未能娶妻生子，依照传统习俗必须要为其过继一个养子作为合法继承人。过继所选择的对象具有十分严格的规定，依照亲疏原则来加以遴选，通常由近到远，分别是兄弟儿子、堂兄弟儿子，直至本房、本族的子侄辈。选定了香火继承人后，须择日举行过继仪式。是日须邀请五服以内的在世长辈、兄弟及本支各家家长到场。请有文化的族人执笔撰写一份过继文书（立嗣书），言明继承人相应的权利和义务关系，并请到场宗亲签名作为见证人。之后，双方当事人在祖宗牌位前焚香祷告，过继的合法继承人以新身份自称，向列祖列宗祝祷。如此，这样的过继行

---

① 《国朝康熙乙丑年增定家范》，载《凤岗陈氏左一房支谱》，清道光十八年重修本。

第二章 分与合：陈氏宗族的凝聚与分化

为方才得到祖宗和宗族的认可。①

大体来说，若社会政治经济环境能保持相对平稳安定的发展，宗族烝尝、捐献等各项收入丰盈，方能大抵坚持和遵循民间普遍所谓"谱以纪世，世必一修"②的一般惯例，如韩城陈氏在明代正德、嘉靖、隆庆三朝就曾先后三次重修宗族谱牒，其间隔均不过二十余年。因此，至康熙己未年（1715），距离前次修谱恰好是三十年，当时各族房长及宗族士绅精英等曾公议合修宗谱，但因故未能形成统一意见，最后不了了之。究其原因，据笔者推断很可能与当时宗族内部各房支的发展不均衡有关，这主要体现在人丁繁衍和经济基础两个方面，强房支通常人口增长较快，修谱意愿较为强烈，倾向于修谱时间间隔较短，族产收入较为丰裕，也更有充足的人力、物力投入其中；相反，弱房支一般人口增长缓慢，修谱时间间隔过短势必给房族带来负担，即便有修谱意愿，往往也常会表现出有心无力。在这样的情况下，显然就需要各房族之间相互协调商议合修宗谱事宜，若不能形成彼此都能接受的意见，常会导致事情延宕。应当说，兰房作为韩城陈氏人口最多的房支，其是迫切希望能够续修谱牒的，因而在合议统修宗谱未果的情况下，不得已于次年（康熙五十五年，即1716年）便开始单独纂修本房族谱：

> 吾族自高昌公入闽，至宋威惠公迁居筼之凤冈。谱凡四易帙。其间兵燹流离，沧桑鼎革，谱之存者若一线。迨康熙乙丑岁，阖族通修，而凤冈之谱遂焕然大观，距今又三十有二年矣！欣逢圣世重熙，生齿日繁，人物日盛，而朝奉公后裔尤颇蕃衍，以故一提再提，或限于资。今春致祭先祖祠，家君心斋公与伯百冈公有合修之

---

① 报道人：郑幼康，66岁，陈氏宗祠兰房办公室，2013年3月27日。
② 《凤岗陈氏右一房族谱》，1941年重修本。

举，金以艰于众志，不得已独详吾所自出，此右一房谱所由修也。①

直到雍正七年（1729）仲春，陈族举行肇基始祖孺公寿诞春祭，族长觉峰、复旦、西斗、裔长、泗斋、大化、可亭、文简、浑菴、表、北岩、逢辰等齐聚宗祠议决重修宗谱，并嘱二十六世裔孙陈绰主事谱稿，"抄录族谱副本，窃尝参酌其义例，校正其舛讹，旁搜于州邑志乘，藉兹以为蓝本，爰取旧谱而更定之"，历时三载至雍正九年（1731）完稿。此次修谱进一步对家规作了增订和补充：

一、公用

黄甲举贡俱有竖旗，公车之费查外族皆有公贺、公赆，而吾族无之，殊为阙典。兹右一房鲁尧公派下为利一公进主，捐有蒸尝田亩，议将此项每逢乡试年稍助秋闱路费，其余存贮生息，为新科贺赆，亦鼓励后贤之盛典也。

一、进主

合食之典祖有功而宗有德固也，兹有爵者既已崇祀，则齿德兼优如乡宾岂可阙诸？其崇祀宜也，但进主必须告主，礼不可简。虽有羊豕酒席之需，如子孙有力量者听其专进，无力量者听其共进，庶于礼得宜而贫富均得与焉。

一、抱主

合食之主祭时必子孙亲抱随拜以致敬，于礼为宜。近有子孙济济，祭时不抱主，不随拜，皆首事总拾之，殊属不合。嗣后有后之主，其子孙不抱不拜者，不许代抱与飨。真正无后，应令亲派子孙或执事代抱之，不以此例论。②

---

① 《凤岗陈氏右一房族谱》，1941年重修本。
② 《雍正己酉年增订家范》，载《凤岗陈氏左一房支谱》，道光十八年重修本。

这三则内容主要包括通过烝尝族产奖助族裔科考仕进，规定晋主入祠祔食的资格及相应的祭祀仪式程序。此后，韩城陈氏基本就结束了自明洪武年间以来的宗族统修宗谱活动，逐渐走向数房联修和各房独修的分修之路。

◇ 第四节　乾嘉以降的宗族分衍

经过清初数十年的休养生息，福安地方社会经济取得迅速恢复与发展，雍正年间开始推行摊丁入亩的赋役新政，使得百姓不再受沉重徭役的滋扰，更是极大地促进了经济发展和人口增长。自乾嘉以降，陈氏宗族开始进入一个支分派衍、人口快速增长的时期，并且各房支发展呈现出不均衡的局面。不同房支人口和实力的差异，导致它们在祭祀、修谱等活动中的相互协调变得更加困难。例如，下面关于旧祠堂基地的收益分配争议便是一例：

> 谱图载祠堂基地，示守也。原始祖威惠公坟祠在鹿斗龟金间，因祭祀与郭氏屡讼，族长议将本地让为官地，四至俱载州县志。嘉靖壬寅岁，飞晏公派下子孙复置祠堂基地坐落东门宾贤境，前深四尺零五寸，阔四丈二尺，中深二丈，阔六丈四尺，后深五丈，阔四丈。东至姚家，西至萧家、刘家，前至大街路，后至山，以墙基为界。与飞政、飞锐二公子孙无干，判人架屋，逐年庆诞，福首收租凑用。迨乾隆五十九年三月，经邦五、葛八等兑与右第四房俓淇架屋，兑得苗田六号，共租三十秤大，地墩开后苗粮在二三都二甲陈泉兴干，已经过割祠内完纳，直年租谷送祠交纳，左一二三四房合分收谷十五秤大，右一二三四房合分收谷十五秤大。嘉庆五年，因右第四房义公派下以伊房生阜稀少，不肯合颁祭胙。兰蕙两派子孙体亲亲之谊，以前人已经贴油垅租六秤大，再将此租暂让义派统

收，以贴上元首需用，苗粮仍系伊房自纳。倘日后各房分祭自颁胙肉，该租仍照右一二三四房匀收，义派不得以前让兜执。兹登谱以杜争竞。

　　一、田二三都石门院土名牛池共管合租十秤大
　　一、田六都许洋土名坑里垅五秤大
　　一、田六都许洋土名猫儿下六秤大
　　一、田九都利了土名庄后五秤大
　　一、田九都利了土名儒峰二秤大
　　一、田九都利了土名寨下二秤大①

从上引文可知，原祠堂旧基地兑换给本族右四义房裔孙架屋建房，总共获田六号谷租三十秤，交由他人租种并每年向宗祠交纳租金，左房、右房各得十五秤，用以祭祀颁胙各项开支。但是，到嘉庆五年（1800）义房提出本房丁口生阜稀少，房内家户承担的经济负担较为沉重，不愿参与合族颁分祭胙。经商议，同属右房的兰、蕙两房子孙为"体亲亲之谊"，便决定将此租十五秤大暂让义房统收，以贴补其相关祭祀费用，并规定倘若日后各房举行分祭自颁胙肉，则该租粮仍照原先由右一二三四房匀收均分。

由于各房族人口和经济发展的差距越来越大，不久以后陈族便开始倡议分中有合、合中有分的合祭与分祭并行的祭祀仪规：

春祭
　　八房合祭。始祖威惠公寿诞原系二月二十六日，今是日逢圣朝忌辰，公议于二月二十五日黎民率八房子孙举行。

---

① 《宾贤旧祠堂基地志》，载《凤岗陈氏右一房族谱》，1941年重修本。

秋祭

　　各房分祭。右第一房祭在七月十六黎民率朝奉公八支子孙举行。①

陈族春祭由全族裔孙代表参加，定于每年农历二月二十五举行包括祠祭和墓祭两种祭祖方式；秋祭由各房分别于每年农历七月十五前后依序举行，实际上就是中元节的祠祭仪式。

随着族内各房之间的人口、经济等方面实力差距越来越大，宗族分衍开始逐步加速。这尤其体现在乾嘉以降的修谱活动方面，即统修宗谱活动的基本中止，渐渐改由数房联修或各房独修支谱，以及部分迁居至乡村地区的宗亲，经过数代的繁衍生息，获得相当程度的发展，通过兴建支祠、自修谱牒的方式渐从韩城陈氏宗族中脱离独立出去。

一　谱牒的联修与分修

尽管在陈族谱牒文献中常以明嘉靖四十五年（1566）作为各房分修族谱之始，但是从两年后即隆庆二年（1568）就统修合族宗谱的实际情况来看，可以合理推断当时所谓的"分修"是因应倭乱后族裔离散的实际困难而不得已为之，更多应被视作合修前以房为单位所做的家状、世系登录等基础性工作。

事实上，直到康熙末年陈族在数次议修宗谱未果的情况下，兰房作为宗族内部人口繁衍最为迅速、社会经济等各方面综合实力最为雄厚的房支，迫切希望能够及时续修谱牒，因而肇启宗族分修房谱之端绪，族中缙绅陈能吉在谱序中曾详细阐述了分修房谱的缘由：

　　谱，序昭穆世次，行列祧袝，义主于恩，使人知所亲，亲亲之道，睦族为先。圣人又虑天下之恩久而渎，亲尽而疏也，爰为大宗

---

① 《祀仪类》，载《凤岗陈氏右一房族谱》，1941年重修本。

小宗之制道，复有以使之合，故易之涣象曰：风行水上。涣先王以享帝立庙，夫风行水上，涣散之象，先王以合涣以收人心，收人心在使之知所本，人本乎祖，立庙于国与祖考，交以合祖之涣。示天下，知有本始，而聚精会神于此，使不至于涣。涣之义为水奔流万派，若渭出鸟鼠，汉出嶓冢，洛出熊耳，颍出少室，汝出燕泉，泗出陪尾，淄出月台，沂出泰山，莫不于海，何也？水之有本者，其莫不有合也！于谱亦然。故海为百谷之宗，谱为一姓之系。潆洄流带，使百派贯于上下。由一人以至万人，由一世以至世世，可合而不可离，可恩而不可渎，可亲而不可疏。古圣人济涣之道，虑且远如此。则谱之修，其系大矣！吾族自高昌公入闽，至宋威惠公迁居戾之凤冈。谱凡四易帙。其间兵燹流离，沧桑鼎革，谱之存者，若一线。迨康熙乙丑岁，阖族通修，而凤冈之谱遂焕然大观，距今又三十有二年矣！欣逢圣世重熙，生齿日繁，人物日盛，而朝奉公后裔尤颇蕃衍，以故一提再提，或限于帙。今春致祭先祖祠，家君心斋公与伯百冈公有合修之举，金以艰于众志，不得已独详吾所自出，此右一房谱所由修也。①

康熙五十五年（1716）上巳节（农历三月初三），兰房裔孙在宗祠以米粿祀先祭毕后，族长其礼、其义公"以朝奉公之后，子孙倍繁，恐谱帙狭窄，无从登载，统造则艰于物力，因仍又流于苟且，爰兴孝慈之念"②，于是任命族裔大任、范、绰、能吉、良淙等文人士绅纂修本房私谱，参订旧谱，例因其旧以承先志，义取于正以存大体，"杜螟蛉以防夺宗，重承嗣以继绝世，补贤逸以阐幽光，端节孝以励风化，崇宦

---

① （清）陈能吉：康熙五十五年《分修右一房支谱序》，载《凤岗陈氏右一房族谱》，1941年重修本。
② （清）陈良淙：康熙五十五年《分修右一房支谱序》，载《凤岗陈氏右一房族谱》，1941年重修本。

迹以表公忠，附志铭以垂不朽，罗文翰以备采风"①，从春到秋先后历经四个月方才修成一部体例完备、内容充实的房谱。在兰房分修支谱后，雍正九年（1731）陈族曾最后一次统修宗谱。

乾隆二十四年（1759），蕙房二十七世裔孙贡生陈腾芳因曾奉命参与修纂府志，而对韩城地方掌故及文史材料都有相当程度的熟悉。次年（1760），蕙房应雷、杜园二公"以族谱阙修三十年矣，幸值盛平，重熙累洽，子姓蕃衍"②，力邀腾芳公主笔续修谱牒。当时右一兰房正鸠金刻板准备编修族谱，但因其所费不菲，而蕙房丁口较少，摊派丁银负担沉重，于是房族长决定仍由腾芳公缮写房谱，"秋起冬成"前后历时数月乃竣。

乾隆二十四年（1759）夏，右一兰房阜长必遇、文钦等聚集房族裔孙商议修谱事宜，认为自前次康熙五十五年纂修房谱已四十余年，若再不及时续修恐致族裔涣散，房众均表"幸逢天子重熙累洽，休养生息之余，子姓益蕃，修之宜亟亟也"③，愿共襄盛举，而"修谱者或缮书或镌刻，镌难书易，故书者恒多，镌者恒少，而究之书不如镌之善。书则鲁鱼之误，甲乙之移，固所不免。而且订者不过数册，藏者不过数人，苟非聚族于斯，有终其身未经一览者矣，安所得里居虽涣可家传而户晓耶？镌则反是"，于是文剑、淇等族中缙绅精英力倡捐修并镌刻房谱，邀举致仕返乡的裔孙维屏、椿及贡生湜等同主其事，并命上储协修及汇英秀薄，前后历时两载，谱稿总共汇编为十八卷。但由于镌刻所需"捐赀浩繁，子姓散处，一时鸠集维艰"，直到乾坤癸未岁（1763）始正式付梓刊印，遂使"家各有谱，披览下推本所生，推本生我所自出，

---

① （清）陈能吉：康熙五十五年《分修右一房支谱序》，载《凤岗陈氏右一房族谱》，1941年重修本。
② （清）陈腾芳：乾隆二十五年《分修右二房系谱序》，载《凤岗陈氏右二房支谱》，1941年重修本。
③ （清）陈湜：乾隆二十八年《分修右一房支谱序》，载《凤岗陈氏右一房族谱》，1941年重修本。

孝悌之心油然而生"①。

　　乾隆二十七年（1762）七月秋祭毕，左房族裔少长咸集，聚祠饮宴，阜长愧亭、镜湖、文厓、和斋等议修谱牒，认为"以三十年增修之例准之，正当其时，特以限于物力，一时未遑统辑……右一房、右二房陆续酿金，分次世序，俱已落成"②，尽管右房已先行"各修分造"，但是"谱牒合修，则疏者亦亲；分纂，则亲者反疏"，因而"虽难强其纠合公修，但不忍同气分袂，当联左四房之连枝而合辑之。俾亲者无失其为亲，即疏者亦不至视为途人"③。由此，左房族长在征得族众同意的情况下，决定不计房份强弱，亦勿论贫富不均，向所有左房裔孙每人科取丁银，男五分、女三分，其余随喜乐捐，并纠烝尝收入以为纸笔之资，采用分中寓合的方式联修左房谱牒，由愧亭、明我、士鸣、性调、名江等裔孙"慷慨分任，查确登记，检点名号行次，残缺者补之，失次者叙之"④，右二蕙房二十五世裔孙陈咸执笔，采用分中寓合的方式联修左房谱牒。值得注意的是，此次纂修谱牒虽然在名义上是左房联修，但实际上由于左二延房和左四远房业已式微⑤，只以左一华房和左三腴房系谱为题，而延远两房仅是附订并辑。

　　至乾隆三十三年（1768），除渐已式微匿迹的左二延房、左四远房及右三蓍房外，其余华、腴、兰、蕙诸房相继均已分修或联修房谱，尽

---

　① （清）陈椿：乾隆二十八年《分修右一房支谱序》，载《凤岗陈氏右一房族谱》，1941年重修本。
　② （清）陈咸：乾隆二十七年《合修左四房系谱序》，载《上杭颍川陈氏左一华房第一榴宗谱》，1995年重修本。
　③ （清）陈性调：乾隆二十七年《原合修左房族谱序》，载《凤岗陈祠左三房支谱》卷1，1994年重修本。
　④ （清）陈勋：乾隆二十七年《合修左四房系谱序》，载《上杭颍川陈氏左一华房第一榴宗谱》，1995年重修本。
　⑤ 二十七世裔孙邑庠生陈濬在谱序中解释说："只以华腴系谱为题，延远附焉。非有所歧视也，以彼世数递杀，今之视昔，比户不啻晨星，虽欲偕之同志，无由相与有成，是以唯存其实而略其名，后有贤达出焉，留览斯谱，庶几恍然若失，豁然无介于怀乎！"《合修左四房系谱序》，载《上杭颍川陈氏左一华房第一榴宗谱》，1995年重修本。

管相较于别房义房丁口较少，但修谱毕竟是敬宗收族之大事，何况自雍正己酉年（1729）重修之后已四十余年，其间"子姓散处乡隅，远居别邑者，所在多有；乃或相觌面而视为秦越者，往往不免；即逢春秋祀事，群集宗祠而莫辨伦序之长幼，至瞠目不敢相呼者，更不少也"①，更何谈敦伦睦族。面对此一窘困的情形，右四义房二十七世裔孙邑庠生陈鸣凤力邀良洵、良焙、从禧等诸位阜长"会祠公议，筮吉告祖，科取丁金，斟酌上下，损有余，补不足，祗期鸠备纸笔工资，简省一切烦费"②，经房族裔孙踊跃襄助，历时三月修竣房谱。

嘉庆八年（1803）冬，右一兰房士燿、川榡、从浩等成立谱局分修房族谱牒，遂命国模、鸣钰等"遍历城乡，查取家状"，力举乾隆庚子科（1780）解元二十八世裔孙陈从潮总裁其事，前后历时三载至嘉庆十二年（1807）谱事告竣。

在右一兰房分修谱牒事竣后，各房族长鉴于"子姓乔寓散处，丁口比前倍蓰，往岁合族谋修总谱，众志参差，屡至中辍"③，自嘉庆十二年（1807）始，右二蕙房（嘉庆十二年，即1807年）④、左三腴房（嘉庆十四年，即1809年）、左一华房（嘉庆十七年，即1812年）⑤相继邀请右二蕙房裔孙贡生陈绍远分辑房谱，而右四义房（嘉庆二十年，即1815年）⑥则由兰房裔孙陈从潮校订修纂。

右一兰房因人丁繁衍较他房尤为迅速，是以历次修谱总是倡导

---

① （清）陈咸：乾隆三十三年《分修系谱小引》，载《右四义房宗谱》，1923年重修本。
② （清）陈鸣凤：乾隆三十三年《分修系谱弁言》，载《右四义房宗谱》，1923年重修本。
③ （清）陈绍远：嘉庆十四年《分修左三房支谱序》，载《凤岗陈祠腴房支谱》上册，1994年重修本。
④ （清）陈绍远：嘉庆十二年《重修右二房支谱序》，载《凤岗陈氏右二蕙房支谱》，1993年重修本。
⑤ （清）陈绍远：嘉庆十七年《分修左一房支谱序》，载《上杭颍川陈氏左一华房第一榴宗谱》，1995年重修本。
⑥ （清）陈从潮：嘉庆二十年《前重修右第四房族谱序》，载《右四义房宗谱》，1923年重修本。

于前，道光十二年（1832）春兰房族裔聚祠议修谱牒，简贤任能，各司其职，"总理则怀真肇垣，提挈宏纲，悉心筹画。协理则从松标新宗昂，整饬小纪，竭力经营。汇纂则筠汝舟青黎，详稽世次，昭穆无讹。协修则青钱渭英，细谱年庚，甲乙不紊。分收家状则鸣珏高堂，城乡必偏，户口无遗。缮写则名铎，字检鲁鱼，书详亥豕"①，共襄盛举，至道光十四年（1834）谱事乃告竣。道光十八年（1838），左一华房阜长以衰老之躯，遍访城乡催收丁银重修房谱，因本房裔孙庠生陈纪"前曾参订汇造，于昭穆、世次颇悉"②，举其主事修纂谱牒。

次年（1839），右二蕙房亦力邀陈纪执笔纂修谱牒。由于当时族裔早已遍布城乡，甚至远徙别邑，因而特意派人四处搜寻，以使子姓咸载谱牒：

> 谱学贵乎参互而考订，而亦不能无阙疑以待后。本房支谱自戊戌春佥谋续葺，迄今誊写订正，通观厥成。房内子姓，散处乡隅者，无不家喻户晓，咸登谱牒矣。独有铜岳公世理并允臣公端正后嗣闻其迁居福宁，桓等于议造之初业已布白，遍访组不得其人，致未纪载切。铜岳公好古博学，其著作别出机杼，读辨说诸作，固不特一房之人物，实合族之功臣也。而允臣公迁居郡城之曲井巷，仕达公遗像久藏其家。雍正辛亥冬，瑞园公曾向其嗣携取义归，则二公之能世守宗风可知，而其后嗣之世居福宁亦可知矣，而顾任其湮没弗传耶。况前此嘉庆丁卯年重修本房支谱，铜岳公之仍孙、允臣公之来孙，亦曾登及，岂阅三十余年，而遂渺不可知乎。桓等身与其事，已将序说诗歌附诸谱末，而不忍听孙支之散失，致先达之莫

---

① （清）陈培元：道光十四年《分修右一兰房支谱序》，载《凤岗陈氏右一房族谱》，1941年重修本。
② （清）陈纪：道光十八年《重修左一房支谱序》，载《凤岗陈氏左一房支谱》，道光十八年重修本。

传。因不揣固陋，特弁数言于简端，异日者或闻风而至，或查访所及，允我同人必须按其世次接其宗支，庶上有以慰列祖在天之灵，而下有以启后人象贤之意也。

　　道光二十年岁在庚子季夏　良桓、芳儒、育德、言仁谨志①

在当时交通条件十分落后的情形下，可以想见需遍访城乡辑录家状、编修谱牒之困难委实不小。

道光二十七年（1847），左三胙房二十九世裔孙贡生陈德峻受命续修本房支谱，并以左四远房"丁寡力弱，不能重修，亦体先公亲亲之意，附之于后"②。咸丰八年（1858），右四义房族众佥议重修谱牒，至咸丰十年（1860）聘胙房陈德峻主纂及本房裔孙陈春霖等襄助，因其时寇乱滋扰，直至同治六年（1867）谱稿始竣。③

同治元年（1862）七月秋祭，右一兰房族父老咸集，因思"本房宗谱，前修于道光甲午，距今将届三十载，裔派较前尤盛"，"迄今继继绳绳，嗣世者三十有四，迁徙者百有余乡，虽际升平之时，尤恐僻处偏隅，或聚首觌面有莫识其同支一本者"④，而当时邻邑闽北松溪、政和及浙江平阳三县均遭寇扰，福安境内亦是风声鹤唳，因而兰房阜长认为重修之举刻不容缓，遂择吉日祭告祖先，延揽得力干才，设立谱局续修谱牒。兰房裔孙邑庠生陈汝舟因其累世先人均曾襄助谱事，复以本人"晚年未有儿息"，因而"亟宜当祠定继，登谱以善其后"⑤，遂以近耄

---

①《访铜岳公、允臣公后裔记》，载《凤岗陈氏右二房支谱》，1993年重修本。
② （清）陈德峻：道光二十七年《原分修左三房支谱序》，载《凤岗陈祠胙房支谱》上册，1994年重修本。
③ （清）陈德峻：咸丰十年《重修右第四房族谱序》，载《右四义房宗谱》，1923年重修本。
④ （清）陈膺云：同治三年《分修右一房支谱序》，载《凤岗陈氏右一房族谱》，1941年重修本。
⑤ （清）陈汝舟：同治三年《分修右一房支谱序》，载《凤岗陈氏右一房族谱》，1941年重修本。

耋之年毅然肩任修谱总纂，前后历时两年于同治三年（1864）谱始告成。同治五年（1866）春，左一华房族长南璋集族裔告祖重修支谱，谱事竣于是年冬十一月。①

咸丰、同治年间，国家正值动荡多事之秋，"粤匪猖獗，而大江以南日寻干戈蔓延"，而闽省"建、邵二郡兼以土逆蜂起，同郡之鼎城告陷，邑中频年戒严，迁徙纷然"②，当时右二蕙房族裔惧寇乱侵扰入境，遂将旧谱装入盒内掩埋于土中，不多久地方稍微平靖，取出后却发现已发霉腐烂，幸好当时谱稿曾缮写两帙。此外，由于当时族裔侨居转徙者甚众，室庐墟墓亦多有变更，烝尝田产较前倍增，而这些都须详加登载。因此，尽管距前次修纂房谱年世虽未久远，但房族长仍决议兴修房谱，委派人员遍游城乡分收家状，并再次赴福宁府霞浦城寻找铜岳、允臣二公后裔：

> 二公吾族之望人也。旧谱载其后裔均居福宁，道光庚子年索之不得，丙寅修谱先于乙丑冬专遣之霞遍访之。霞城诸同宗所出系图不相符合，而年老者又甚稀少，文献俱无足徵。即有一二云其上世迁自福安者，考厥世系则曰迩年霞城回禄，先代谱牒朱焚无存，是否两公真派已无实据，何敢漫为收录，以贻续貂之谓。此次徒劳罔功，亦缘前届修谱之询，今则相去六十余年矣，益以霞城民风罕有立祠祀先，毋怪后之人多数典而忘其祖也。惜铜岳、允臣二公竟弗克传，能无为之太息耶。若以善人有后之理，卜之旋冀二公在天之灵，佑启后人，俾克继而绳焉，仍不在兹谱之登载云尔。
>
> 同治六年丁卯孟春董修谱事二十八世孙新元等谨志③

---

① （清）陈德聚：同治五年《分修左一房支谱序》，载《上杭颍川陈氏左一华房第一榴宗谱》，1995年重修本。

② （清）陈德申：同治六年《重修右二房支谱序》，载《凤岗陈氏右二房支谱》，1946年重修本。

③ 《再访铜岳、允臣二公后裔记》，载《凤岗陈氏右二房支谱》，1993年重修本。

在当时交通、信息等各方面条件十分落后的时代，蕙房诸修谱董事不畏艰难地远赴霞浦找寻这两位宗族名人的后裔，虽然两次均无功而返，但仍郑重其事地将前因后果载入谱牒。尤其值得注意的是，尽管福安、霞浦同属福宁府所辖，但霞城"民风罕有立祠祀先"，而这正是导致二公后裔失联的原因，由此可见探析宗族组织的发展必须深入地体察地域文化。

蕙房此次修谱原本推举本房三十世裔孙陈德申总纂，但当时他"应邑侯召，董乡团联甲事"①，不得不暂将此事向后推延，直到同治五年（1866）才开始与族兄敦斋共同纂修，孰料敦斋旋即去世，德申公便独力费时年余于同治六年（1867）修竣。

光绪十年（1884），左三胜房以前谱"已逾一世之期，其间新故乘除，迁徙靡定，不知凡几"，房族长"虑久而难稽"，遂力举房裔孙陈德峻重修。尽管此时德峻公已"白发頯颜，精力非昔"，但念及前次蕙、义两房谱牒均出自其手笔，"不忍以耘人之田者，而反舍己之田"②，遂勉力承担修谱重任。

光绪二十年（1894）春，右一兰房族裔佥议重修支谱，委任本房三十四世裔孙陈琼燕总纂，并以此前历次分纂谱牒"祗详各支世系"，遂"于稽古之余，拾遗订坠"，但因人少事繁，以致拖延数年而修谱董事半数均断续离世，至谱稿纂就之时枝节丛生，"行列不无紊乱，世次又多混淆"。于是，续任父老命琼燕公"于行列紊乱者，易而编之；于世次混淆者，更而定之；于支派不传者，商而继之；于异姓乱宗者，访而锄之；于贱役行者，严其例以杜将来；于耀祖亢宗

---

① （清）陈德申：同治六年《重修右二房支谱序》，载《凤岗陈氏右二房支谱》，1946年重修本。
② （清）陈德峻：光绪十年《原修左三房支谱序》，载《凤岗陈祠胜房支谱》上册，1994年重修本。

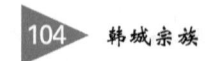

者，发其微以开后进"①，直到光绪三十一年（1905）始正式定稿。

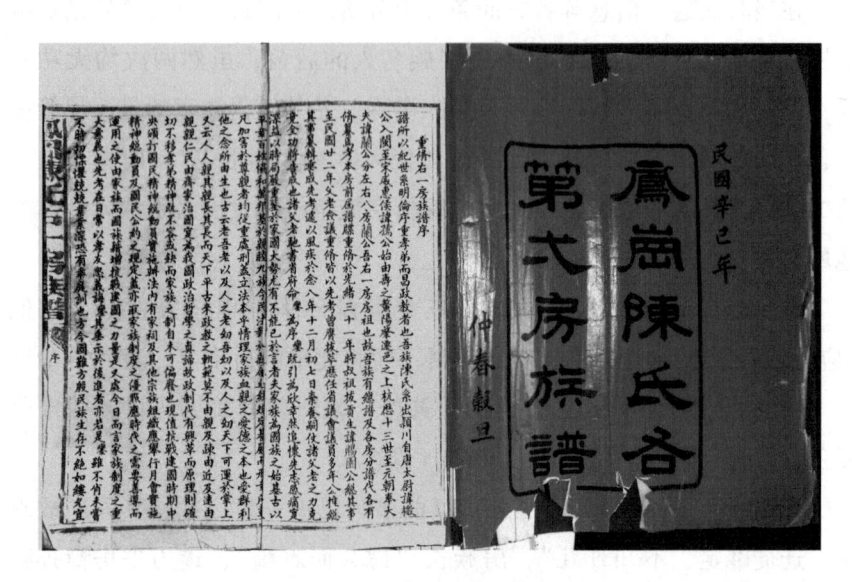

图 2-5 重修右一房族谱序

几乎与此同时，光绪二十年右二蕙房族长梅庭公因见兰房重修支谱，虑本房"谱牒就湮，急谋重辑"，亦延请燕琼公负责纂修，不久梅庭公去世遂罢此议。直至光绪二十九年（1903）梅庭公子少梅"捐职江苏，告假南归"②，始克承父志，与房族长和野、桂庭等重新倡修，历时三载至光绪三十一年（1905）修竣谱稿。

宣统三年（1911），右四义房裔孙陈登书膺任房族总理，"抱亲亲之义出而倡始"修谱，命其弟登鸿、从弟鼎两位分任草纂，延聘世交陆鉴滋缮正，甫一开帙登书、登鸿两兄弟先后弃世，幸有登壁、莹、钟

---

① （清）陈琼燕：光绪三十一年《重修右一房族谱序》，载《凤岗陈氏右一房族谱》，1941年重修本。
② （清）陈琼燕：光绪三十一年《重修右二房族谱序》，载《凤岗陈氏右二房族谱》，1946年重修本。

宝、钟渠诸君善于继述"鸠赀以竣其事"①，历时十余年于1923年谱稿告成。其间，左一华房亦于1919年纂毕本房族谱。

1933年，右一兰房和右二蕙房相继佥议重修谱牒。兰房公推历任省议会议员三十五世裔孙陈王基为总理，在谱稿即将告竣之时王基却以风疾于1939年病逝，后"嗣仗父老之力，克竟全功"②，至1941年谱稿告成，驰书省府时任福建省民政厅科长陈王基之子鸣銮撰写谱序。蕙房原举裔孙作鑑、仲、华榕等为谱局董事，延揽清末举人李经文为总纂，但因当时邑内匪乱频生，诸位董事先后辞世，以致当时家状虽已编写，但谱稿却未能纂就。1941年，蕙房重修改组谱局，举裔孙作钧、日兴、仰培等为董事，改由裔孙鸿翬、瞻墀等重新编纂，并请李经文先生撰写谱序。③

1944年，适逢右二蕙房谱事即成之时，左三腴房族长英遇及余荣、寿荣、英随、昌平等遂延揽蕙房缮正先生陈兆文为总纂，编修本房族谱，至1946年谱稿始成。这也是韩城陈氏宗族在1949年之前所举行的最后一次族谱编修活动。

从以上叙述中可知，清初以降陈氏宗族的修谱活动可说是绵延不断，并从康雍时期的统修合族宗谱逐渐演变为乾嘉以后的数房联修或单房分修房谱。导致这一现象发生的主要原因在于，随着陈氏宗族人口的快速增长，族裔迁徙分居的情形越来越普遍，宗亲们散布在城乡各处，这使得统修合族宗谱活动的组织和管理变得越来越困难，正所谓"谱以纪世，世治，则聚族爰居而修易；世变，则迁徙远出而修难"④。另外，宗族不同房派之间在人口繁衍、经济力量等各方面的发展极不均衡，势必导致宗族组织内部力量的分化加剧。譬如，通过前面梳理清代

---

① 陆鉴滋：《重修凤岗陈氏右第四房支谱序》，载《右四义房宗谱》，1923年重修本。
② 陈鸣銮：《重修右一房族谱序》，载《凤岗陈氏右一房族谱》，1941年重修本。
③ 李经文：《重修上杭右二房陈氏支谱序》，载《凤岗陈氏右二房支谱》，1946年重修本。
④ 陈汝舟：同治三年《分修凤岗陈氏右一房支谱》，载《凤岗陈氏右一房族谱》，1941年重修本。

至民国时期陈族修谱历程，可以很容易就发现几乎每次修谱总是丁繁势大的左一兰房倡导于前，而其余相对人少势薄的房派则接续其后，并且其次数亦不若兰房来得绵密。

毋庸置疑，族谱作为宗族制度的重要表征，显然是宗族精英阶层用以实现其"敬宗收族"目的，以及想象、建构宗族共同体的核心手段。从某种意义上来说，合修宗谱无疑起到整合宗族的作用，而分修房谱不仅有力地凝聚着房派的认同，同时也以世系图和文字叙述的方式表征着宗族组织结构与力量的分化。

二 分立支祠

事实上，族谱的分修只是反映宗族组织内部发生力量分化的一个方面，而支祠的修建则更是代表着族裔正式从原先的宗族团体中分离出去。如前所述，自明末以降，韩城陈氏就不断地有族裔向邑内乡隅徙居，或在某地开基立业，渐成聚落，或移入别姓居住村落，繁衍生息，经过数代定居传衍而逐步在当地发展成为具有一定经济基础的家族。在这样的情形下，这些家族遂因祖先入祠奉祀不便，而在当地分立支祠，奉祀肇基始祖，并以其始祖为第一世自行修纂谱牒，正式从韩城陈氏宗祠中分离出去另成一族。一般而言，这些支祠尽管在修纂族谱、祭祀祖先等各项活动中保持独立性，但均会同韩城陈氏宗祠进行礼仪上的往来，尤其是当彼此有诸如晋主、修祠、封谱等重大庆典时，须互派人员参加并赠送贺仪。

清初以降直至民国时期，韩城陈氏左一华房、右一兰房及右四一房均有族裔分立出去修建支祠。其中，左一华房共修建有支祠六座，分别为霞浦县下浒赤壁柏溪陈氏支祠、溪柄三村陈氏支祠、下白石楼厦陈氏支祠、霞浦县溪南上砚陈氏支祠、霞浦县溪南王加边陈氏支祠、城阳坂头陈氏支祠；右一兰房亦有修建有支祠六座，分别为甘棠慎三支祠、溪潭首叶陈氏支祠、湾坞上洋陈氏支祠、城山坂尾陈氏支祠、溪潭后屿陈氏支祠、寿宁县大韩陈氏支祠；此外，右四义房共修建有支祠两座，分别为上白石财洪陈氏支祠、康厝社洋陈氏支祠。兹将韩城陈氏各乡村分祠的基本情况列为表 2-1。

表 2-1　　　　　　　　韩城陈氏乡村分祠情况

分祠名称	移居年代	肇迁始祖	建祠年代	所属房派
赤壁柏溪陈氏支祠	康熙年间	二十二世陈封珠	光绪二年	华房
溪柄三村陈氏支祠	顺治年间	二十四世陈榆	不详	华房
下白石楼厦陈氏支祠	雍正年间	二十五世陈祖	清末	华房
溪南上砚陈氏支祠	崇祯四年	二十一世陈上圣	乾隆二十五年	华房
溪南王加边陈氏支祠	嘉靖年间	十八世陈世龙	嘉庆七年	华房
城阳坂头陈氏支祠	不详	不详	雍正二年	华房
甘棠慎三支祠	康熙年间	二十五世陈其璟	道光年间	兰房
溪潭首叶陈氏支祠	宣德年间	十八世陈景和	民国二十二年	兰房
湾坞上洋陈氏支祠	嘉靖三十六年	十八世陈桧、陈机	乾隆四十五年	兰房
城山坂尾陈氏支祠	顺治十一年	二十五世陈琪宝	乾隆十八年	兰房
溪潭后屿陈氏支祠	顺治年间	二十五世陈其宝	清末	兰房
大韩陈氏支祠	不详	不详	清代中叶	兰房
上白石财洪陈氏支祠	顺治三年	二十四陈端晨	道光十六年	义房
康厝社洋陈氏支祠	康熙年间	二十七世陈良珍	咸丰五年	义房

资料来源：2013 年田野调查。

自明代中叶以降，韩城陈氏不断有族裔徙居乡村，并且历经数代繁衍发展，逐渐开始认同于在地村落，从而展开自修谱系、分立支祠奉祀肇迁始祖成为独立的村落宗族，如右一兰房二十五世裔孙陈其璟移居肇基甘棠，其子陈椽表"（雍正四年春）同族众往寿邑祭祖，见此倾圮，归即题捐重修并修本祠，复以族谱久悬未修，人多畏难，公与叔祖觉峰公等毅然举行，家寓甘棠，起爨于祠，日夜督理其事，谱至三年完稿缮写未毕，公于是年疾笃属□时犹呼谱谱数声而逝"[①]，其关心族务真可

[①]《凤岗陈氏右一房族谱·义行》，1941 年重修本。

谓是鞠躬尽瘁、死而后已。而到了道光年间，时隔仅仅百年而已，传衍亦至多不过三四代，其子孙后裔即已在甘棠分建支祠奉祀二十五世陈其璟为肇迁始祖，并将此前世系改为源流，可见其时该支族裔已渐从城中族认同移转开来建立起独立的乡村宗族认同。

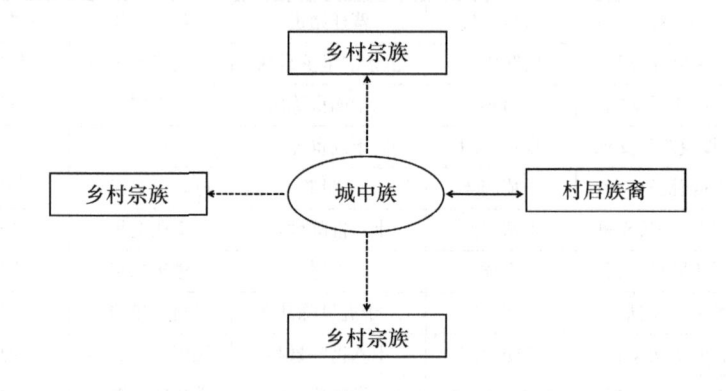

图 2-6 "城中族"的分化

如图 2-6 所示，⟷表示一些城中族成员由城市向乡村移居，但仍维持着对城中族的认同，保持着实际上的双向互动关系；----▶则表示部分城中族成员由城市向乡村移居，但在经历定居化以后逐渐认同于在地村落，并通过分修谱系、独立支祠形成聚居型村落宗族，其与城中族仅存在礼仪上的往来。毋庸置疑，绝大多数城居以及少量离散村居族裔依然稳固地维持其城中族认同，并且仰赖着例行性的春秋祭祀及修祠续谱等活动整合着邑内外众多族裔，因而部分城中族成员乡居化并不意味着宗族性质产生实质性的变化。

三 捐设烝尝

除分修谱牒和自立支祠外，各房相继捐设烝尝祀产，以及订立相应的晋主袷食规则，更是进一步加速了宗族分衍的进程。韩城陈氏因其内部结构层次复杂，其所捐设祀产不但有全族八房公收公用者，又有分左

第二章 分与合：陈氏宗族的凝聚与分化

房、右房者，以及各房自行捐设供本房祭祀所需。例如，乾隆年间右四义房裔孙就曾发起族人踊跃捐田产以供祭祀：

设立烝尝，重祀典也。故古圣王菲衣薄食，而享祀丰洁，乃以申报本追远之意。吾族始祖诞辰春而合祭，秋而分祀。窃念本房每届秋祭之期，房祖遗产无几，羊豕莫供，年皆草率露奠，大非尊祖敬宗之义。乾隆年间，本房阜众等尝以此举为怀，谋增捐积以裹祀典。时物力维艰，人心难齐，因革不果。今逢本房分修系谱，少长毕集，爰是谋复前盟，用光烟祀，俱各欢欣踊跃，不惜賈余，量力随捐，议十金者，直年秋祭酬胙五斤，照金分胙，世受遗泽，子子孙孙勿替引之。至捐未上两数者，块胙不雅，暂行免锡，俟后加捐照补。兹志谱末以垂永久，后之贤裔，将由此而扩充之，庶享祀有资烝尝永赖，愈以见尊祖敬宗之意，云其各捐名次分金并胙左端。
　　乾隆三十三年岁次戊子七月吉旦倡捐裔孙
良瑞、良熺、良洵、良纪、良鸿、良琇、良绪、鸣凤、从禧仝志
　　计开
　　良红捐田载租壹拾五秤大，值时价银四十两天，其田坐落九都坦阳地方，土名林家山池头坪等处；良瑞、良珹共捐田五秤大，值时价银拾三两五钱，其田坐落四都财洪地方，土名校枥嶂；良纠捐银二十两天；良绪捐银二十两天；良琇捐银十五两天；良熺捐银壹拾两天；良鸿捐银壹拾两天；良组捐银陆两天；从祥捐银陆两天；从森捐银肆两天；圣聆捐银三两天；良锦捐银三两天；良遇捐银三两天；圣耕捐银三两钱正；从禧捐银贰两天；隆宏捐银贰两天；从淇捐银贰两天；从治捐银贰两天；从淳捐银贰两天；良洵捐银壹两天；从圭捐银壹两天；祚相捐银壹两天；鸣璋捐银五钱天；从机捐银贰两正；从祀捐银壹两正①

---

① 《本房公捐烝尝记》，载《右四义房宗谱》，1923年重修本。

右四义房前后数次累积捐银总共合计一百七十三两，并给予这些捐助田产、银两达到一定数目的族人及其后裔子孙分享祭祀胙肉的权利。显然，房族祀产的捐设为中元节分房秋祭奠定了坚实的物质基础，并强化着族裔对房族的认同，从而也加深了宗族内部不同房派之间的相互竞争。

◈ 第五节　集体化时代的宗族消解

自清末以降，随着君主专制制度的解体、商品经济的发展以及西方帝国主义经济文化入侵带来的普遍的社会衰败和贫困化，新文化传播对个人权利的宣扬及对宗族制度与伦理的批判，在某种程度上动摇了宗族赖以生存和发展的物质基础与文化根基，宗族力量逐渐呈现出解体的危机和衰败的气象。而1949年以后，随着国家政权力量进一步向基层社会延伸，尤其是在全国范围内开展的"土地改革"和"集体化"运动中通过建立个人、家庭和国家之间的直接经济联系，打破了宗族与区域的中间层，从而导致宗族组织和力量面临着解体的危机。

1949年7月福安正式解放，随即建立县、区、乡人民政权及农会组织。1950年4月，福安各级人民政权根据《中华人民共和国土地改革法》开展土地改革运动。自明代中叶以降，韩城陈氏许多缙绅富户都曾陆续向宗族及本房支捐献田地、山林和店铺，用以作为烝尝祭祀支出。这些田地主要散布在邑内各乡村，根据《土地改革法》第3章第11条的规定："分配土地以乡或等于乡的行政单位进行。在原耕地基础上，按土地数量及其位置远近，用抽补调整方法按人口统一分配"，所谓"抽补调整"就是以全乡的土地除以全乡的农业人口平均分配土地数目，然后与各家各户原有的实际使用土地量进行比较，凡超出平均数者抽出，而不足平均数者则予以补足，从而达到"损有余而补不足"的目标。因此，这些田地都被分配给附近的农民耕种。与一般性的乡村宗族不同，尤其是在许多单姓宗族村落中，土地的平均分配实际上并未超出行政村的范围，在此情况下，"土改"形同在宗族内部进行土地权利的再分配，实质上的变化致使将原先的宗族公田的产权均分给族人，所以其影响并不甚大。但是，对于像韩城陈氏这样的"城中族"来说，由于其所占有的土地十分丰厚，并且分布又相当广泛，许多田地、山林分布的区域并无本族人居住生活，所以土地改革是依据属地原则将土地就近分配给当地村民。[①] 值得注意的是，这种农村宗族和城中族的族产分布特点在改革开放后的宗族重建与复兴过程中，仍持续地发挥着重要的影响。此外，在1949年前后担任族长一职的三十二世裔孙陈荫南是韩城著名中医师，尤其擅长妇科疾病的诊疗，曾著有《中医妇科汇编》一书传世，在地方社会中享有崇高的威望，其时被划分为"公堂地主"，不久即郁郁寡欢地撒手人寰。不过，陈荫南将部分宗族谱牒很好地保存下来，改革开放后由族人向其后人取回宗祠保管。

除了田地、山林、店铺等族产相继被没收外，陈氏宗祠、祖宗宫等祭祀空间也分别由有关部门根据相关规定占用、变卖。陈祠前半座由于1949年之前曾由宗族租赁给国民党县政府为田粮处粮库，1949年后遂直接由福安县粮食局接管征用为城关粮库，用以存放米、面等食品物资。根据当时的属地管理原则，粮站每年向宗祠所属冠杭街道缴纳谷租一千二百斤，直至"四清运动"时才停止付租。"文化大革命"时期，社会掀起"破四旧"风潮，当时福安县的造反派进入陈祠，将木刻孺公神像运往街尾扔入坝头水潭中，幸好为当时正在附近游泳的腴房裔孙陈麟朝所见，于是他回到家中告知其父陈培现，两人决定在夜幕降临后下潭捞回，并安放在家中楼上虔诚奉祀香火，直到宗祠收回后才重新送至祠内供奉。祠堂边室是紧邻宗祠后方的一座二层木结构建筑，原是陈祠用于存放族谱、接待宗亲的活动场所。1949年后，边室亦被粮食局

[①] 到20世纪50年代后期，中国共产党领导的各级政府逐步在农村推行"集体化"，重新将土地收归国家和集体所有。

征用为干部宿舍，后于1972年转为福安市商业局干部宿舍。威惠侯祠（祖宗宫）是奉祀始祖孺公（威惠侯王）的神庙，内中还供奉有妈祖、临水夫人、林公大王等民间俗神。1949年以后，祖宗宫依据属地管理使用原则被宗祠所属前进大队占用，至"文化大革命"初期由当时大队负责人及社员签字盖章卖给他人作为五金附件厂房，后于1979年再由五金附件厂转手卖给福安县革委会，随即拆建成为政府干部宿舍楼。

祠堂是宗族的象征和中心，族谱是维系血缘关系的主要纽带，族产则是宗族制度赖以存在的物质基础。祠堂、族谱和族产是构成一个完整宗族组织的三大基本要素。① 若缺少其中任何一个要素，势必会导致宗族凝聚力和向心力的削弱。没有祠堂的家族就难以举行隆重的始祖之祭，从而形成稳固的认同核心；族谱失修将使得家族成员无法整合进入一个祖先衍派系统中，族人难以获得共同的历史记忆；而完全失去族产的宗族组织必定难以维持下去。因此，在1949年到改革开放之前这段特殊历史时期里，韩城陈氏随着宗祠、祖宗宫及族产被相继没收、征用后，各项祭祀仪式活动遂告中止，宗族由此陷入了消解和沉寂的局面。直至改革开放以后，韩城陈氏才重新展开其宗族重建与复兴的过程。

◈ 小　结

明末清初，福安地区由于水患、倭乱、兵燹等天灾人祸频发，许多陈氏族人遂被迫向乡隅僻陬迁徙移居，逐渐星散遍布城乡，宗祠损毁无力修缮，族谱更是失修百余年，祭祀活动亦难以为继，导致宗族凝聚力减弱，处于一种相对涣散的状态。至康熙年间，随着地方社会经济的恢复发展，陈氏宗族开始推进包括风水维护、修葺宗祠和祖宫、续修族谱、订立家范规约和春秋祭仪等各项措施，将离散的族裔重新整合成为一个具有凝聚力和向心力的宗族组织。作为在地方社会中颇具声望的

---

① 徐扬杰：《中国家族制度史》，人民出版社1992年版，第320—334页。

第二章　分与合：陈氏宗族的凝聚与分化

"都邑巨族"①，陈氏宗族拥有一个相对较为稳定的士绅精英群体，他们的家庭不仅占有丰厚的田产、店铺等有形物质财富，同时也具有相当巨大的政治影响力。这些宗族士绅精英一面与族房长共同肩负起宗族重新整合的重任，另一面被举荐为基层社会组织领袖，积极参与地方公共事业，如庠宾二十四世复旦公"举充约正……砌西郊水坝，督役维勤；修龟湖古刹，倡捐有道。其尤彰彰在人耳目者，重修学宫，建尊经阁，名铸学钟，修辑邑志，皆力绩襄有劳"②；又如庠贡二十七世淇公"邑中修文庙、刊学志、建书院，皆捐百金为倡……题修贡院、西坝等事，亦不下数十金"③，这样的例子比比皆是。

　　雍乾以降，随着社会经济的进一步发展，陈氏宗族开始进入一个支分派衍、人口快速增长的重要时期。一方面，宗族内部各房派的人丁增长、经济实力等方面的差异和分化越来越大，这也使其在操办祭祖颁胙、统修宗谱等宗族活动时面临着更多整合上的实际困难。自雍正九年（1731）最后一次统修宗谱，陈族各房便开始采用单房分修或数房联修的方式来纂修谱牒，并踊跃为房族捐置烝尝田产。另一方面，自明代中后期以来陆续徙居乡隅定居的族裔，经过数代乃至十数代的繁衍生息，逐渐在当地立稳脚取得发展，遂在定居地分建支祠祀祖，自修谱系，从陈氏宗族中脱离出来走上独立发展的道路。如家寓甘棠的二十六世裔孙橡表公于雍正四年（1726）春"同族众往寿邑祭祖，见其倾圮，归即题捐重修并修本祠，复以族谱久悬未修……起爨于祠，日夜督理其事"④，而至道光年间甘棠开始建立支祠分立。显而易见，无论是房族的谱牒分修和增置烝尝，还是迁居乡隅族裔的分立支祠，无疑都既在表征着宗族组织内部的分化，也在进一步加速着此一进程。

---

　　① （清）陈大任：康熙五十五年《分修右一房支谱序》，载《凤岗陈氏右一房族谱》，1941年重修本。
　　② 《凤岗右二蕙房支谱·行迹》，1946年重修本。
　　③ 《凤岗陈氏右一房族谱·义行》，1941年重修本。
　　④ 《凤岗陈氏右一房族谱·义行》，1941年重修本。

清末以降，随着君主专制制度的解体、商品经济的发展以及西方帝国主义入侵所带来的社会贫困化，以及新文化传统对个人权利的宣扬与对宗族制度和伦理的批判，在某种程度上动摇了宗族赖以生存和发展的物质基础与文化根基。1949年以后，随着国家政权力量进一步向基层社会的延伸，尤其是在全国范围内开展的"土地改革"和"集体化"运动中，韩城陈氏散布邑内乡村的田地、山林和店铺等族产被没收，包括宗祠和威惠侯祠在内的神圣祭祀空间被政府征用、拆建，族谱编修和祭祖仪式活动遂告中止。并且，相较于那些血缘关系网络和地缘完全紧密地结合在一起的聚居形态的村落宗族而言①，韩城陈氏这种以城市为中心的散居宗族，在集体化时代面对着国家政权力量的强力冲击，以致完全陷入一种沉寂和消解的局面。

毋庸置疑，城市作为区域政治、经济和文化中心，显然较之乡村地区更易遭到兵燹、寇乱以及政治变动等各种外在因素的侵扰，其生存环境对于宗族的发展来说显得更为艰难，而这也就导致陈氏宗族聚而又散，散而复聚之分分合合的曲折命运。不过，城中族终究能够在纷繁复杂的城市社会中得以立足，则是与其有适应城市环境的宗族内部结构和经济资源攫取手段密切相关的。

---

① 正如台湾学者陈重成所指出的，1949年以后，特别是在中国推动土地改革和农业合作化之后，大陆农村社会结构虽然在形式上出现了明显的变化，但实际上由于政府以行政命令的手段将农民禁锢在土地上，使其血缘关系网络和地缘仍旧完全紧密地联系在一起，原有的宗族组织与自然村落之间的关系更加密合，因而并未从根本上动摇以宗族组织为中心向外扩展的农村社会结构相反，甚至还可能强化宗族地方化的特性。参见陈重成《中国农村的变与常：村落社会中的宗族组织》《远景基金会季刊》第6卷第2期，2005年。

第三章

组织与权力：陈氏宗族的结构特性

宗族作为一个内部结构系统极为复杂的血缘亲属组织和继嗣团体，其所涵盖的等级层次包括个人、婚姻群体、基本家庭、联合家庭、户、小支、大支、房、宗族等。不过，正如英国人类学家莫里斯·弗里德曼所指出，"在汉人地方宗族中，结构上重要的单位，在系统的一端是作为整体的宗族和房，在系统的另一端是作为家庭和户，中间的单位则是不同范围的支"①。一般而言，家庭、房支和宗族是构成一个较为完整宗族的三个不同层次的结构单元。家庭是社会构成的基本单位，是构筑房族与宗族的基本因子，是相对较为活跃的因素；房支是跨家庭的血亲组织，是由血缘较为亲近的家族群所组成，介于家庭与宗族之间，是一种具有多重趋向的血缘群体；宗族是最高形式的血缘共同体，由众多家庭和数个房族共同组合而成。②毋庸置疑，探究宗族结构的重中之重即在于分析其所构成的基本结构单元，以及这些要素之间的相互关系乃至

---

① ［英］莫里斯·弗里德曼：《中国东南的宗族组织》，刘晓春译，上海人民出版社2000年版，第49页。

② 孔永松、李小平：《客家宗族社会》，福建教育出版社1995年版，第35页。

最终如何形塑出完整宗族形态。此外，我们还应当关注宗族作为一种社会组织形式，其权力是如何分配与运作的。因此，本章将从组织与权力两个维度来考察陈氏宗族的结构特性。

◈ 第一节　家庭结构

家庭作为社会构成的基本单元，通常是指"同居共财的亲属团体或拟制的亲属团体"，而宗族则是指"分居异财而又认同于某一祖先的亲属团体或拟制的亲属团体"[1]。这两种社会实体不仅都具有亲属团体的某些共同特征，而且在结构和功能上具有相当程度的互补性，相互之间存在不可分割的逻辑联系。诚如有学者所指出的，"宗族的建立也与汉人社会家的运行机制有着直接的关系。这个家的运行机制就是分家。常常认为汉族的家庭继承的是一个分裂的家庭，即没有继承一个完整的家。这一看法把财产的均分看作家的分裂，事实上在分的背后一个很关键的字就是'继'。这个'继'字正是中国家庭的基本特点。这个家庭是'上以事祖先'而'下以继后世'的团体"[2]。显而易见，将作为基础单位的家庭纳入宗族结构的研究与思考，无疑有助于我们更为深入地认识与理解宗族内部不同结构单元的分化、组合以及相互关系，具有十分重要的理论价值和意义。

中国家庭形式的演变与发展，向来都是家庭研究的重点。早期这方面的研究大都认为，中国家庭形式经历了由传统大家庭到近现代小家庭的演进。中国传统的主要家庭是由父母与多个已婚儿子共同居住的扩大家庭形式。然而，随着研究的日益推进，越来越多的经验证据研究表明，大家庭充其量仅仅是一种理想，在现实生活中是难以普遍

---

[1] 郑振满：《明清福建家族组织与社会变迁》，湖南教育出版社1992年版，第20页。
[2] 麻国庆：《祖先祭祀及其空间"场"：以闽北樟湖镇及周围村落的田野调查为中心》，载马戎主编《21世纪：文化自觉与跨文化对话（二）》，北京大学出版社2001年版，第560页。

第三章　组织与权力：陈氏宗族的结构特性

存在的。① 造成这一现象产生的最为根本原因在于，中国的财产继承制度向来提倡和践行诸子均分，无疑在很大程度上限制了大家庭延续和发展的物质基础。

郑振满鉴于许多学者将研究视野局限于探讨家庭结构的主要形式之缺失，通过对族谱、方志等地方史料的爬梳，将家庭结构置于长时段的历史动态中来加以考察。他指出，"研究中国传统社会的家庭结构，关键在于考察分家的时机与分家的形式，揭示家庭结构的演变周期。如果说，分家前的家庭是大家庭，而分家后的家庭则是小家庭"，进而提出假设认为"家庭结构的基本格局及其长期演变趋势，势必表现为大家庭与小家庭的周期性演变"②。这就表明，家庭结构在历史上并非恒定不变的，而是随着社会经济大背景以及各个家庭的自然演变而不断发生变化的。

由于传统中国户籍有关女性和未成年人的登记相对欠缺，族谱等家族文献史料又因其所抱持的价值观念和惯习，大抵上只注重记录血脉的延续和世系的传承，而较少有关家庭成员构成及其关系的完整记述。这就给我们探究传统时期的家庭结构主要形式及其所占比例造成一定程度上的困难和障碍。不过，在传统时期数世同居共爨的"共祖家庭"和"直系家庭"③ 这两种大家庭确实见载于族谱资料，试见：

---

① 参见章英华《家户组成与家庭价值的变迁：台湾的例子》，载乔健、潘乃谷主编《中国人的观念与行为》，天津人民出版社1995年版，第429—453页。
② 郑振满：《明清福建家族组织与社会变迁》，中国人民大学出版社2009年版，第20页。
③ 唐力行根据家庭成员构成及其相互关系，将宗族制度下的家庭结构划分为四种主要模式：其一为累世同居的"共祖家庭"，即在同一个祖父母主持下，数代同堂，将许多小家庭聚于一处，成员可多达上百人甚至数百人，这种家庭形式的维持需要具有雄厚的物质经济基础，非显宦巨贾富室难以做到；其二是"直系家庭"，即以共祖父的成员合为一家，三代同堂，子孙多合籍、同居、共财，其家庭之世代组合少于共祖家庭，规模也小于共祖家庭，相对而言要较为容易维持；其三为"主干家庭"，即以直系亲属为主干，其成员包括一对夫妻及其父母、未成年或未婚子女等，主干家庭与直系家庭的区别即在于第二代的兄弟分财分居；其四为"核心家庭"，其成员包括一对夫妻及其未成年或未婚子女，也可能还没有生育子女，仅由一对夫妇组成。核心家庭是同居共财亲属的最小组织，是形成其他类型家庭的基础和开端。参见唐力行《明清徽州的家庭与宗族结构》，《历史研究》1991年第1期。

十六世乡宾德沂公，与弟德汉公友爱，四世同居，孝事二亲。元季兵乱，负亲避难百里外，遇贼伤臂，贼感其孝，舍之得不死。明兴，奉亲还里，承欢至老弗衰，祀孝子祠。

十六世处士德汉公，元季兵乱，偕兄德沂公奉二亲避难，困顿流离，不失友爱，后俱生全归里。凡百家政听兄指授，易箦时遗命与兄合葬百八林，祀孝子祠。①

乡宾（二十三世）学祐公，陆梧公次子也。正直好善，孝事寡母，训诸子随材命业，一家五十余人，门内整肃。

二十六世绍周公朴勤食力，善岐黄术，乐于济人，不望其报，出继长房，还顾复本生及同堂幼犹子二，几如郗鉴公两颊，训儿曹耕读维严，俱各有成，白首同居，不忍分爨。②

从上引数例可知，大家庭的维持与运转不仅需要雄厚坚实的经济基础作为后盾，而且需要践行兄友弟恭、孝悌传家的儒家伦理道德。族谱中将这种大家庭模式极力加以标榜，恰恰反映了其并非当时普遍的社会现实。众所周知，在明代嘉靖朝礼制改革之前，立庙祭祀远祖或始祖是皇家所享有的特权，朝廷明确规定和限制了官民祭祀祖先的世代数目。一般而言，品官可以祭祀高、曾、祖、祢四代；而庶民最初仅能祭祀祖、父两代，后来才增加到包括曾祖在内的三代，这也就是民间最为基本的一种祭祖方式——家祭——的祭祀对象范围。③ 但是，与此同时，专制王朝统治者鼓励庶民累世同居，这被认为是最符合儒家伦理和理想的家庭模式。尽管如此，从族谱等文献资料所述及的家庭情况来判断，这种累世同居共爨的"共祖家庭"和"直系家庭"等

---

① 《凤岗陈氏右一房族谱·孝友》，1941年重修本。
② 《凤岗陈氏右二房支谱·行迹》，1946年重修本。
③ 陈支平：《近五百年来福建的家族社会与文化》，中国人民大学出版社2010年版，第123页。

家庭成员多至数十口的大家庭①充其量仅仅是宗族所希望达致的符合儒家道德期待的理想家庭结构模式，显然在传统时期陈氏宗族的家庭构成主要以主干家庭和核心家庭为主。② 然而，值得注意的是，尽管大家庭形式在其整体家庭结构中所占据的比例微乎其微，但是相较于乡村地区而言，城市社会中相对活跃的工商业经济，不仅使得许多城中族成员能够创造出巨大的财富，而且工商业本身较之于农业生产需要更多的协作性，这些都在客观上促进了大家庭的产生和发展，从而使得城中族相较于乡村宗族会有更多的大家庭案例产生。诚如报道人陈麟书所言：

> 过去农村基本上都以农业生产为主，自己干自己的，最多也就是农忙的时候，你帮我几天，我帮你几天，互相帮助一下。那像我们城里面就不一样，有不少家庭都从事工商业生意。做生意，比如说开茶庄，你既要到乡下去收茶，又要加工、包装，还要跑销路，这一整套流程没有自己人不行，所以通常都是父子兄弟大家一起努力，合作经营才可以有竞争力，不然很难赚到钱。那么，这样家庭也就很自然地合在一起，父亲在世就由他主持家业，如果父亲去世了，就由长兄当家，弟弟就听哥哥的。③

显然，城中族在传统上有一些较为富裕的家庭，由于家族事业根基兄弟，家庭成员命运共系一体，而某些较为特殊的生业需要仰赖兄弟齐

---

① 关于大家庭与小家庭的区分，郑振满将"核心家庭"划分为小家庭，而把"主干家庭""直系家庭"和"联合家庭"均划属大家族。参见郑振满《明清福建家族组织与社会变迁》，中国人民大学出版社2009年版，第20页。

② 令人遗憾的是，由于陈氏宗族的谱牒等文献史料所记录的通常只是宗族成员的字辈排行、生卒年月、配偶、生育及墓葬等基本情况，缺乏相应的真实可靠的人口数据，这使得我们很难对家庭人口结构做出科学的量化分析，因而也就无法计算和判定各种家庭构成所占的比重究竟有多大。

③ 报道人：陈麟书，73岁，陈氏宗祠胪房办公室，2013年4月28日。

心协力，合作经营才可取得竞争优势。因此，在这种情形下尽管诸子均已完婚，但仍旧合为一大家庭。

家庭是指由具有血缘、姻缘或者收养关系的一群人共同组成的经济与生活单位。家庭结构是指家庭成员的代际和关系，因而家之结构并非一成不变的，而是会随着家庭成员代际构成的变化以及成员的增减变化而变化。为了了解陈氏宗族当下的家庭结构情形，笔者于2011年暑期以兰房二支作为抽样调查对象，总共随机发放了家庭调查表格120份，有效回收115份。此外，笔者参考了田野调查期间所收集的该房支之家状材料，这些家状是家族成员"上谱"纳入宗族世系的依据，系由宗族成员所亲自填写，其内容基本上是客观、真实地反映出其家庭基本情况，是极为难得的宝贵材料。尽管由于时间短促，精力有限，无法悉数进行统计调查，但通过对随机抽样调查所取得的数据进行统计分析，仍可让我们大致了解其家庭结构的基本情形。

由于学者们在研究视角、方法等方面的歧义，导致研究者对家庭结构的分类不尽一致。为了研究的便利和一致性，这里主要参照阎云翔的家庭分类法，将家庭分为核心家庭、主干家庭、联合家庭和特殊结构家庭。核心家庭是指一对已婚夫妇及其未婚子女构成的家庭；主干家庭则包括至少两代人，即老夫妻或者其中仍然活着的一个，再加上已婚和未婚子女；联合家庭则包括至少两名已婚兄弟及其妻子和子女；特殊结构家庭是指单人或者孤寡家庭，也就是通常所谓的单亲家庭。[①] 依据上述分类标准，笔者所统计韩城陈氏115户家庭的基本结构情况如表3-1所示。

[①] 阎云翔：《私人生活的变革：一个中国村庄里的爱情、家庭与亲密关系（1949—1999）》，龚小夏译，上海书店出版社2006年版，第104页。

表 3-1　　　　　　　韩城陈氏家庭类型统计

家庭结构 \ 户数及比例	户数	比例（%）
核心家庭	71	61.74
主干家庭	39	33.91
联合家庭	3	2.61
特殊结构家庭	2	1.74
合计	115	100

如表 3-1 所示，在笔者所统计的陈氏兰房二支 115 个家户中，核心家庭共有 71 户，占据比例高达 61.74%；其次为主干家庭，亦有 39 户，占总户数的 33.91%；而联合家庭与特殊结构家庭仅分别有 3 户和 2 户，比例均极其微小。尽管上述统计只是针对陈氏宗族某房支部分家户的抽样调查，但仍可从侧面反映出其家庭结构类型的基本概况。显然，目前陈氏宗族的主要家庭类型是核心家庭，其次是主干家庭，而联合家庭和特殊结构家庭所占比例极小。近年来，厦门大学人类学系余光弘教授先后指导学生在闽西、闽南等多地开展田野调查工作，并出版了数册内容翔实的田野调查报告。在这些报告中，每册均有一章是有关"人口与家庭"这一主题的研究，其中均有对调查村落的家庭结构类型的统计分析。表 3-2 即根据这套田野调查报告丛书的资料整理而成[1]：

表 3-2　　　　　　　福建乡村家庭类型统计　　　　　　单位:%

家庭类型 \ 村落名称	核心家庭（户数、比例）	主干家庭（户数、比例）	扩展家庭（户数、比例）	单亲家庭（户数、比例）	其他家庭（户数、比例）	合计（户数、比例）
宁化庵坝	23, 46	22, 44	2, 4	2, 4	1, 2	50, 100

---

[1]　余光弘等编：《闽西庵坝人的社会与文化》，厦门大学出版社 2008 年版；《闽南璞山人的社会与文化》，厦门大学出版社 2011 年版；《闽南北山人的社会与文化》，厦门大学出版社 2012 年版；《闽南顶城人的社会与文化》，厦门大学出版社 2012 年版；《闽南陈坑人的社会与文化》，厦门大学出版社 2013 年版。

续表

家庭类型 村落名称	核心家庭 （户数、比例）	主干家庭 （户数、比例）	扩展家庭 （户数、比例）	单亲家庭 （户数、比例）	其他家庭 （户数、比例）	合计 （户数、比例）
南靖璞山	77，58.78	42，32.05	2，1.53	10，7.64	/	131，100
东山北山	69，51.1	59，43.7	2，1.5	4，3.0	1，0.7	135.100
东山顶城	45，58.44	21，27.27	1，1.30	9，11.69	1.1.30	77，100
金门陈坑	55，40.4	54，39.7	9，6.4	16.11.8	2，1.5	136，100

通过表3－1和表3－2的对比可以发现，目前，无论是在乡村还是在城市，核心家庭和主干家庭均是主要的家庭结构类型，二者几乎在所有调查点都达到九成左右的比例。值得注意的是，韩城陈氏核心家庭类型占总户数的61.74%，其比例明显要高于所有乡村调查点。这种现象表明，随着现代社会工业化和都市化进程的推进，家庭结构从扩大家庭、伸展家庭到核心家庭的转变是适应社会整体环境变迁的必然产物，因而无论在乡村还是在城市中，核心家庭所占的比例愈来愈高也就不足为奇了。不过，相较于村落社会而言，由于在城市中人口流动性大、受教育程度普遍较高以及自主意识和隐私观念的增强，使得核心家庭这种能够有利于人们发挥主观能动性，积极开展事业闯荡和职业轨道变换，从而有效地提高经济自主性，并有助于私密空间的营造以及避免不必要的家庭矛盾的小家庭形式受到普遍欢迎。

◇ 第二节 房支结构

房支是宗族基本结构的突出体现。一般而言，每历一代，就会有一次"房"的分蘖。[①] 在汉人宗族组织研究当中，围绕着宗族及其分支（房支）曾产生许多重要的争论。英国人类学家莫里斯·弗里德曼将宗

---

① 郭志超、林瑶棋主编：《闽南宗族社会》，福建人民出版社2008年版，第73页。

族及其分支看作具有社会活动实际形态的团体性组织，换言之，只有那些以存在共同祖先名义上的财产、祠堂和坟墓等为标志，并且在实际生活中具有围绕这些祀产的经济活动和祭祀仪式的团体，才能够被称为宗族或房支。①台湾人类学者陈其南先生曾撰文批评，中外学者对传统汉人家族（宗族）的研究大都从"家""族""家族"或"宗族"等概念入手，而未能明晰"房"这一关键性概念的含义及其作用，因而无法真正认识和理解中国家族（宗族）制度的特质及其内部结构的缺失。他指出：

> （1）家、族、家族或宗族的用语本身无法分辨系谱性的宗祧概念和功能性的团体概念，而"房"很清楚地显示出这两个概念的差别。房所指涉的语意范围可以是完全建立在系谱关系上的成员资格，无须涉及诸如同居、共财、共爨或其他任何非系谱性的功能因素。（2）房的核心概念，即儿子相对父亲称为一房，直接明确地解明了一个家族的内在关系和运作法则。（3）房所指涉的范围很清楚地不受世代的限制，二代之间可以称为房，跨越数十代的范围也可以称为房，不像家、族、家族或宗族等用语容易让人联想到像英文的 family, lineage 或 clan 等那样有清楚的系谱范围之分界。②

因此，"房"的观念才是厘清汉人家族（宗族）制度的关键所在。"房"的中心概念是儿子相对于父亲的身份，而根据这一中心概念所蕴含或延伸出来的相关语义范围，陈其南先生提出了六个基本原则：

> （1）男系的原则：只有男子才称为房，女子不论如何皆不构成

---

① ［英］莫里斯·弗里德曼：《中国东南的宗族组织》，刘晓春译，上海人民出版社2000年版，第44—52、61—66页。

② 陈其南：《房与传统中国家族制度》，《汉学研究》第3卷第1期，1985年。

一房；(2) 世代的原则：只有儿子对父亲才构成房的关系。孩子对祖父，或其他非相邻世代者皆不得相对称为房；(3) 兄弟分化的原则：每一个儿子只能单独构成一房，而与其他兄弟分划出来；(4) 从属的原则：诸子所构成的"房"绝对从属于以其父亲为主的"家族"，所以房永远是家族的次级单位；(5) 扩展的原则：房在系谱上的扩展性是连续的，"房"可以指一个儿子，也可以指包含属于同一祖先之男性后代及其妻的父系团体；(6) 分房的原则：每一父系团体在每一世代均根据诸子均分的原则于系谱上不断分裂成房。①

毋庸置疑，与弗里德曼将宗族及其分支看作祀产单位不同，陈其南显然更倾向于把"宗族"和"房"理解为父系世系观念上的不同单位。他强调，即便在这些观念上的几个单位中的某些部分或许会形成具有高度功能性的团体，那也是由特殊政治、经济和社会条件所偶然催生出来的，而非由作为文化观念的父系世系观念本身所规定的产物。② 历史学家科大卫通过对香港新界等地的调查和研究指出，弗里德曼在对宗族及其分支的定义上存在因混淆世系观念上的单位和实际的功能性团体而导致的不明确性，但与此同时，他同样将宗族理解为地域社会中具有高度功能性的父系亲族集团，但构成这一宗族团体的功能性支柱，并非弗氏所言的对于共有财产的所有权和管理使用，而是对于特定社区的"定居权"③。尽管上述三位学者关于宗族及其分支的争论都极具见地，

---

① 陈其南：《房与传统中国家族制度》，《汉学研究》第 3 卷第 1 期，1985 年。
② 日本汉学家濑川昌久通过详细的辨析，将弗里德曼、陈其南两位学者关于宗族及其分支关系的争论，分别归纳为"实势性的房秩序"与"系谱性的房秩序"，可谓一语中的。参见 [日] 濑川昌久《族谱：华南汉族的宗族·风水·移居》，钱杭译，上海书店出版社1999 年版，第 96 页。
③ 所谓入住权，是指在一特定的疆域内享有公共资源的权利，主要包括开发尚未属于任何人的土地的权利、在荒地上建屋的权利、在山脚拾柴火的权利、从河流或海边捕捞鱼类及软体动物以改善伙食的权利、进入市集的权利、死后埋葬在村落附近土地的权利。这些权利并非每个住在同一村落的人都拥有的。拥有入住权的理据在于，这些权利是祖先传承下来的，村民们正是通过追溯祖先的历史来决定到底谁有没有入住权、究竟是不是村落的成员。参见 [英] 科大卫《皇帝和祖宗：华南的国家与宗族》，卜永坚译，江苏人民出版社 2010 年版，第 5 页。

但是其间还存在一些尚待厘清的地方。对于宗族与房支关系的讨论，既要考虑到具体宗族的建构方式和过程，又必须重视宗族成员的居处格局。在此，笔者将以韩城陈氏作为考察对象，通过对其宗族建构方式和过程的叙述，对宗族组织分化与整合的复杂性进行讨论。

一 福房、禄房与寿房

宋乾兴元年（1022）[①]，韩城陈氏肇基始祖孺公陈寓安邑龟龄寺，后迁居韩城上杭，配詹氏，生一子：祎。祎生三子，分别为长子飞政（福房）分居宾贤，次子飞晏公（禄房）分居上杭、三子飞锐公（寿房）分居鹿斗后巷[②]，"自是而有福禄寿三房之名号"[③]。由于二世单传，因而可以说第三代是韩城陈氏肇基始祖孺公派下最早的裂变系统。宾贤、上杭、鹿斗均系城内境名，飞政、飞锐两位分居异地，遂各自以二公为一世，建祠奉祀，分修谱牒[④]。由于福房和寿房人口繁衍不若"禄房浩繁"[⑤]，所以为节约开支，减轻修谱负担，两房时常会合修谱牒。因飞晏公留居祖地上杭，遂以孺公为肇基一世祖，并于明代中叶由飞晏公派下裔孙以十三世八位祖先的名义，合股捐资修建了祠堂奉祀孺公，形成了一个典型的"合同式宗族"[⑥]。显然，飞政、飞晏和飞锐既是对应于其父亲祎公的房（即福禄寿三房），同时又在日后各自形成了具备完整组织形态的宗族。这也充分体现出"房"这一概念在系谱上的伸缩性。诚如陈其南所指出，传统中国的家族制度基本上是建立在

[①] 关于始祖孺公的始迁年代，陈氏谱牒中大致上存在着"乾兴年间"和"绍兴年间"两种说法，但根据笔者对其人丁繁衍情况的推断，似乎"乾兴元年"较为可信，这一年宋真宗逝世，宋仁宗即位，该年系公元1022年。
[②] 《迁韩阳始祖世系》，载《凤岗陈氏右一房族谱》，1941年重修本。
[③] 清同治己巳年《重修寿房宗谱序》，载《颍川郡陈氏宗谱》，1914年重修本。
[④] 嘉庆六年《旧序》，载《颍川郡陈氏族谱》，光绪二十四年重修本。
[⑤] 清雍正十二年《重修福寿两房合谱序》，载《颍川郡陈氏宗谱》，1914年重修本。
[⑥] 郑振满将宗族组织分为三种基本类型：一是以血缘关系为基础的继承式宗族；二是以地缘关系为基础的依附式宗族；三是以利益关系为基础的合同式宗族。参见郑振满《明清福建家族组织与社会变迁》，中国人民大学出版社2009年版，第47—90页。

"房"观念的分裂性和"家族"观念的包容性两个彼此冲突但互补的平衡关系上,这两个相反的倾向决定了汉人家庭生活团体,财产共有团体以及所谓"宗族"团体的大小。"房"与"家族"没有明确的系统世代指涉范围,在民间使用时其所指涉的系谱范围可依具体的情境而定。"房"的中心概念是指儿子相对于其父亲的身份。"房"与"家族"的相对性,即子与父的相对性。一个男子对其父亲而言代表一房,对其子而言代表一家族之主。家族与房之间的关系恰似一个整体与部分间的关系,这种关系充分说明了中国的父系亲属团体的基本结构法则。[1] 值得注意的是,这样的房份划分至今仍具有重要的现实意义。由于福、寿两房尽管在明清时期曾相继修建祠堂奉祀历代祖先,并或合修或分修谱牒,但因时事变迁导致族人繁衍相对较少而分散,除有少数支派建立支祠崇祀祖先[2],许多离散族人无力建祠祭祀。

因此,自民国以来福、寿两房均有不少支裔曾申请加入上杭陈祠合修谱牒,甚或"插支"加入陈祠。此外,在近年的宗祠修缮过程中,这些支派曾多次来上杭陈祠争论祠堂所有权,认为该祠既是奉祀肇基始祖孺公的,那么就应是福禄寿三房后裔所共有,而不应为禄房派下裔孙所独占。2010年12月4日,孺公派下福、寿两房裔孙串联给陈祠理事长发出公开信,要求宗祠理事会出示充分证据以证明该祠与福、寿两房无涉,否则将诉诸法律手段。此外,他们还趁着福建省陈氏源流文化研究会在闽东福鼎开会之机,将此争论提交给研究会调解仲裁,不过最终均未能如其所愿。

实际上,这场关于祠堂所有权的争端牵涉的是人们对于宗族房支结构的认知差异,以及宗族组织是以何种方式形成的。在福、寿两房看来,既然祠堂是奉祀肇基始祖陈孺之宗祠,那么作为孺公后裔理应享有平等的祭祀权和管理权;相反,在陈祠八房族裔看来,这座祠堂并非孺

---

[1] 陈其南:《房与传统中国家族制度》,《汉学研究》第3卷第1期,1985年。
[2] 如聚居在江家渡的寿房丙二支就修有支祠奉祀先祖。

公所建，而是由禄房十三世八位祖先所捐建，福、寿两房可以"插支"八房谱系之中，但不得以房族名义加入宗祠活动，因为这将会改变宗族原有的房支结构。

二 房与支（榍①）

韩城陈氏并不包括肇基始祖陈孺派下所有裔孙，而仅是由禄房派下之十三世高华、高延、高脾、高远构成左四房，兰、蕙、蓍、义形成右四房，合称沿用至今的"上杭陈祠八大房"。以下依序对此八大房加以简要介绍。

华房属上杭陈氏宗祠左一房，该房开支祖高华公乃肇基始祖孺公十三世裔孙，十二世祖惟公长子，"字伯荣，行七十七，庠士，配卓氏，生子光郎。坟葬铜岩岭头寨门里"②。迨至十七世，又以镠、铮、锜、錞、鐳等五位裔孙分榍。华房现有人口10853人③，主要分布在城内后垅、官埔等地，亦有部分族裔移居福州，甚至台湾、江苏、黑龙江等地。

延房属上杭陈氏宗祠左二房，该房开支祖高延公，十二世祖惟公次子，"字伯永，行七十八，配阮氏，生子三：敬崔、敬山、敬成，坟葬后院山"④。由于明末清初福安境内兵荒马乱，时局动荡，屡遭匪患，导致人民流离失所，百姓迁徙频繁。据陈氏宗谱记载，延房子孙大都外迁他乡谋取生计，但却对于何时迁往何地并无明确记载，以致时至今日已无法考究该房后裔的下落。族中关于延房子孙迁移的情形，有多种传说，但众说纷纭，莫衷一是。或曰迁往浙南一带，或曰移居霞浦沿海一

---

① "榍"是由木字旁和扇字所组成的一个单字，闽东福安方言称为"sin"，其原意是指房屋的开间，每间谓之一"榍"。在传统社会中，房屋是分家析产最重要的财产之一，依照房屋开间数目在诸子之间进行平均分配。因此，民间常以房屋的开间名称作为家族分支的表征。
② 《陈氏迁居韩阳上杭世系》，载《凤岗陈氏左一房支谱》，道光十八年重修本。
③ 以下人口数目均为2013年12月3日陈氏宗祠封谱时统计。
④ 《陈氏迁居韩阳上杭世系》，载《凤岗陈氏左一房支谱》，道光十八年重修本。

带,但诸说均无真凭实据。尽管现今邑内基本已无延房子孙,但是每年仍旧会以该房之名义参加宗祠举行的重大祭祀仪式和庆典活动,以表敬宗尊祖之意。历次修谱通常华房均会将其谱系附于房谱之后。

腴房属上杭陈氏宗祠左三房,该房开支祖高腴公,十二世祖惟公三子,"字伯畴,行八十,配卓氏,生子二:则珍、则万。高腴公坟葬横塘,妣卓氏坟葬岭头祠堂边"①。该房现有人口2885人,主要分布在福安市城关以及邑内乡村,另有部分族裔迁居省内其他县市。

远房属上杭陈氏宗祠左四房,该房开支祖高远公,十二世祖惟公四子,"字伯大,行甲一,配许氏,生子二擎、摩。坟葬后院山"②。由于各种历史原因,该房后裔于清末离开故土,远徙他乡。因当时谱牒未能明载其去向,渺无音讯,而今又已年代久远,是以无从考证。但是,上杭陈氏宗祠理事会鉴于其同属孺公后裔,历史上一直都是上杭陈祠之重要房派,因此,理事会出于合族团聚之良好愿望,仍旧持续不断地努力寻找离散百年的血脉子孙。每年宗祠举行重大祭祀仪式活动之时,都为该房预留该有的空间,希冀远房外迁的子孙能够万里寻根,认祖归宗。左三腴房历次修谱均会将远房世系"体一本亲亲之谊,并为纂辑谱末"③。以上左四房均系惟公之子,乃同胞亲兄弟。

兰房属上杭陈氏宗祠右一房,该房开支祖兰公,系肇基始祖孺公十三世孙,十二世祖资公长子,"朝奉大夫,字得馨,行六十三,配林氏,生子畸。坟葬后洋金鸡吐水"④。该房人口繁衍较为迅速,迨至十七世又分为八个支系。据报道人陈彤淳说,兰房人丁繁衍之所以如此昌盛,乃是由于房祖兰公的龙牌摆放在上杭陈祠的龛位底下生长着"石笋",象征着子孙繁衍,如雨后春笋般兴旺发达。目前兰房共有人口12273人,主要分布在城关、溪东,以及省内寿宁、柘荣、霞浦、福

---

① 《陈氏肇迁韩阳上杭世系》,载《凤岗陈氏左三腴房支谱》,1994年重修本。
② 《陈氏迁居韩阳上杭世系》,载《凤岗陈氏左一房支谱》,道光十八年重修本。
③ 《凤岗陈氏左三房支谱·凡例》,1946年重修本。
④ 《右第一二三房始分祖世系》,载《右一兰房一支宗谱》,1994年重修本。

鼎、周宁、宁德、罗源、厦门、同安、福州、沙县等各县市，省外的广东省南海市、浙江省永嘉县、北京、上海、南京，乃至香港、台湾、华盛顿、纽约、布里斯丹等地均有兰房之后裔的分布。

蕙房属上杭陈氏宗祠右二房，该房开支祖蕙公，系十二世祖资公次子，"赠中宪大夫，字得芳，行六十六，配肖氏，生子二：兴、旺。坟葬施桐里，又名虎啸里"[①]。蕙公墓十分气派，是民间较为少见的四方形墓葬，2005年被福安市政府核定为市级文物保护单位。据传当初六六公选用墓地之时，风水先生告知此地乃吉地，名之曰"黄狗背天"，下葬之时曾导致山下村落破败。村中只好请先生予以改造，将虎山面对墓葬，形如猛虎下山，黄狗不敌猛虎，其后引发蕙公后裔颇不顺利。但后来陈氏后人再请高明先生将墓地稍加变易，便将猛虎困于囚笼之中。未几，山下村落只好异地迁居。蕙公生子兴、旺。兴生子宗億，字仕达，行贞二。明洪武年间，由庠生举孝廉，官湖广荆州府知府，配林氏，生二子柏、楠，分为义、礼两榇。[②] 蕙房现有人口3158人，主要居住在城内上杭、官埔等地。

莙房属上杭陈氏宗祠右三房，该房开支祖莙公，系资公三子。一名田，字严耕，行七十二，配阮氏，生子二：壁、爵。坟与胞兄六三公合葬于金鸡吐水。由于特殊的历史条件和人为因素的影响，莙房后裔繁衍有限，更因有部分宗亲外迁异乡，至清代中叶其在邑内几近绝嗣。因此，当时宗祠族长基于敬宗尊祖，践行孝悌之儒家义理，佥议以三十一世兰房裔孙朝禹公长男得清公出绍莙房三十一世之礼公为嗣。该房人口繁衍至今仍旧不繁，仅有21人而已。目前绝大部分宗亲均居住在福安城关，其修谱、祭祀等活动均合在兰房一起。

义房属上杭陈氏宗祠右四房。该房开支祖义公，系十二世祖其公三

[①] 《陈氏迁居韩阳上杭世系》，载《颍川陈氏宗谱蕙房义榇》，1993年重修本。
[②] 《上杭陈氏右二房世系》，载《颍川陈氏宗谱蕙房义榇》，1993年重修本。

子,"字得强,行七十四,配邱氏,生子二:釗、鐮"①。义公共有同胞兄弟五人,与兰、蕙、菭公之共祖乃八世祖金公,但仅有义公属上杭陈祠八大房之右四义房。该房现有人口2780人,主要居住在城关后垅、东门头、吴刘郭、南湖、后巷等地。

为更为直观地了解和认识陈氏宗族结构,兹将其分房和分支世系排列如下:

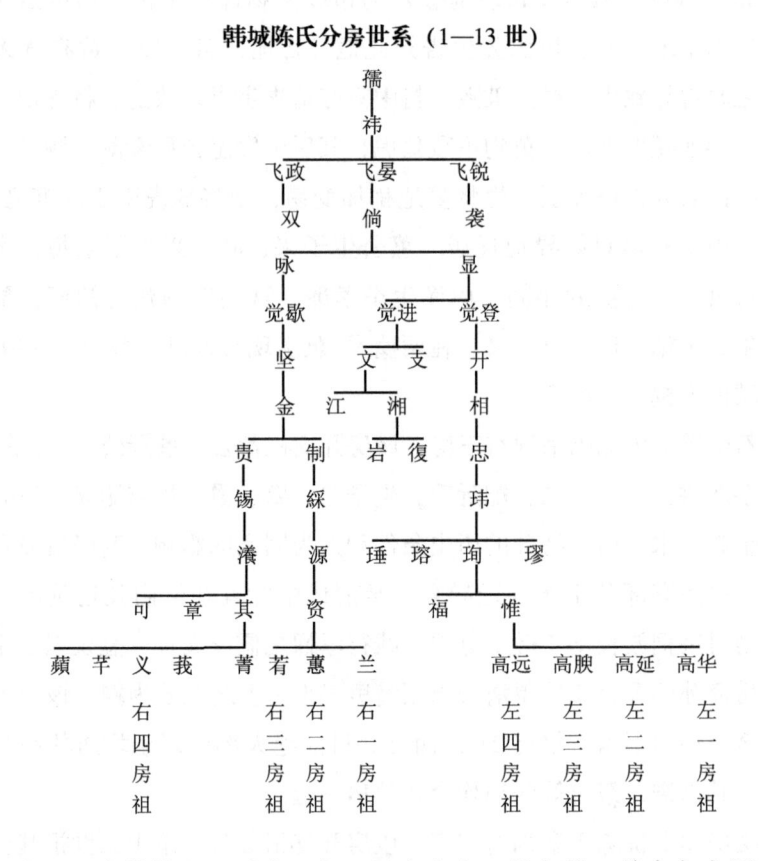

韩城陈氏分房世系(1—13世)

```
                      孺
                      祎
          ┌───────────┼───────────┐
         飞政         飞晏         飞锐
          │           │           │
          双           倘           袭
          │                       │
          咏                       显
     ┌────┼────┬──────────┐
    觉歇       觉进       觉登
     │      ┌──┼──┐       │
     坚     文     支      开
     │      │     │       │
     金     江     湘      相
   ┌─┴─┐    │     │       │忠
   贵  制   岩     復      玮
   │   │                   │
   锡  綵                 ┌─┼─┬─┐
   │   │                瑶 瑢 珣 璆
   濆   源                │  │
 ┌─┼─┐  │               福 惟
 可 章 其 资
```

蘋 芊 乂 羲 菁 菭 蕙 兰   高远 高腴 高延 高华

右　 右 右 右   左　 左　 左　 左
四   三 二 一   四　 三　 二　 一
房   房 房 房   房　 房　 房　 房
祖   祖 祖 祖   祖　 祖　 祖　 祖

除业已式微的左二延房、左四远房和右三菭房外,其余各房派均有

---

① 《陈氏迁居韩阳上杭世系》,载《右四义房宗谱》,1923年重修本。

第三章 组织与权力：陈氏宗族的结构特性

不同程度的分支或分榴，如华房传衍至十七世时，由镠、铮、锜、錞、鐣诸公分衍为一榴、二榴、三榴、四榴、五榴；蕙房则是由宗亿公二子十六世祖柏、楠二公，开始开枝散叶，派分义、礼两榴；兰房传至十七世时，由桓、植、相、柯、楷、新、枋、柜等再分为八支；义房也是在传至十七世时，由榆公、杙公分别派出一、二两支。

左一华房分榴世系（13—17 世）

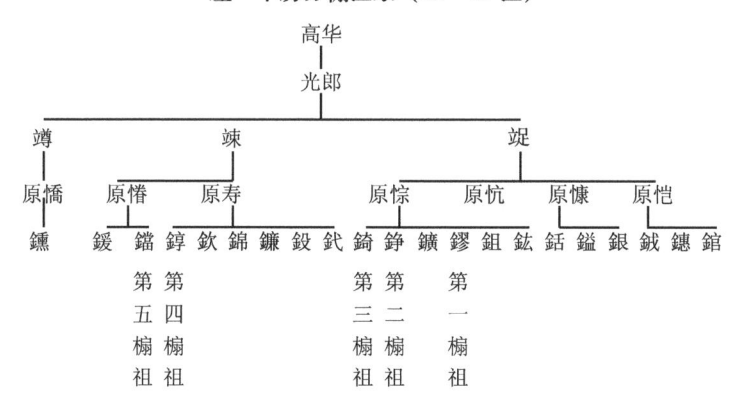

```
                           高华
                           光郎
         ┌──────────────────┼──────────────────────┐
         蹲                 竦                      挺
         │          ┌───────┼────────┐      ┌──────┼──────┬──────┐
        原憍       原惜    原寿     原惊   原忼   原慷   原恺
         │          │       │        │       │      │      │
         鑢    鍰 鐣 錞 钦 锦 镰 毇 钛  锜 铮 鐛 镠 鉏 鈜 铦 鎰 银 钺 鏸 馆
                   第 第              第 第 第
                   五 四              三 二 一
                   榴 榴              榴 榴 榴
                   祖 祖              祖 祖 祖
```

右一兰房分支世系（13—17 世）

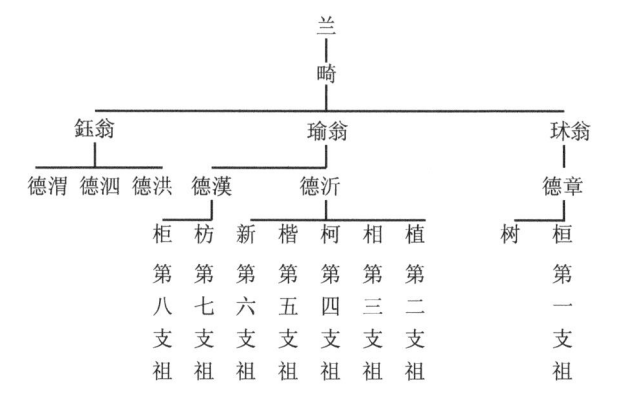

```
                           兰
                           畸
         ┌──────────────────┼──────────────────┐
        钰翁                瑜翁               球翁
    ┌────┼────┬────┐    ┌───┼───┬───┬───┐    │
   德渭 德泗 德洪 德漢   德沂              德章
                 │        │                  │
              柜 枋    新 楷 柯 相 植      树 桓
              第 第    第 第 第 第 第       第
              八 七    六 五 四 三 二       一
              支 支    支 支 支 支 支       支
              祖 祖    祖 祖 祖 祖 祖       祖
```

右二蕙房分榻世系（13—17世）

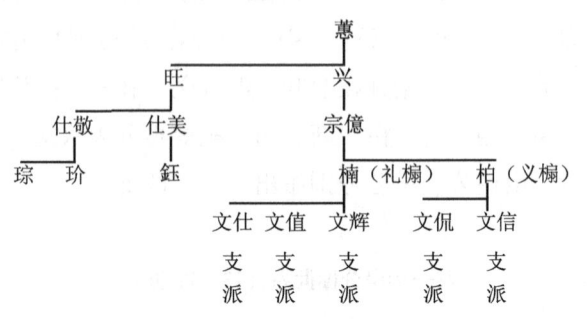

```
                        蕙
            ┌───────────┴───────────┐
            旺                      兴
        ┌───┴───┐                   │
        仕敬    仕美                宗億
      ┌─┴─┐    │           ┌───────┴───────┐
      琮  玠   鈺          楠（礼榻）      柏（义榻）
                        ┌───┬───┐       ┌───┴───┐
                       文仕 文值 文辉    文侃    文信
                        支   支   支     支      支
                        派   派   派     派      派
```

从上述各房的支派分衍情况来看，我们大致可以得出如下信息：第一，上述四房中除蕙房是由十六世祖分出义、礼两榻外，其余包括华、腴、兰、义四房均系由十七世祖划分出支系，由此可见，各房派的衍分大致发生在同一时期；第二，在韩城陈氏各房派之下最为重要的分衍就是"榻"和"支"；第三，从族谱资料来看，各房衍生出支系的开支祖，大都有数目不等的同胞兄弟，而且这些弟兄大都有子孙后裔传续，但却并未成为开支祖或开榻祖。那么，为什么在一个宗族之内的房派下会衍生出不同的分化单元名称呢？它们所代表的意义又到底有何不同？陈氏族人又是如何看待和区分这些房派下的分化单元名称？对此，蕙房理事陈幼生的说法是：

> 上杭陈祠分为八大房派，在房派之下，有的分为榻的分为支。两者虽然名称不同，但都是房派之下的分系。一般来讲，只有那些有功名威望，家声显赫的人才可以成为开榻祖，他的后裔也就自然而然地成为该榻的成员。一般家族析分出来的支系是不可能称作"榻"的，只能叫做"支"。①

左一华房理事陈福翰亦曾对笔者表示出类似看法。② 不过，此种论

---

① 报道人：陈幼生，66岁，上杭陈氏宗祠蕙房办公室，2013年3月29日。
② 报道人：陈福翰，70岁，上杭陈氏宗祠华房办公室，2013年4月17日。

调大致仅是其"主位"的解释，通过对族谱资料中的世系的辨析，似乎这样的说辞并不能够说明问题的实质。据《凤岗陈氏左一房支谱》记载：华房开支祖高华公，"字伯乐，行七十七，庠士。配卓氏，生子光郎。葬岭头寨门里"。又如蕙房开支祖蕙公，"字得芳，行六十六。配萧氏，生子二：兴、旺。葬施桐里。貤赠中宪大夫"①。兰房开支祖兰公，"字得馨，行六十三。朝奉大夫。配林氏，生子畸。葬后洋金鸡吐水"。义房开支祖义公，"字得强，行七十四。配邱氏，生子二：釰、鐮"②。兰、义是房下分支的两房。显然，我们从各自的开支祖中是无从判定其尊卑次序的。如此我们再试着从各房系下的榴祖和支祖来看，情形又将如何。华房第一榴祖鐺公，"字汝罩，行宽六。配魏氏，生子亲。女适阮家"；第二榴祖鐼公，"字汝利，行讯一。配林氏，生子二：殷、觉。葬建柄"；第三榴祖錡公，"字器之，行宽四。配李氏，生子豫，生女适程家明。洪武二十六年，癸酉科以书经登乡进士。历官英德单父、芜湖教谕，超擢山西道监察御史。永乐年间，监军甘肃，尽节事见明史、通志、县志。葬东坳。崇祀乡贤，雍正二年，奉旨崇祀忠义祠，有传"；第四榴祖钲公，"字汝令，行讯三。配郑氏，生子觌。葬高家渡薪山"；第五榴祖缪公，"字汝合，行敏二。配林氏，生子三觋、视，郓"③。又如蕙房义、礼两榴乃宗億公二子柏、楠析出。宗億公，"字仕达，行贞二。明洪武年间由庠生举孝廉，官湖广荆州府知府。配林氏，生子二柏、楠"。柏公，"字汝懋，行义八。乡大宾。配黄氏，生子二，文信、文侃"。楠公，"字汝材，行礼二。配赵氏，生子三，文辉、文植、文仕"④。兰房传至十七世派分八支，第一支始分祖桓公，"字克武，号烈轩，行荣四。住北辰。配蒋氏，生二男煌、楳"。第二支始分祖植公，"字克立，号培峰，行信八。配王氏，继配林氏，生男

---

① 《凤岗陈氏左一房支谱》，《陈氏迁居韩阳上杭世系》，道光十八年重修本。
② 《凤岗陈氏左一房支谱》，《陈氏迁居韩阳上杭世系》，道光十八年重修本。
③ 《凤岗陈氏左一房支谱》，《上杭陈氏左一房世系》，道光十八年重修本。
④ 《颖川郡派凤岗祠右二蕙房第一本义榴》，《上杭陈氏右二房世系》，1993年重修本。

�，女适黄家"。第三支始分祖相公，"字克卿，号贰齐，行荣五。住北辰。生男三煓、燵、烘"。第四支始分祖柯公，"字克伐，号执轩，行荣九。住北辰。配林氏，生男四"。第五支始分祖楷公，"字克执，号式齐，行华四。住北辰。配卓氏，生男三"。第六支始分祖新公，"明永乐甲午科举人，任广东海阳县知县，崇祀乡贤。字鼎夫，号定园，行华七。住北辰。配凤池戴氏，继配新塘林氏，生男四"。第七支始分祖枋公，"字克用，号力堂，行信七。住北辰。配张氏，继配黄氏，生男二"。第八支始分祖柜公，"字克芳，号信轩，行荣三。住北辰。配黄氏，生男三"①。义房十七世榆公乃第一支祖，"字克夏，行允二。配詹氏，生子三：敬、政、敏"。栻公乃第二支祖，"字克舆，行允五。配詹氏，生子二：轸、贞"②。由上可知，分"榴"的房派称得上是官宦士绅者仅有华房第三榴祖錡公与蕙房榴祖之父宗億公二人，其余人等均无职衔、品级。同时，房派之下分"支"兰房亦有第六支始分祖新公仕宦于外。显然，一个房派到底是分出"榴"还是开出"支"，并非取决于家支的显赫与否。此外，另有一个更好的例证就是，兰房八大支派下的子孙后裔均被归类为各自所属支派的分榴世系。这就显示"榴"与"支"的意义几乎别无二致，只是宗族支系的泛称，可被运用于称呼不同层次的宗族分化单元。左一华房、右二蕙房作为分榴的两房，在表述"榴"的含义时特意将其标榜为荣耀显赫的身份象征，意在极力凸显本房在宗族组织内部的特殊性，这也表明了各房派之间的相互竞争。

然而，为什么同样是血脉相连的亲兄弟有人成为开支祖，而另一些人却未能成为支系的开创者呢？若我们单单从宗族系谱性含义中去寻求解释，似乎难以觅得答案；相反，或许我们更应从宗族作为"功能性的亲属团体"的角度来加以理解，即被当作英文词 lineage 的同义词来

---

① 《凤岗陈氏右第一房族谱》，《右第一房始分祖世系》，1941 年重修本。
② 《重修凤岗陈氏右第四房支谱》，《右四房世系》，1923 年重修本。

定义，是指具有祀产或祖祠的父系继嗣团体。① 由此推断，对于韩城陈氏来说，能否在宗族之下发育成长出房份，关键不在于彼此间的亲疏关系，而是在于同一辈分兄弟的财力差别。尽管房份的形成是家族自然繁衍的过程，但其真正确立与否则完全取决于经济实力。

现存各房谱牒记录的只是分支（榻）支系，而八房派下其余未能形成分支的后裔则被摈弃在谱系之外。从各房族谱中爬梳出来的信息，可以看出并非八位十三世祖先的后裔都属于韩城陈氏宗族，祭祀肇基始祖孺公的宗祠是他们的后裔以其名义所合资捐建的，从而形成一个拥有共同祭祀空间的合同式宗族。从相关考察和分析来看，陈氏宗族的"房"实际只是名义上的祀产单位，捐资修建宗祠的并非十三世的八位祖先，而是被称作"支"或"榻"的十七世祖先。显然，若依照"房"是儿子相对父亲的中心概念，这里所谓的"八房"，实际上是集资建祠的过程中所形成的"八股"的代称，而"支"或"榻"则或是捐资的"家户"单位。尽管"房"的一般性含义是指儿子相对于父亲，但对于具体宗族组织而言，其宗族建构方式的不同，"房"在其中的意涵也就存在差异，唯有将其置于具体的历史情境和发展脉络中才能够更好地加以理解。

那么，此种房支结构究竟对当下宗族成员的认同具有怎样的意义呢？事实上，韩城陈氏的此种房支结构在谱系中体现得最为充分和明显，而在日常生活中的重要性并未得以彰显。在笔者调查期间，许多来宗祠查阅资料或填写家状的族人通常只知道"我们是上杭祠堂的"，却并不清楚自己究竟属于哪个房派。由于韩城陈氏是以合股捐资建祠的方式所构建的合同式宗族，因而其房份并非自然分衍所产生，而是以出资与否来予以确认。因此，尽管陈氏族人较为集中地分布在上杭、官埔、后坝等三个城市社区，但是其地域范围与房支结构并不若乡村那般紧密重叠在一起，而是呈现出"大杂居，小聚居"的分散居住形态。改革开放后，随着越来越多的房屋买卖，许多族人逐渐迁出传统居住地，而

---

① 参见陈其南《房与中国传统家族制度》，《汉学研究》第 3 卷第 1 期，1985 年。

在外自建住宅或购买商品房的越来越多，使得分散居住的趋势进一步加剧。与此同时，由于城市社会空间较为开放，人们自主意识更强，使得陈氏族人无论是对宗族还是房派的认同都不像一般乡村宗族那样强烈，而似乎只有在修谱、祭祀等重大仪式场合下才能够得以较为充分地展现。不过，近年来随着陈氏宗族文化重构进程的加速发展，各房着手整修或新修房祖墓地，并于每年春祭时操办房祖墓祭仪式，从而在一定程度上促进了房族认同的凝聚与强化。例如，右一兰房开支祖墓原在城郊，后因城市扩张而被迫迁建，时任房长陈同春遂发起房族成员捐资数十万元，于距离城关二十余千米的甘棠大车村高山之上修建兰菁公合葬墓，每年均派房族代表驱车前往致祭。右二蕙房开支祖墓位于城郊虎啸山，尽管历经多次重修至今仍保留着独特的方形墓葬风貌，经福安市政府于2005年核定为市级文物保护单位。华、腴、义等诸房开支祖墓虽早已不知所终，但各房理事会均在积极筹划选址、集资新修本房房祖墓地。

图3-1　蕙公墓（作者自摄）

第三章 组织与权力：陈氏宗族的结构特性

图 3-2 兰宥公合葬墓（作者自摄）

三 新成员的接纳：插支与收族

尽管韩城陈氏极力维护捐资建祠时所形成的基本房支结构，但同时又通过不断接收和吸纳其他同姓成员的加入，使得宗族房支下的基础单元保持相当程度的弹性和开放性。"插支"是指收纳一些原本并不属于本族的同姓家户加入宗族谱系之中，使其成为具有平等权利、义务的正式宗族成员。同样，"收族"则是指吸收一些原本并不属于本族范围的同姓支系纳入宗族谱系并参与祭祀活动，从而成为宗族正式成员的文化实践。事实上，这种情形在清代即已在韩城陈氏中屡见不鲜，如同治五年（1866）分修左一华房谱序中所云："……然收录他族，书入不传之后，未免贻笑大方，向令持以公慎，何至滋此续貂之讥也"[1]，可见在其时趋于保守的传统社会氛围和思维主导下，此种零星出现的情形仍不

---

[1] （清）陈德聚：同治五年《分修左一华房支谱》，载《上杭颍川陈氏左一华房第一榴宗谱》，1995 年重修本。

免遭到批判和压制。然而，随着现代化的快速推进，社会氛围愈来愈宽松，同姓个体家庭或是支系以"插支"的方式被整合进宗族谱系的情形，逐渐演变成为引人注目的现象。兹举数例加以具体说明：

案例一：
我阖家原籍××镇××村，姓陈名××，现年八十四岁，本系洪轸公裔下，祠堂在东口，今我全家已搬迁福安城内，而东口祠堂因水患被毁，至今无力修复，造成谱系混乱，支系淆浊不清，故我全家经议决，一致同意插支福安上杭陈祠兰房，敬希叔伯允予。
全家签名

如上引文所述，该家户并非韩城陈氏肇基始祖孺公之后裔，但与其颇具渊源关系，同属寿宁三峰寺支脉。由于原先居住乡村祠堂遭水患毁坏，并举家迁至城内，遂决定申请加入左一兰房，最终经房族理事会讨论决定同意其插入兰房六支，这就意味着该家庭及其子孙后裔世代拥有韩城陈氏族裔的身份，并与宗族原先成员享有同等的权利与义务。在当地人的观念中，人死后有三个去处，即墓地、家中的神龛以及宗族的祠堂。死者的尸体葬在墓地，而其灵魂则留在家庭的神龛上和宗族的祠堂里。[①] 但是，由于家中神龛通常仅祭祀五服以内的祖先，因而若是超出此一范围即应在祠堂中拥有其灵魂居所，否则就无法成为真正的祖先享受到子孙的祭祀。因而对那些失去祠堂祭祀祖先的家庭尤其是老年人来说，加入同姓祠堂以便去世后能够享祀其中，就成为他们梦寐以求的愿望。既然要选择祠堂加入，就不仅需要考虑到祭祀的便利性，也希望其能够是有威望和影响的大族。韩城陈氏作为一个宗祠位于城市中心，并且自明清以来即"氏族第一"的望族，自然吸引着众多同姓家庭或支

---

① [美] 许烺光：《祖荫下：中国乡村的亲属、人格与社会流动》，王燕彬译，九州出版社 2023 年版，第 35 页。

系争先恐后地加入。尤其是随着现代化和城市化进程的快速推进，越来越多农民迁居至城市，这种社会需求也就越来越大，甚至还有1949年后北方南下的陈姓干部家庭申请加入宗祠参与祭祀的情形，这不能不说是受到地方浓郁的宗族文化濡染的结果。

案例二：
关于请求解决白鹤村祖牌龛位的报告
上杭陈祠理事会：

白鹤村地处赛江河畔，村小，人丁不足90人，因经济薄弱，无法独自建造支祠，该村历来总祠举办各种活动，都是参与华房派系，我房也认为是本派裔孙，尤其是去年总祠修建发动乐捐收纳人丁款，他们都乐意参加很快就人丁款收缴100%，后经过详细查阅白鹤系我上杭陈祠孺公福房的一支长孙。现根据晋主部署他们全村宗亲迫切要求仍旧插支华房，不搞独立房派，一切服从华房管理，也不别设办公室，不搞斗灯位，敬请总祠一视同仁对待白鹤宗亲。经华房班子研究同意白鹤宗亲插支于华房，但存在的问题是白鹤系福房的一支，其祖牌从三世至十二世只有十人，可合牌，但我华房没有十二世以上统牌龛位可安排。因此，请求总祠理事会给予研究白鹤祖上3—12世龛位，在同等前提下予以安排解决，为盼！

请求人：华房理事会
2010年6月10日

上杭陈祠华房理事会：

赛岐白鹤村、甘棠外塘村陈氏宗亲历来插入你房作为长榻看待，一致同意今后一切事务由华房统一进行管理，包括制作祖宗龙牌及修谱工作，并同意按有关规定标准照办，绝不能以任何借口对总祠发生异言。特此承诺。

在场人员签字
2010年10月5日

白鹤、外塘两村陈氏族裔属于孺公三世孙飞政公（即福房）派下，而陈祠是以飞晏公（即禄房）派下十三世八位裔孙之名义所捐建的。由于这些迁居乡村福房族裔无力建造祠堂祭祀祖先，遂提出插支左一华房长榻，并承诺不搞独立房派，服从宗祠统一管理。尽管这两个村落的陈氏族裔与韩城陈氏同属孺公后裔，但仍必须通过将自身世系前段截去，而将从现今上溯数代的世系接续于左一华房长榻之后，才能够享有平等的权利。显而易见，韩城陈氏对以个体家庭或支系为单位加入宗族谱系持开放性的态度，但对任何企图改变宗族基本房支结构的尝试则不允许。例如，丙一支是肇基始祖孺公第五世裔孙派下，即飞锐公（寿房）三世裔孙，其族人主要居住在城关、穆阳等地，原先在城内后巷建有祠堂，但后遭灾患损毁。2009年当韩城陈氏开始捐资修缮宗祠时，丙一支从事电机制造的企业家联络理事会，希望通过捐资加入陈祠，后经双方协商同意其以丙一支名义参与晋主等祭祀活动，但规定其在理事会换届选举时只有选举权，而没有被选举权。此外，华、腴两房还以左房全体族裔的名义向宗祠理事会提交报告，明确反对丙一支将其十三世以前的祖宗龙牌晋入大厅正龛，以免宗族基本结构发生改变以及引发宗祠所有权的纠纷。

一旦获准插支宗族谱系，就成为享有完全权利与义务的宗族成员，与陈氏八房子孙别无二致。在接红线（联朱）过程中，一般先须根据加入者提供的家谱、口述资料，考证和分析其祖先渊源，然后综合各方面因素让其接续进入宗族谱系。大致说来，插支主要有两种方式组成：其一是通过将家族谱系上溯数代乃至十数代①，并将此前谱系裁去，直接将其接续于某房支派下业已中断的红线中。但是，由于在许多人的心目中，红线断掉的支系是"衰"的象征，接续下去子孙不易繁衍，难

---

① 通过将本身家庭谱系上溯数代乃至十数代，如此可以避免产生因世系接续导致的财产等现实性纠纷问题的产生。

以兴旺发达，因而这种断嗣的支系红线较少有人愿意接续；其二是在某宗支下所育有数子外，多虚造一个兄弟，而将欲插支的家庭或支系祖先接续在此一虚拟的祖先派下。当然，从插支者本身的立场出发，固然希望将红线接续于人丁兴旺的宗支；而从宗族的角度而言，则冀望将谱系中原已中断的红线接续下去。

显而易见，血缘亲属关系并非陈氏接纳同姓者整合进宗族的根本依据，而建立在世系及其基础上的宗族认同，才是真正在其中起主导作用的决定性因素。换言之，无论是否与陈族本身具有密切的渊源关系，只要愿意放弃原有的远祖谱系，而将家族谱系上溯数代接续于本族房派的谱系之下的同姓家庭或支系（民俗用语称为"弃祖立祖"），即可成为正式的宗族成员。相反，尽管同属肇基始祖孺公派下裔孙，但由于坚持自身主体性认同，而不愿意将谱系变更，则会被排斥在宗族之外。诚如修谱先生左一华房裔孙陈松龄所言：

> 尊祖必敬宗，敬宗必收族。因为天下陈姓是一家，虽然不是我们这个祠堂的，但是大家前面都是一个陈字，五百年前是一家，原来的祖宗都一样。既然你没有祠堂，又有这种孝敬祖先的强烈愿望，想要让祖先有一个妥灵的所在，想要加入我们祠堂。那么，经过我们理事会讨论以后，就可以把你接受吸纳过来，这就是所谓收族。时代在发展，社会在进步，新时代的人应该有自己的活法，不能把老一辈的活法强加在新一辈的身上。宗祠不能太规范了，太规范了就生存不下去。①

当然，在不断整合一些同姓家户及分支进入宗族的同时，也有许多族裔由于年久失去联络而渐渐从原有谱系中脱离出去。如左三腴房裔孙自韩城迁往浙江龙游，至今已历五代繁衍有六户，此前均有来祠参加修

---

① 报道人：陈松龄，52 岁，陈氏宗祠，2013 年 3 月 27 日。

谱，但今次腴房房长携理事专程驱车前往联络其续修谱牒，却被冷淡以对，"我们现在有共产党管，不再需要祠堂管"[①]。任由众理事如何劝说，始终不肯参与谱系续修，最后只得依其意愿作罢。尽管宗祠理事对发动族人修谱具有高度使命感，不惜花费巨大人力、物力四处寻找失联族人填写家状续修谱牒，但由于现今人口流动频繁，或迁移异乡，或赴外地务工经商，进而导致其宗族观念淡漠，故红线中断族人离散的情形亦不在少数。

第三节 权力结构

宗族作为一种社会组织要能够存续下去，就必须借助于权力来保证其正常有序地运转，若宗族的内部秩序遭到冲击和破坏，势必就会引发宗族存续的危机，甚或严重到导致宗族解体。而权力的实施和运作则必须建基于组织结构之上，宗族的基础结构单元是家庭，以及在此之上所形成的房支结构，并由此形成了以族长和房长为人格化代表的族权体制和管理系统。与此同时，作为一个宗祠位于县治所在地的城中族，韩城陈氏拥有一个较为稳定的精英群体，包括传统时期的宗族士绅与现代时期的国家公职人员，他们不仅主导着修祠、续谱、祭祀等各种宗族内部事务，而且在处理和解决族际冲突及对外交涉中扮演着极为关键的角色，并积极参与许多重大地方事务，甚至成为联结宗族组织和国家政权力量之间的重要纽带。

一 族房长与士绅

在传统时期，族房长与士绅主导着陈氏宗族内部权力的分配与运作。宗族的权力分配格局是与宗族内部结构紧密相关的。房支是宗族结构中的一个基本组织范畴，韩城陈氏由华、延、腴、远左四房和兰、

---

① 报道人：陈麟书，73岁，上杭虎井巷，2013年5月14日。

蕙、苕、义右四房合为八大房组成，宗族内部的财产管理、祭祀烝尝分配、祭祀义务轮值等各项事务，大都以"房"为单位来加以处理。尽管陈氏宗族在房族之下仍有分化为"支""榻"等衍生层次，但是宗族内部事务的管理还是以"族""房"两级为主。族长负责统领全族事务，而房长是本房事务的实际负责人，整个陈氏宗族形成了族长和房长两级领导格局。表面上看，房长是比族长低一等级的宗族首领，但是族长的产生实际上往往先要经过各房房长的集体讨论来决定，而房长不仅实际负责本房各项事务，而且涉及宗族集体事务也须经由族长联合各房房长集体协商和讨论。此外，各房房长组成的联席会议甚至可以对不适任的族长提出弹劾、撤换。大致说来，房长对宗族内部事务的发言权是举足轻重的，而当本族与外部其他宗族，甚至官府发生关系时，族长则是宗族最具权威性的代表。当然，对于像陈氏这样的巨姓望族而言，单是依靠族长、房长等领导者无法处理巨细靡遗、纷纭复杂的宗族事务，因而还需要协理、执事、管年等各种专职人员协助族房长处理各项具体事务。由于宗族领袖的选任关系宗族兴衰与声望，是以族长、房长通常由族众公推年高德劭、能力出众者担任，以便肩负起敬宗收族，提高宗族声望和荣耀的重责大任。

韩城陈氏因其族大丁繁，宗支分衍纷纭，自然族内事务较之其他小族远为复杂，并且至迟到明末清初其族裔已遍布邑内城乡各处，故而包括族产管理、祖先祭祀、修祠纂谱等各项事务的管理运作，都离不开族长和房长的共同协作，如明万历年间，族长淮南公、榕山公、五峰公、榕岗公"为祠祀计，偕朝献公、时平公纠烝尝金，鬻材鸠工，缉旧基而再造之"[1]。除了这些宗族重大事务外，每月朔望"房族长必赴祠堂，令祠卒洒扫，亲自焚香，长揖而退，轮流关锁，间遇族人，无论长幼，坐谈时就家训相劝戒，岁率为常"[2]，"谱缮正对读于逐名注脚歇字处，

---

[1]《重修祠堂碑记》，载《凤岗陈氏右第一房族谱》卷1，1941年重修本。
[2]《家训》，载《凤岗陈氏右第一房族谱》卷1，1941年重修本。

用过小戳,且细加校订交房长轮流收藏,不许私自添注损坏,违者公罚"①,可见其承担着日常祭祀和收藏保管谱牒,以及宣扬族规家训教化族人的重任。

然而,宗族内部难免会出现诸如分家析产、争继立嗣、婚丧嫁娶、宅地墙基等方面的各种纠纷,而宗族基于以孝悌为本、敦亲睦族的基本行事原则,往往并不主张擅自要求包括官府等外力的介入,而希望能够在内部加以调节、消化处理。因此,在面对此类争端和纠纷时,族房长作为宗族中的执法者和仲裁者,通常具有优先的处置权,如右二蕙房族谱《凡例》中所载:"族人争产争继及送不孝不弟等事,毋得以红柬干请排解,惩治亦不可纂成状词,首用具呈二字。金议惩前事应先妥叙简明,事由用梅红首书,具投词右二房几世孙某、为某事云云,交祠祝分送族房长管年阅过,会同诣祠秉公查理,以杜翻覆而昭核实。"② 换言之,族内一旦发生诸如此类的纠纷和争端时,不可擅自报送官府审理处置,而应及时前往宗祠投词报告,然后由族长、房长聚祠主持公道进行处理,否则会被视为目无尊长、藐视族权,受到族众的责备和族房长的处罚。

以族房长为核心的宗族领导者对于族务的管理和权力的运作,都必须以宗族的"家范""族规"为基本准则。换言之,这些家范、族规正是宗族重要的政治管理制度。家训属于礼教的范畴,"礼"治未然,以教化规劝为先;族规属于法治的范畴,"法"治已然,以处置责罚为要。概而言之,其宗族治理运作机制原则就是"礼法互济"。陈氏至迟于明嘉靖年间就已制定了内容丰富的家范条例,此后清康熙、雍正等历朝都曾有所修订增补,内容条文愈趋丰富完整。

尽管经过屡次增订,内容愈加丰富,但大抵仍不跳脱出"敬宗尊祖""敦亲睦族"这两大基本原则。归结起来,陈氏家范纷繁复杂的内

---

① 《凤岗陈氏左一房支谱·凡例》,道光十八年重修本。
② 《凤岗陈氏右第二支房·凡例》,1946年重修本。

容，无非只是在强调修身齐家、立德守业、孝悌为本、敦亲睦族、敬祖祭祀等伦理操守。它们的共同目的都是维系整个陈氏宗族的团结与合作，增进宗亲族裔的内聚力。从家范内容上来看，它既包括了教化、规劝族人的礼教条文，又涵盖了惩治规约的法治手段，如嘉靖年间"睦邻"一条曰："如有因交易踹蹴□□□□□戏，□砖掷瓦及恃酒撒泼，与夫盗采田园蔬果者，宜禀族长重罚"；又如康熙年间"嗣续"一条曰："凡为人后者，所以承先绪而衍后昆，所关甚巨。故祖制，凡抱养者概不书入谱内接项宗支。如未生有子，当求应立者立之，否则或择养亲派男或本族内男，以承宗支。如有不遵者，告祖重责外仍将抱养子斥逐"；"赌博"一条曰："士农工商各有定业，如有不务生理，好闲游手，引诱善良专事赌博，势必破家荡产，忘身辱亲，罪莫大焉。众阜长当于祖祠重家惩责"①。由此可见，陈氏宗族的家范条规是族长和房长等领导阶层处理族务所必须依据的基本制度和准则，其所体现的核心精神乃是敬宗收族。宗族领导阶层以此来作为衡量和判断宗族成员的行为准则，对于那些违反规定的子孙的处罚亦须依照相关规定酌情予以处置。通常情形下，族长和房长只是对宗族成员的行为予以斥责、劝诫，但若当宗族成员间发生田土财产、继嗣等民事纠纷，甚或严重违反国法家规、人伦道德时，族房长具有一定程度的优先处置权。

对于像韩城陈氏这样的城中族而言，士绅精英是宗族领导阶层的中坚力量。尤其是在面对诸如祭祀仪礼、族谱纂修等对文化素养要求较高的族务，以及族际冲突、官府交涉等方面时，宗族士绅往往因其在社会上具有较高的地位，见识交游广泛，人脉资源丰富，熟谙官场规则，而在这些事务处理过程中能够大显身手。例如，在祖先祭祀过程中，祭品等级、仪礼程序以及祭文、祝文的唱赞等无不需要宗族士绅施以援手，才能够符合儒家礼仪规范，从而为宗族赢得知礼懂礼的良好声誉，而不至于贻笑大方；而有功名的士绅参与主祭，更是被视为整个宗族的荣

---

① 《历次修谱家范》，载《凤岗陈氏左一房支谱》卷首，道光十八年重修本。

耀，这也就是韩城陈氏在祭毕颁胙时格外给予士绅优待的原因之一。

在韩城陈氏历次编修族谱时，宗族士绅不仅积极捐资并倡议发起设立谱局，而且实际负责纂修、书谱、分校等各项实际事务，他们几乎完全主导着陈氏宗族历次修谱事务。在本族与外姓发生矛盾与冲突时，宗族士绅以其较为广阔的交游，丰富的见识和人脉，总是不遗余力地为宗族进行交涉，据理力争。如明代弘治年间以降，韩城陈、郭两姓因龟金间坟庙地争端缠讼不已，几百余年，至万历年间，郭姓士绅郭文询又借"与修邑志"之机，"暗地弄笔，于县志内混乱更改"，将孺公坟庙由鹿斗境龟金间篡改至县后，"希图久后可以侵占"，而把原在县治后山的官亭辰峰亭在新志中添注"即仙亭"三字，将其移花接木于陈氏祖山，企图"飞害陈族"。万历二十六年（1598）陈姓族人在得悉此事后，自觉非同小可，以陈晓梧、陈洪铸等为代表的陈族士绅遍查旧志，厘清事实后呈书官府"迫令改正"，并要求"立案以为他年重修根底"①，以便永绝后患。毋庸置疑，陈族士绅在修谱、祭祀、解决族际纠纷、与官府交涉等许多宗族事务中都发挥着非同寻常的作用。正是由于他们与族长、房长等领导阶层的密切配合，从而极大地加强了宗族领导集体的权威性，提高了宗族事务处理的工作效率。

此外，由于陈族属于典型城中族，其宗祠位于县衙后方，长期与官府保持着极为密切的关系，并在邑内具有崇高的社会声望，因而能以其特殊的社会政治地位参与许多重大地方性事务当中去，如明嘉靖己未倭乱，韩城陈氏在族中监生陈埙，生员陈国初、陈魁梧、陈学易等士绅领导下守卫北门，浴血奋战；明清之际陈国初之孙陈翰迅舍家卖田领导反教运动；等等。与此同时，陈族士绅对包括水利、教育、赈灾等公益事业的支持更是不遗余力，如右二蕙房二十四世裔孙复旦公，"砌西郊水坝，督役维勤；修龟湖古刹，倡捐有道。其尤彰彰在人耳目者，重修学宫，建尊经阁，名铸学钟，修辑邑志，皆力勤勤有劳。绩云，邑辖以庠

---

① 以上案卷材料均录自《颍川陈氏右一兰房宗谱》卷首《案卷》，1994年重修本。

生充正宾者，自公始"①；右一兰房二十六世庠宾文剑公，"治生吴越间，明取与重然诺。福宁总戎颜公闻其名，雅重之。时圣祖仁皇帝有万年吉木之选，委公办理，悉中程式。颜公嘉其能，劝迨仕。公力辞退，而为善于乡，念祖庙烝尝血事攸关，力为积累至数百金。时学宫损，前路狭窄，公捐价购地，倡议拓修。他如举圣忌助刊学志，捐城隍庙钱地以扩官路，立义塚，减谷价，虽所费不赀，初无吝色。或值亲友争讼，辄为排解，间左有不得其平者，亦时于当时剖其诬。晚以齿德选宾筵"②，二十七世赠君庠贡淇公，"言生平重然诺，尤为豪举，如邑中修文庙、刊学志、建书院，皆捐百金为倡，其余改砌祖庙垣墙，题修贡院、西坝等事，亦不下数十金，歉岁辄减值平糶，佃贫负租多置不问。乾隆十一年免钱粮，公尽以所免粮额二百余两转给佃户，更仿社仓法，置周佃仓以贫乏，立有善后规"③；左三腴房二十九世乡宾逢辰公，"邑侯博公植选举族正。至若筑西坝、修龟湖古刹、续辑族谱、董修福寿两祠均毅然争光，不辞劳瘁。邑侯钱公洙举充宾筵"④。可见，宗族士绅精英充当着官府（国家）与宗族、地方社会之间的桥梁和纽带，极大地维护了基层社会的稳定和发展。据陈族裔孙修谱先生陈松龄陈述：

> 解放以前，我们陈氏家族在地方上很有威望，福安当时有所谓四大家族：陈、刘、李、吴，陈氏在其中是排第一位的，福安总共有三百八十七个姓氏，陈姓在其中也是排第一位的。早期，我听父辈们说县太爷来福安上任，都必须要拜谒这几个大家族，我们陈祠距离县衙近，宗族又大，几乎每次都是最先开始拜访的对象。因为在当时是宗族社会，地方上的人都听祠堂的，所以官府处理事情少

---

① 《凤岗陈氏右二蕙房支谱·行迹》，1941年重修本。
② 《凤岗陈氏右一房族谱·义行》，1941年重修本。
③ 《凤岗陈氏右一房族谱·义行》，1941年重修本。
④ 《凤岗陈祠左三腴房支谱·行迹》，1994年重修本。

不了要家族介入和协助。①

显然，士绅之所以能够在地方事务中发挥重大影响力，与其既依附于国家，同时又植根于地方宗族息息相关。一方面，他们自身所接受的儒家正统教育，使其在宗族中拥有崇高声望和荣誉，便于其向族人宣扬忠孝节义的儒家伦理和意识形态，进而促进地方基层社会的稳定和发展；另一方面，他们通过科举、捐输等各种途径获得了国家认可的特殊社会政治地位，能够在对外交涉中扮演重要的角色，切实维护宗族的共同利益。

特别值得一提的是，作为地方社会中最具声望的城中族，陈族士绅不仅主导了历次本族谱牒的修纂，而且掌握着县志书写权，其参与县志修纂及担任县志主纂的人数均冠绝邑内各姓之首。据光绪年间编修的《福安县志》职名录记载，自明万历二十年（1592）以迄清光绪十年（1884）凡九次编修邑志，其中除清康熙十六年（1677）、乾隆二十五年（1760）、乾隆四十五年（1780）三次是由任职本县的外地官员（教谕、训导）担任主纂外，其余六次重修中即有四次延聘陈族士绅任职主纂。② 从某种意义上来说，对于县志书写权的掌握即意味着对地方话语权的占有，不仅使其可以在县志各个卷类中设法安插有利于彰显本族地位的资料，为宗族构建出荣耀的历史文化形象，同时也为确立其宗族的现实地位和声望做出贡献，以致县志披上浓郁的私家族谱的色彩，呈现出"地方县志族谱化"③ 的特征。众所周知，在传统社会中，地方士绅是官府与民众沟通的中介，充当着地方事务的实际领袖。知县作为权

---

① 报道人陈松龄是一名专业修谱先生，具有三十余年的修谱经验，他对地方风俗相当谙熟，52岁，上杭陈氏宗祠华房办公室，2013年3月27日。
② 光绪《福安县志》卷16《职官》，第13—17页。
③ 李晓方：《地方县志的族谱化：以明清瑞金县志为考察中心》，《史林》2013年第5期。

轻事重的地方父母官，深谙"为政不得罪于巨室，交以道，接以礼"①之道，所谓"地方利弊，可以采访；政事得失，可以咨询"②，地方士绅成为宰邑者"采访""咨询"的顾问，无疑是其为政一方所需仰赖的力量。此外，这些参与县志编纂的宗族士绅还是兴修水利、修建官署学官和城垣祠宇等公共工程的积极倡导者、捐资者和领导者，并组织宗族力量参与地方防务，由此可见，地方知县对士绅精英及其背后宗族依赖程度之一斑。

二 双轨并行：房长与理事

中华人民共和国成立以后，尤其是"文化大革命"时期，社会掀起"破旧立新"的风潮，这股洪流冲决了传统宗族的堡垒，导致以族房长为人格化代表的族权渐趋瓦解。改革开放初期，由于传统宗族组织已是土崩瓦解之态，族长和士绅等领导阶层亦早已销声匿迹，房支体系相当松散，因而未能在宗族重建中发挥重要作用。因此，在陈氏宗族的重建与复兴过程中，主要是以热心宗族事务的族人依据自主意愿的原则，组成临时性的依事联合的非正式领导团体。尽管当时的社会氛围渐趋宽松，但宗族事务的主要参与者仍是城市小商人、手工业者等，他们积极发起收回宗祠并集资修缮等各项活动，不过当时并未形成较为完备的组织管理体制。显然，这种以因应某项事务而结成的领导团体，与传统时期的宗族领导体制相比较而言，他们在组织架构上相对要弱势得多。因此，随着宗族重建工作的深入开展，他们越来越觉得长期以这种非正式组织来管理日趋复杂的宗族事务，显得有些力不从心，而成立正式和制度化的管理机制愈来愈有其必要性。

1986年，陈培现、陈昊民、陈财生、陈祖成等为收回宗祠辛劳奔

---

① （清）徐栋辑：《牧令书》卷16《教化》，清道光二十八年刻本。
② （清）田文镜：《钦颁州县事宜》，载《宦海指南五种》，咸丰九年刻本，第29—30页。

走，经多方周旋交涉，终使粮食部门同意将宗祠移交社区管理，实际上由陈氏族人把持和控制。为进一步有效加强宗祠修缮、整修祖墓、族谱编纂等宗族重大事务，这几位领导者遂向各房颇具名望又热心祠事的裔孙陈焕康、陈绍康、陈瞻淇、陈绍榕等二十余人发起邀请成立正式董事会。[①] 腴房裔孙陈培现因其对宗族的重要贡献，被推举为理事长。1999年，陈氏宗祠理事会首次进行改组，选举产生了新一届理事会，华房裔孙陈绍康当选为理事长。经过理事会全体成员共同决议，为使宗祠管理制度更加完善，增设秘书长和顾问两项职务，规定以后理事会每三年为一届。陈绍康连选连任第二、三、四届理事长，任期从1999年至2007年长达九年，第五届理事长由陈祖康担任。

由于陈氏族大丁繁，房支分衍复杂，族人居住较为分散，且城中族人的宗族认同意识并不若乡村宗族那般强烈，从而给宗族事务的组织与管理带来极大的不便。显然，单单依靠宗祠理事会进行领导，无法妥善解决纷繁复杂的各项宗族事务，毕竟宗族是以血缘世系关系为基础的社会组织，诸如祭祀、编谱等一系列事务都仍须以世系关系的亲疏为优先考量。传统上的房支结构是在宗族长期历史发展过程中逐渐形成的，其对于诸如当前祭祀、编谱等许多宗族事务的组织和管理仍具有十分重要的参考意义，它不仅有利于信息的上传下达，而且还有助于宗族组织的整体运作。因而宗祠理事会认为，尽管与传统宗族的房支结构相比，现今的宗族房支要相对松散、弱势得多，但是房支结构仍可作为现代宗族管理的有益补充。由此，陈氏宗族形成了一套双轨并行的管理机制，一方面由全族宗亲代表大会选举产生宗祠理事会，每届任期三年，理事会实行集体领导，即由理事长主持全面工作，理事分工负责；另一方面继承传统保留房长制，房长由各房宗亲推举产生，但须由宗祠理事会最终任命，房长领导房理事会全面管理房族事务。在通常情况下，房长本人即宗祠理事会成员，因而其在整个管理运作中实质上起到了一种核心中

---

① 《上杭颍川陈氏左一华房第一榴宗谱》，《祠事纪要》，1995年重修本。

介的作用。房长既作为宗祠理事会成员，经相互协调商议决定，负责分管相应的宗祠事务，作为本房房长又总揽全责房中各项事务。理事会分工明确，各司其职，各房之间相互协调、相互配合，能够加强各房之间的横向联系；而房长同时作为理事会成员和本房房长，能够很好地发挥上传下达的纵向优势。从某种意义上来说，陈氏宗族所采用的管理机制是一种双轨制，这样的制度安排既符合现代宗族事务管理的现实，又继承和发挥了传统宗族组织的结构优势，二者相互补充，相互促进，从而在整体上有助于整个宗族事务的迅速、有效开展。毋庸讳言，双轨制是民间宗族组织管理顺应现代社会经济发展新形势的一种十分可贵的智慧与创造，它不仅能够加强各房之间的横向联系，密切各房之间的交流与合作，而且又能够提高从宗祠理事会到房、支（橛）乃至家户间上传下达的效率，有助于促进整个宗族组织的管理与运作。

2009年3月30日，陈氏宗祠召开第六届宗亲代表大会，全族五十五名代表出席会议，选举产生了第六届宗祠理事会。刚从宁德市人大常委会农村经济委员会主任任上退休的义房三十四世裔孙陈佑年被选任为理事长，华房陈秀光、腴房陈麟书、兰房陈文达、陈同春、蕙房陈幼生等五人当选为常务理事。2009年6月27日，华房常务理事因故不再担任，遂另增补曾连任第二、三、四届理事长华房裔孙陈绍康为常务理事。2009年8月30日，鉴于理事人数6人为偶数，不利于处理重大事务时的投票表决，于是再次增补蕙房陈近乐为常务理事。宗祠理事会下设五个工作机构，分别是秘书和人事工作处、联络和纠调工作处、财务和财产工作处、史料和祭祀工作处、维护和基建工作处。理事会成员进行了相应的分工，由陈佑年理事长全面主持陈氏宗祠工作；理事陈文达兼任理事会秘书长，负责宗祠日常工作以及协调内设五个办事机构关系，受理事长委托"一支笔"审批宗祠各项开支并主持秘书和人事工作处工作，负责管理宗祠印信、文书档案、会议组织、后勤服务，以及确定宗祠顾问团、志愿者工作团的人选；联络和纠调工作处主要负责全市陈祠、陈祠各房以及上杭陈氏知名人士的联系联络，负责上下的接待工作和调解本族与他族纠纷争端；财务和财产工作处负责宗祠财务收入、资金筹措、开支审核、账目报表，负责宗祠财产造册、管理和保存；史料和祭祀工作处负责宗祠史料档案造册及保管、查阅、使用和编纂，以及宗祠内大小祭祀和各类祭仪活动的组织、筹备、实施；维护和基建工作处主管宗祠安全保卫、环境保护，以及宗祠建筑的保护和维修与宗祠其他基建工作；各处下设科长二至三名。显然，这样的分工不仅考虑到了平衡各房之间的关系，而且众位理事分工明确有利于其各司其职、各尽其责，相互分工协作，提高宗族各项事务处理的工作效率。此外，为了最大限度地集思广益，积极发挥热心宗族事务、颇具名望的老理事、老宗亲的智慧和能量，理事会决定成立"顾问团"和"监察团"。顾问团由理事会聘请宗祠内有名望、有能力和曾为宗祠做过贡献的宗亲组成，他们对宗祠工作具有建议权和监督权；监察团由德高望重的老宗亲组成，是对陈氏宗祠工作的监督组织，其成员有权定期对理事会的各项工作进行询问、了解、检查、监察，并能够协助理事会做好各方群众的思想工作。与此同时，宗祠理事会还组建了由一大批热心宗祠工作、有特长、有能力、有时间的宗亲组成"上杭陈氏宗祠志愿者工作团"，以便为宗祠各项具体工作服务。

为了更好地提高宗族事务组织和管理水平，形成优良、高效、稳定的领导体制，陈氏宗祠在理事长领导下进一步制定了详细的领导、监督、分工以及财务管理、财产管理、史料查阅、祭祀庆典活动承办等各项制度。2010年6月6日，上杭陈氏宗祠召开第六届宗亲代表大会第五次会议，会上通过了《上杭陈氏宗祠管理活动规则》《上杭陈氏宗祠理事会议事规则》《上杭陈氏宗祠各项工作处职责规范》《上杭陈氏宗祠财务管理制度》《上杭陈氏宗祠财务管理制度》《上杭陈氏宗祠史料查阅制度》《上杭陈氏宗祠祭祀庆典等活动承办制度》等一系列重要管理规定。从这些文件来看，陈氏宗族不仅对管理模式、领导机制、监督和激励机制等方面做了详尽的规定，并且设定了宗祠理事会议事规则以及各工作处的职责范围和工作内容，而且还对包括财务管理、财产管理、史料查阅以及祭祀庆典活动的承办轮值都做了认真细致的安排和阐述。这样就使得陈氏宗族的各项管理工作皆有章可循，有法可依，各部门、理事等工作人员分工明确、权责分明，管理和决策公开、透明、民主，从而最终形成稳定、高效、廉洁的领导集体和机制，符合和满足现代宗族事务管理的需求。

显然，对于任何组织结构来说，制度建设固然重要，但与此同时，制度只是"死"的条文和规范，它无法自动运转起来，而只有依靠精英分子的领导才能够真正使其发挥作用。因此，理事的选任就显得尤为重要，必须具备一些基本条件：

> 一般来讲，宗祠里面一般都要在60岁以上才能够当理事。为什么这样说呢？中年人四十岁、五十岁，生活担子还很重，要谋生，上有老，下有小，处在一种承上启下的作用。他没有时间，即使有孝心，他也身不由己。60岁以上的人，他就步入晚年，他的生活、家庭都安排清楚了，很多都退休下来，有经济基础，没有后顾之忧。其次，作为宗祠理事，要有一定的文化水平，宗祠是一种文化，如果说一个人他有孝心，但没有受过教育，没有文化，那么他对宗祠的认识也一定是肤浅的，只有懂得宗祠文化是中华文化重要的一支，他干这个位置才能够出色。另外，他还得一定有孝心，在宗祠做事不是为了私心，也不是为了出风头，要有孝心才能够全身心地投入。最后，尤其这个理事长必须头脑要聪明，各种信息都能够掌握，现代社会无论是国内还是国外现在对这个宗祠文化都很关注，所以要掌握各方面的信息，才可以跟上时代的步伐，不跟社会脱节，宗祠的事情才能搞好。①

如上所述，宗祠理事选任必须以年高德劭者为优先，他们不仅拥有

---

① 报道人：陈耀年，70岁，陈宅，2011年8月3日。

需要充足的时间和充沛的精力，而且须具备相应的文化素养以及热忱。自2009年以来，陈氏宗祠先后选举产生第六、七两届理事会，其成员主要以国家机关退休人员和企业家为主。宗祠理事会成员规定由七人组成，左一华房、右一兰房因其人口较多，每房各两名，而左三胍房、右二蕙房及右四义房等每房各一名。这样既考虑到各房之间的实力差异，同时又顾及各房之间的相对平衡。在理事长选任方面，尽管各房之间会展开竞争，但若推举出来的人选能力强、形象佳，能够得到大家的认可，那么房派的影响就会微乎其微。如第六届理事长即来自排行最小的义房，而且该房人口甚至不及兰房的四分之一，但他在此前的宗亲代表大会上的发言得到各房族人认可，尽管原本其意愿不高，但最终还是被众人推举为理事长。

为适应新时期社会经济形势的变化，陈氏宗族选举产生的宗祠理事会成为其主要领导机构。理事会通过成员之间的相互分工协作，对建祠、修谱、祭祀等各项宗族重大事务进行组织和领导。另外，宗族作为血缘性亲属团体，能够发挥组织优势的房长制得以保留，以便在宗族事务管理中更好地动员、联络广大族人。理事会制和房长制构成陈氏宗族现代管理的双轨制，理事会主要面向全族公共事务，而房长负责本房事务及作为宗祠理事会执行单位。不过，相较于传统社会的族长、房长等带有浓烈等级色彩的系统，现今所采用的管理制度更多地体现出科层制工具理性的色彩。

自2009年陈氏宗祠第六届理事会成立以来，理事长陈佑年以退休官员身份执掌宗祠，将政府机关运作方式移植到宗族组织当中，以此来加强对宗族的领导和管理。理事会内设秘书和人事工作处、联络和纠调工作处、财务和财产工作处、史料和祭祀工作处、维护和基建工作处等五个工作机构，各机构下设事务科，而机构及各科负责人分别被冠以"处长、科长"的名号。此外，在宗祠理事会每次召开会议时，均有秘书人员负责记录，会后形成的决议都会以文件的形式下发至各房及工作机构，并对其加以编号整理存档。凡此种种，都充分地体现出陈氏宗族将国家政府机关的运作体系注入宗族管理，并以行政权力话语体系加以有效操持，从而最大限度地动员族内力量参与宗族事务的管理和运作。

当然，这种运作方式也遭到部分族人的非议，如有人议论说："处长、科长是由组织部任命的，你一个宗祠理事会怎么可以随意任命那么多处长、科长。"① 不过，与此同时，我们必须注意的是，尽管陈氏宗族相当完整地移植了政府权力机关的运作机制，但毕竟民间宗族组织与国家行政机关有着本质的区别，正如陈耀年所言：

> 宗祠跟行政单位截然不同，宗祠大家都是宗亲。只不过可能你是三十世，我是三十二世，而且虽然你是他的祖辈公，但他也不一定会听你的啊。大家的意见会很多，我们福安民间有一句话说得好，"宗祠里面无哑巴"，大家都可以发表意见，众说纷纭。而且还有一个就是宗祠它也没有奖励机制、惩罚机制。这里不是摇钱树，也不是聚宝盆，你没有东西拿出来，你怎么奖励得起来。奖励你只能是表彰表彰，给你戴戴红花，一时的冲动，等这个场面过去以后，就没有作用了。惩罚机制，你也执行不了，你惩罚得了什么呢，你又没有组织纪律的约束，只能是批评一下，顶多教训两句。所以说，在宗祠就必须要把孝要突出，要用这种道德来约束，其他东西约束不了的。②

显然，尽管陈氏宗族将政府机关运作体系移植到宗族管理当中，但毕竟民间宗族与国家行政机关存在本质上的区别，它缺乏科层制运行所需的晋升、奖惩等各项配套机制，因而在实施过程中难免会产生些许困难。不过，宗族中的国家权力机构的原工作人员利用自己的政治历练，

---

① 报道人：陈耀年，70岁，2011年8月11日，此段叙述是由他转述其他族人对此的议论，而非其本人的观点。
② 报道人：陈耀年，70岁，陈氏宗祠，2011年8月11日。

在宗族形态再造和文化重构中确实塑造出一套类似于"小政府"体系来运作城中族。

◇ 小　结

本章主要从组织和权力两个维度分析和讨论了陈氏宗族的结构特性。从组织结构上来说，小家庭—房支—宗族是陈氏宗族的基本结构框架。在传统社会，尽管陈氏宗族的家庭结构以核心家庭和主干家庭等小家庭为主，但由于城中族成员在城市中拥有更多的致富机会，因而相较于乡村能够为大家庭的维系提供更为坚实的经济基础。随着现代社会的发展，城中族成员受教育程度较高、自主意识和隐私观念较强，使得有利于私密空间营造和提供更多自主性的核心家庭比例普遍高于乡村宗族。

房支是宗族组织结构的突出体现。在一般性意义上，"房"是指儿子相对于其父亲的身份，不过韩城陈氏是以集资建祠的方式所形成的合同式宗族，"房"是其捐资合股的"祀产"名义上的所有权单位，而支（榍）则是实际出资单位。陈氏宗族由华、延、腴、远左四房和兰、蕙、菁、义右四房所共同组成，尽管左二延房、左四远房和右三菁房至清初即已式微，但由这种房支（榍）格局所奠定的宗族基本结构框架却一直延续不变，从而保证了陈氏宗族结构的稳定性。与此同时，韩城陈氏通过不断地吸纳邑内同姓家户和支派加入宗族固有房支谱系当中，消解着徙居异地从宗族中脱离出去的分化压力，从而确保了宗族组织的完整。正是刚性房支结构与弹性基础单元这种对立统一的结构特性，使得像韩城陈氏这样的城中族兼具稳定性与开放性，从而使其在城市社会中得以延续和发展。

从权力结构上来说，传统时期陈氏宗族的领导阶层是由族房长及士绅精英共同组成的。族长是宗族的行政领袖，"乃一族之纲，整率一族"，是宗族对外交涉时的象征；房长是房族领袖，"以理一房之事"，具体负责处理房族事务。族房长行使职权的基本理据是历次编修族谱时所订立的家范族规。士绅精英不仅主导着宗族谱牒的修纂，而且在城市公共工程建设、县志编修等各种重大地方性事务中也扮演着举足轻重的角色。改革开放以后，传统上以族权为依托的管理体制难以为继，于是陈氏宗族开始重整业已松弛的房支体系，并在一定程度上恢复房长制，以其负责统领房族事务，同时顺应新时期社会经济发展情势的需要，逐步建立起符合现代社会组织管理体制的理事会制度，由此形成了双轨并行的管理体制。而随着2009年曾任地方政府干部的陈佑年开始执掌理事会，不仅将国家政府机关权力运作方式移植到宗族治理中来，而且通过对国家权力话语体系的掌握，有效地动员族内精英分子参与宗族事务的管理。显然，作为居住相对分散的城中族成员，他们对宗族的认同并不像大多数天然地聚合在一起的乡村宗族那般强烈，而唯有通过此种带有科层制色彩的管理机制方能有效地动员广大族裔参与城中族的活动。

第四章

土地、市场与资本：陈氏宗族的经济体系

宗族作为一种社会群体组织，必须拥有一定份额的共有财产，才能维系其内部系统的正常运作。而族产正是宗族组织得以维持和运作的经济支柱，缺乏族产支持的宗族也就没有存在的基础。清人倪元坦曾言："凡宗族离散，皆由不设义田、宗祠之故"①，深刻地揭示出族产之于宗族的重要性。正是经由族产与祠堂、族谱的相互配合，才能够将族人有效地联结和整合在一起，从而形成宗族组织的基本构架。② 然而，英国社会人类学家裴达礼（Hugh Baker）曾指出，由于在城市中人们投资机会增多，因而受到更大的刺激去将自己的财富投入短期利益可见的企业活动中，而趋向宗族之类集合体的动力要弱得多。③ 换言之，城市工商业的发展削弱了人们投资土地的动力，其与宗族组织的生成是相排斥的。那么，究竟此种论点是否成立呢？在本章中，笔者将探讨作为城中

---

① （清）倪元坦：《宗规》，载《读易楼合刻》第1册，道光十四年刻本。
② 陈支平：《近500年来福建的家族社会与文化》，中国人民大学出版社2011年版，第39页。
③ 参见［英］休·D.R.贝克《传统城市里的大家族》，收入［美］施坚雅主编《中华帝国晚期的城市》，叶光庭译，中华书局2001年版，第599—600页。

第四章　土地、市场与资本：陈氏宗族的经济体系

族的韩城陈氏如何构筑起维系其组织延续与发展的经济体系。

◇ 第一节　土地

土地占有与宗族组织之间的关系向来是学界讨论的焦点，许多研究者都认为族田等共有地的设立是决定宗族存续的关键所在。① 宗族共同体要祭祀祖先、建祠修墓、纂修族谱以及赈济抚恤贫困族人，以凝聚和整合宗族成员，就必须设立一定数量的共有产业作为族产来负担各项支出。据史家考证，北宋皇祐二年（1050）范仲淹在苏州长洲、吴县置义田十余顷，设立义庄进行管理，将每年所得租米作为救济助贫之用，使族人丰衣足食"日有食，岁有衣，婚娶凶葬皆有赡"②，从而开启设立义田（族田）之端绪。韩城陈氏作为闽东地方望族，不仅设立宗族共有地的历史相当久远，而且拥有的土地数量十分庞大。陈氏宗谱及各房支谱均包含有"产业"或"烝尝"一项，专事记载宗族及房族产业的详细情形。这些土地产业分属于不同层级的宗族组织，既有合族（祠）之共有田产，又有数房共有田产和房族田，以及为特定支系祖先所专门设立的祭田产业。

一　族田层级与来源

（一）福寿两祠共有田

据族谱资料记载，唐末入闽始祖陈檄追随王潮、王审知父子由光州

---

① 参见［英］莫里斯·弗里德曼《中国东南的宗族组织》，刘晓春译，上海人民出版社2000年版，第61—65页；费孝通《农民与绅士：中国社会结构及其变化》，收入氏著《中国绅士》，惠海鸣译，中国社会科学出版社2006年版，第110—111页；Hilary J. Beattie, *Lard and Lineage in China: A Study of Tung-Cheng County, Anhwei, in the Ming and Ching Dynasties*, Cambridge: Cambrige University Press, 1979。

② （宋）钱公辅：《义田记》，载（宋）范仲淹著，李勇先、王蓉贵校点《范仲淹全集（平装本）》，四川大学出版社2007年版，第1168页。

固始迁徙至古灵（今属长乐）①，传至四世孙陈汉唐娶妻缪氏，迁居建宁府建安县川石龙兹口地方，置立宅舍田地，生子三：洪嚴、洪钰、洪钧。后长子洪嚴留居建安县川石龙兹口，三子洪钧迁居处州府住止，而陈汉唐再携次子洪钰辗转徙居寿宁鳌阳，再娶刘氏生第四子洪轸，"少颖异，年十九登乾德乙丑进士，除授少宗伯侍郎，叨禄二十余年，以父母年老致仕，归养十年，双亲俱卒，朝廷取用钦差过江，与兄洪钰同舟遇风遭险，偕兄祷誓，愿将共置田租三万并鳌阳地基、山场，尽舍三宝道场，祝罢风息浪平，归至鳌阳钟鼓应鸣，遂创立大三峰禅寺"，并抽出烝尝田二十六号共三十二亩，系由洪钰、洪轸二公两榴子孙各得一半，"与子孙春秋祭祀，恐日后子孙有不肖盗卖，未免祠坟抛弃，当三宝座前与僧交誓，将田寄寺收租，历年办买猪羊祭扫坟祠，以为子孙长久之计，其苗米陈家自纳，与寺无干"②，而倘若有三峰寺僧"盗卖盗替者，二榴子孙查实取回照分轮管，亦不许违祖盗卖，甘坐不孝之罪，此系汉唐公贻后之业也"③。尽管祭田所有权属于洪钰、洪轸两榴族人，但土地收租管理权则属于三峰寺，由此形成陈氏族人与寺庙的相互牵制，保证祭产有效地管理和使用，使得祖先春秋祭祀无虞。依照规定，三峰寺须为前去参加春秋祭祖仪式的福安、寿宁两地族人提供住宿便利，并履行准备猪、羊、香烛等祭品之义务。

在佛寺道观为祖先设立祠堂是宋元时期祭祖风俗的一大特色。从寺观立祠祭祖的创建方式来看，大致包括三种类型：一是创建寺庙，设祖先祠堂于其中，为寺观置田以养僧道和供祭祀之用；二是向已有寺观施田，附设祠堂；三是僧道在所属之寺观为自己的先人立祠。④ 三峰寺既是由陈氏族人所创建，其烝尝田产亦是由族人所捐置，用于祭祀和寺庙消费，显然是属于第一种类型。由于宋元时期朝廷尚未完全开放民间立

---

① 《陈氏入闽迁古灵世系》，载《凤岗陈氏右一房族谱》，1941年重修本。
② 《建基类·迁鳌阳》，载《凤岗陈氏右一房族谱》，1941年重修本。
③ 《产业类·寿宁县》，载《凤岗陈氏右一房族谱》，1941年重修本。
④ 冯尔康等：《中国宗族史》，上海人民出版社2008年版，第178—179页。

祠祭祀远祖，而在寺观立祠则使得祭祖传诸久远，起到敬宗收族之效。此部分田产是由洪钰、洪轸二公所提留捐献出来作为祭祀寿宁三峰寺肇基始祖陈汉唐的共有族产，其管理则采用由寺僧代管的方式。

显然，寿宁县祭产是属于洪钰、洪轸两榻子孙所共有的产业，由于二公族裔主要分布在寿宁、福安两县①，尽管两地族人在明代中期相继兴建宗祠祭祀祖先，但均保留了对这些祭产的所有权，韩城陈氏每三年仍会派代表赴三峰寺举行祭祖仪式。而在清代雍正年间当寿宁祖祠坍毁之时，韩城陈氏族人亦曾鼎力捐资助修，可见福安、寿宁两地族人长期保持着紧密的互动联系。

值得注意的是，此种将族田捐入寺庙的方式或与民间自宋元以降盛行的诡寄之风密切关联。诡寄又称"诡名寄产""诡名挟户"，是指原本没有赋役减免特权的业主，通过虚构的契约文书将田产转移到特权阶层以逃避赋役的手段，而这个特权阶层主要包括官吏和僧道。② 宗族将庞大的土地田产以投充、捐献等形式拨寄寺庙，甚或直接建寺以檀越的名义掌控着寺庙，形成所谓"诡寄僧户"以逃避国家赋税的征收。于是，当地方社会动荡不安导致宗族涣散，无法对诡寄田产实行有效管理的情形下，势必就易于因产权收益之争议而出现宗族与寺庙之间的纠纷。如陈、阮二姓的龙岩墓山争端即是属此例：

龙岩墓山谳语

审得龙岩寺之左右有陈阮二姓之坟山在焉，陈山居右，阮山居左，一自唐始，一自宋葬，历今数百年于兹碑文记载邑乘，又不仅两姓家谱昭然也。迨前明先哲构书屋于寺侧，相沿无异。至去年十月阮姓生员邦瑜向寺僧买山葬父，陈姓生员见翼拦阻争斗，以致陈

---

① 寿宁、福安原同属福安县所辖，直到明景泰六年（1455）才拆福安十一都等里置寿宁县。参见万历《福安县志》卷1《舆地志·建置》，厦门大学出版社2009年版，第16页。
② 龚汝富、李光曼：《明清寄产纳税及其契约规制》，《南昌大学学报》1998年第1期。

时可有强葬凶杀之控,经前县审明发看立案,因有山场树木,自唐迄今已逾五六百载。既已舍入招提,仍应归寺等语,陈姓不服,遂致贡监陈绰等佥以蠹贿冒断等事呈请勘讯到案,随经单骑亲履山场,按图踏勘两姓之山,左自左,右自右,判然无他异也。今细查陈姓书屋在寺左,与阮山错综,虽阮有家谱印照,陈有碑文治据,但界址未分,且世久年湮,复有阮氏向僧买山葬父之证,而况四十年之内见翼与令之控争,馆基亦未言善,故前县疑山为寺有,仍归寺之谳,亦就事论事,指一边而言,非概全山而论也。今庭讯间寺右之山见寺僧果泉立有判契与陈绰等轮租贴祭,则山为陈氏之山,明矣。即邦瑜争执,亦不过寺墙界址之少异,并未指全山为阮姓之山也,似应照旧各管,念生既同里,祖复同山,俱为衣冠之族,共敦世好融融浅浅,以期于有永可耳,此立案。

署福宁州福安县事福州府侯官县军粮厅江讳景祚

康熙四十九年四月二十七日发

从以上谳语记载可知,引发争端的这两处土地一为墓山,二为义冢,均是埋葬死者之所。龙岩寺是福安著名古寺,始建于唐咸通十年(869),明代宣德、弘治年间重修。① 阮姓亦是福安邑内望族,"始祖晏,唐咸通元年,官河南节度使判官,由固始入闽,迁宁德漳湾,徙韩阳,复迁察阳、溪东、雁塔、龙岩等处。宋绍兴间,晏裔孙廷少、廷杰迁梨源。明永乐九年,廷少孙友灿再迁枢阳。国朝乾隆三十三年,建祠于枢山之北"②。阮、陈两姓之祖墓坟山位于龙岩寺左右两旁,阮姓自唐代迁居之始即葬于此,而陈姓则自宋代迁葬。明代时期,陈族士绅陈瑜、陈世理等曾在龙岩寺左设立书屋,并分别曾为该寺撰写门联。从寺庙始建年代及阮姓迁居时间来推断,龙岩寺当是由阮姓家族所捐建,并

---

① 光绪《福安县志》卷32《古迹·寺观》,第593页。
② 光绪《福安县志》卷终《氏族》,第751页。

将其所属山场土地舍入寺院，以致迁葬时须向寺僧付钱购买。而由于山场界限并不十分明晰，当阮邦瑜向寺庙买山葬父时，陈姓认为该处山地系属本族所有，因而阻拦不允并发生争讼，尽管经由福安县衙判决，以该山既已舍入寺庙，即应归寺僧处置，但陈姓不服遂由族中士绅陈绰等呈请勘讯到案，因而再次由时任知县江景祚"单骑亲赴山场，按图踏勘两姓之山"，查明事实，依据谱牒、碑文、契约等证据将山界勘定，平息两姓之争以共敦世好。事实上，这则争端透露出福安民间宗族与寺庙之间错综复杂的关系，一方面包括佛、道宗教在内的民间信仰为祖先崇拜提供了意识形态的根基，进而促进了地方宗族的凝聚和发展；另一方面由于大量田土被地方信徒和宗族捐入寺庙，这不仅使得寺庙出现与民争地夺利之情形，甚至也时常引起寺庙与宗族之间的地权纠纷。

（二）祠田

韩城陈氏自明代嘉靖年间集资合股修建宗祠祭祀始祖陈孺后，便开始大力筹集资金扩置祠产和族田，据左三胦房谱云："大众产业凡山场田园土地楼店等项上租流传，暨后来增捐及随时续置者，历年久远，毋论典卖已断未断俱照现在收租管业，登载谱末以传世稽查。"根据族谱资料记载统计，陈祠在城内有地七号，分别为祠前门头墙外西边旷地、宾贤旧祠堂基、凤山和龙山各一号，北门榕树下三号；田号共有三十九处，合载租二百九十三秤大；园地共有十五号，合载租十六斗叁升。[①]由此可见，韩城陈氏祠产土地相当丰盈，并且广泛散布于邑内各都。这些土地既包括种植水稻等粮食作物的水田，又有垦殖林木的山地和种植棉麻等经济作物的园地。韩城陈氏族产积累的主要方式有：一是派捐，即主要按人丁摊派银钱，然后由宗祠将这些钱积累起来统一管理，遇有合适的田产则进行购置作为族产。康熙二十四年（1685）所修宗谱《家范》规定："始祖诞辰，凡派下子孙无论远近俱要照例入银，以为

[①]《凤岗陈氏左三房支谱·烝尝产业》，1946年重修本。

庆诞之用，倘不与□□议公罚。"① 例如，明嘉靖年间，韩城陈氏八房裔孙曾共同捐资，在城内宾贤境购置地基准备修建祠堂，后因地处别境祀事不便而放弃，而将此地基兑与右四义房陈从淇架屋，换得其田六号共租叁拾秤大。二是义捐，即由族中殷实富庶之家向宗祠捐献。如乾隆十八年（1753）右二蕙房陈子淳将北门榕树下地基捐送祖祠，每年获酬胙肉拾斤；右一兰房陈权先后捐富春溪、七星墩园地，右二蕙房孔飏捐富春溪头园地为香灯之用等。祭祀是宗族整合在始祖之下的关键，而祭祀必有祭产作为基础，因此对于像韩城陈氏这种"都邑巨族"能够维持一个完整的宗族形态，即在于持续不断地有缙绅殷实之家向宗祠捐献烝尝田产，而其中最为重要的方式即在晋主入祠受祭祔食时须向宗祠义捐一定数量的田产。在祖先入祀宗祠的资格认定上，并非所有祖先的神主都可以平等地进入宗祠供后世祭祀，而只有那些有功有爵者才能晋主祔食，而且须向宗祠捐献一定数量的田产作为祭祀之需。清雍正九年（1731）的《增订家范》中说："合食之典祖有功而宗有德固也，兹有爵者既已崇祀，则齿德兼优如乡宾岂可阙诸？其崇祀宜也，但进主必须告主，礼不可简。虽有羊豕酒席之需，如子孙有力量者听其专进，无力量者听其共进，庶于礼得宜而贫富均得与焉。"② 与此同时，陈氏宗族在《进主例》中对入祠祔食做出严格规定：

  窃惟祖惠先德暨致祭之特隆，进主祔祠尤从祀之綦重。吾族前规唯忠孝节义科甲正途各仕宦暨耆英诰赠得以祔主，续复增入例贡监生，其余概不准进。究之为人子孙欲送祖考入祠，原为孝心，而必以冠带拘之亦属过严，第子孙之于祖父谁不欲为誉扬，然一概混行崇祀，匪特滥冒名器，且实诬其祖父，罪同不孝。则此宗金议反非慎重雅意，缘此斟酌尽善，莫若身家清白，年高有德者方准祔

---

① 《国朝康熙乙丑年增订家范》，载《凤岗陈氏左一房支谱》，道光十八年重修本。
② 《雍正己酉年增订家范》，载《凤岗陈氏左一房支谱》，道光十八年重修本。

主，以杜滥冒而广祀仪焉。

一、忠孝节义已经崇祀炳载志书，并科甲仕宦暨恩、优、副、拔、岁各贡，以及实在有功祖祠者进主，悉依旧例免捐牌位烝尝。

一、例贡生监、职员暨上寿处士应进者悉依旧例。

柬请八房阜老按照上、中、下户酌捐位金。①

因此，族中一些富庶殷实、饶有家资者常向宗祠捐置田产，以便将自己的祖父送入宗祠享祀，如前引"烝尝"条目中就曾明确记载各房裔孙于雍正、乾隆年间数次晋主捐田。三是罚银或田产充公，即当族人违犯宗族规约时，族房长有权代表宗祠对其进行相应处罚，受罚族人常须向宗祠缴纳银两公用，而其中部分可能会被用于购置田产。此外，当宗族内部成员之间发生土地财产争端，互不相让，而将其诉诸宗祠长老处置，在难以做出令双方都满意的裁决时，本着体念"敦亲睦族"之精神而把争议土地充公归宗祠所有，由宗祠统一管理收益，亦不失为一种权宜之计，如述过溪龟沁坂园地即因左一房、右二房两派裔孙"息争让归祖祠"。

（三）房族田

房族田既包括有数房共有田产，又有各房族自有田产。陈氏宗族数房共有田产主要是以左四房和右四房为单位进行占有，其租金收入分别由左房、右房首事承办房祖诞辰祭祀公收公用。如前所述，韩城陈氏是一个由八房裔孙合资建祠所形成的合同式宗族，房族在其宗族内部结构中地位突出，许多重要的事务都须在房族内部进行处理。与此相对应的是，陈氏宗族除了拥有庞大丰厚的族田、祠产外，各房族也都先后累积了数目可观的田产、山林等土地资源。清代中期，随着社会经济恢复发展，韩城陈氏宗族进入了一个支系派分、人口增长突飞猛进的时期，宗族组织内部各房族的独立性日渐凸显，而其中尤以房族烝尝的设置为主

---

① 《进主例》，载《凤岗陈氏右二房支谱》，1946年重修本。

要标志。右四义房谱牒中收录有许多较为完整的捐献祭田的契约文书，兹将其移录如下：

捐烝尝志

祀典之设首重烝尝，故扬霜露于春秋礼，必内尽志而外尽物，徂古为昭也。房祖义公分虽小宗，位参崇祀，而烝尝未备。鼐鼎莫权，固不足以言尽物，更何由以明尽志乎。伏思无田不祭，千禩同哀，且念房内族姓颇善治生，子孙流于钱房，而宗公等于莫敢承先，有愧。即式后多惭而欲奕年之无替引也。吾知其难，余家非素封，爱为郭隗之马骨，特捐四都财洪田号校枋磜受种贰，年载租伍秤大，永为本房烝尝，而相观而起者，遂积土成邱焉。此亦足以见仁孝之心尽人皆具，有所倡则必和，无不油然而兴也。继自今春露秋霜，庶几内有以尽志者，外亦得以尽物，祀事之典，百世为昭矣。除诸孙所捐田产银两附谱缮登外，用为叙具前捐助烝尝之类，未如此后之人遵而循之，更扩而大之，而无至失坠焉。是余所厚望已，谨将捐田契文录后。

乾隆三十三年岁次戊子七月吉旦二十七世孙良瑞、良玻仝志

契文

立捐烝尝田契，本房派下孙良瑞、良玻有苗田壹号，坐落四都财洪地方，土名校枋磜受种贰，年载租伍秤大，值时价银壹拾叁两伍钱。今自戊子冬捐入本房，永为义公烝尝祀典粮，在二图三甲陈家盛干内，凭收割过遏户完纳，勿悬家盛户内，恐致赔累。日后子孙不得异言，恐口难凭，立契载谱存照。

乾隆三十三年七月 本房孙良瑞、良玻同立

捐烝尝志

礼曰：祭者，所以追养继孝。诗曰：白牡骍刚，毛炰胾羹。是家庙莫于祭，而祭莫贵于备物也。今观我本房秋间致享笾豆虽具，牺牲未成，殊非敬祖之至意，此皆由烝尝不敷，以致祭之薄也。兹

孙良红谨将阄下苗田壹号,坐落九都坦洋地方,土名林家山池头坪,载租壹拾伍秤大,值时价银肆拾两天,捐入祖庙,永为本房烝尝之需,其苗粮在四图一甲陈轩干任,凭本房过割输纳,但红力薄不能多举,凡厥本派有志乐捐者,多多益善,俾烝尝有助品物自丰庶,春秋享祀,俎豆辉煌,足见敬祖之至意也。云尔。

乾隆二十九年岁次甲申桂月二十七世孙良红敬捐志

捐烝尝志

凡祭所以敬祖,而敬祖必贵于尽物。余本房之祭缺于祀典也久矣。礼记曰:苟可荐者,莫不咸在,示尽物也。祀典之资既缺,势必不能尽物,非所以伸敬也。父良纠每于本房秋期与祭兴焉,惕之退常与凤胜等谋必欲捐金,以勷其事,未几岁贲志以殁。呜呼!为人子不能别有孝亲,而于亲有夙志,尚不能继是,则罪之大矣。兹凤胜等遵父命,捐银贰拾两以为烝尝,所捐虽少,亦可为牺牲,粢盛之一助,并以见吾父当年敬祖之至意也。云尔。

乾隆戊子岁中元吉旦 二十八世孙梦弼、凤腾、从泌仝志①

韩城陈氏规定始祖诞辰"春而合祭,秋而分祀",即春祭定于每年二月二十五日由八房子孙共同参加,秋祭时间在中元节前后,由各房族长率本房裔孙举行。祭祀必须准备羊豕香烛等供品及为参加祭祀的男丁颁发胙肉,因而就需要祭田的租金收入来作为各项支出。尽管此前义房族人曾先后数次议捐烝尝,但因当时物力维艰,而几经延宕未果,直到乾隆三十三年(1768)借重修谱牒之机,发动族人踊跃为房祖义公厚积烝尝,并施行"议十金者,直年秋祭酬胙五斤,照金分胙,世受遗泽,子子孙孙勿替引之"的激励机制,共获捐田产两号合租十秤,计价银柒拾叁两五钱,另获捐银计壹百壹拾玖两五钱,以后陆续被用于购置田产。房族田产递年均由各房董事"收租积贮存为公用",主要用于

---

① 《捐烝尝志》,载《右四义房宗谱》,1923年重修本。

每年秋祭及房内各项事务支出。

(四) 家族祭田

作为一个族人广泛分布于邑内城乡里社且内部存在许多不同阶层分化的城中族，其成员既包括拥有丰厚家财的城居地主、商人及士绅，又有生活贫困的城市下层劳动者、自耕农以及依靠租佃私人地主和集体地主（包括宗族和寺庙）土地为生的佃农等小农生产者。在汉人的观念当中，人死后总共有三个去处，即墓地、家中的神龛以及宗族的祠堂，死者的尸体埋葬在墓地，而他们的灵魂则留在家庭神龛上和宗族祠堂中。尽管这些死者的灵魂到了另一世界，但其在阴间生活之所需全赖子孙们供奉，一个没有人祭拜的灵魂就会变成流离失所，漂泊不定的孤魂野鬼。① 因此，为人子女者势必就应当在父母健在时克尽孝道，朝夕奉养，而当父母亡故后则应郑重为其举行丧礼妥葬，并立神主虔诚奉祀，依照岁时节令、诞辰忌日礼拜致祭。因此，一些家境富裕的族人时常从家庭财产中提留出部分作为自己年老时的赡养费用，待死后这些田产自动转换为家族祭田，用于死后坟墓修葺、祭扫之需。又或由子孙后代发达者为祖、父辈捐置墓田，用于特定祖先的墓祭时祭品、分胙、饮宴等各项费用支出，如右二蕙房义八、恭一、恭三诸公派下裔孙先后为其坟墓捐置祭田，并于乾隆年间立约照榴轮流，严格规定"先办祭后收租，毋得颠倒越乱，违者永不与祭"②。

二 族田的管理与使用

诚如所述，韩城陈氏的土地田产相当丰盈，并且广布在邑内城乡各地，这些土地田产归属于不同层级的宗族组织团体，因而根据不同的土地所有权层级，形成了与之相适应的管理和使用方式。寿宁三峰寺的祭

---

① 陈中民：《晋江厝的祖先崇拜与氏族组织》，《中央研究院民族学研究所集刊》1969年第23期。

② 《本房烝尝产业》，载《凤岗陈氏右第二房支谱》，1946年重修本。

第四章 土地、市场与资本：陈氏宗族的经济体系

田因地处邻县且分属于寿宁、福安两县为汉唐公后裔所共同占有，在经济和交通等各方面发展水平均较为落后的传统时期，显然很难由族人直接对其进行有效管理，因而自始即将所有权和管理权（收租权）进行分离，由耕作这些土地的佃农直接向三峰寺僧缴纳租粮，而寺庙则须为陈氏族人每年举行的祭祖仪式提供猪、羊、香烛等祭品，并为前往参加祭祀活动的族人代表提供食宿便利。这样的安排既有效地防止后世"子孙有不肖盗卖，未免祠坟抛废"，又能够遏止"寺僧盗替"情形之发生，从而使得陈氏族人和三峰寺僧形成一种相互监督和牵制的关系，进而保证祖先坟祠"万代祭扫不缺"①。

由于陈氏族人的居住格局呈大杂居，小聚居的状况，而其祠产土地主要由各房族人陆续捐置，因而这些土地的分布极为分散，这样显然就给宗祠的土地财产管理带来一定程度上的困难。为了有效加强对通族共有田产的管理，韩城陈氏采用董事经理制度，积极从各房选任谨小慎微者充任分班经理即"管年"，具体负责轮流管理族田的登记、租粮催收、巡视和督察等各项事务。据左一华房裔孙修谱先生陈松龄陈述：

> 我们这个祠堂产业很多，像以前早期晋主进来，不是像现在这样，最起码你要拿多少地交给祠堂，然后作为祭祖费用。以前我们这边不是有颁胙，就是说每逢祭祀，有晋龙牌的就有肉拿回去。祠堂的产业像店铺、山林、祭田每年都要收租，而且以前我们在乡下各个乡村还建有不少的粮仓，收租就近保存收藏，不可能每一担都挑到祠堂里面来，土话叫做"仓头"。以前很少用钱来计算的，大部分都是以粮食计算，就是你佃农把租粮送交到仓头，祠堂里都有专门人员进行管理，每年都要派董事管年巡视，每年都要巡回好几遍，要核对土地面积，有无毁损。有人要买，有人要卖，特别是湾坞那个地方，买了几十号上百号的田，都经过丈量，什么字号什么

---

① 《建基类·迁鳌阳》，载《凤岗陈氏右一房族谱》，1941年重修本。

字号的，反正仓头很多，就我们祖宗买了很多田地。并且这些有仓头的地方，相当一部分都有我们祠堂的族人居住，这样就比较好管理，如果没有姓陈的，好像建仓头的就比较少，因为过去交通、联系都不像现在这么方便，只有宗亲在那边才好巡视、收租，这些管年去管理的时候也有落脚的地方。当然，这些都是解放以前的事情，土地改革以后就没有收租了。但是仓头我老家那边就还有一个，砌的是砖墙，而且防火，建筑得挺牢固的，闹革命的时候红军还在里面开会，到解放以后有个牌子，什么会议旧址。我念小学的时候都有看过，后来给他们拆掉。①

为了加强对这些数量庞大、布局分散的族田之管理，韩城陈氏制定了相当严格的管理机制，并在族田集中分布的乡村设立"仓头"就地收租纳粮。显然，"仓头"的设立不仅减轻了租粮长途运输的沉重负担，而且有利于城中族视粮价浮动而进行有效调度，从而使其经济收益最大化。族田主要依靠宗族派遣专人进行管理，每年例行性的巡视和督察既要保证租粮及时收缴，同时也要防止土地流失侵蚀着城中族的经济支柱。然而，由于历史上地方社会的动荡不定，以及许多土地处于溪流、江河沿岸，时常遭受台风、洪水的侵毁，如溪口桥林四使宫前坞石下园地"近溪流无定，今稍有被水崩堆者，仍酌减租钱，日后堆复照旧加纳"②，以致族谱中所记载的"失管"土地数量甚巨。此外，由于这些族田属于宗族的公共财产，大抵均由城居地主、士绅精英等上层分子所把持，徇私舞弊甚或侵吞变卖导致田产遗失的情形时有发生，如右四义房陈从淇兑宾贤旧祠基田，其中有一号田坐落"二三都石门院牛池租拾秤大（邱汉东佃）"，即于道光十五年（1835）间为"管年背地

---

① 报道人：陈松龄，52 岁，2013 年 3 月 28 日，陈氏宗祠左一华房办公室。
② 《凤岗陈氏左三房支谱·烝尝产业》，1946 年重修本。

还赎"①。

　　根据谱牒资料记载，陈氏宗族祠田的经营方式，既有租佃给外姓人耕种的，也有由本族人租佃耕种的。对于许多乡村宗族而言，几乎绝大部分族人都从事农业生产，而可供耕种的土地相对较为有限，因而从宗族提倡"敬宗收族"的理念角度来说，族田应优先由本族人租种，但是像韩城陈氏这样的大宗族来说，由于宗族所置的族田通常地处遥远且分散，往往与族人居住地距离甚远，因而很难真正完全由本姓族人来租种。与此同时，从族田管理的角度而言，宗族却并不提倡由本族人来进行租佃，因为这样更易于滋生弊端，造成"久佃成业主"，或是管年与佃农私相授受，导致族田流失，所以更愿意以招佃取租的形式租佃给外姓人耕种。

　　房族田是由各房独立进行管理，其收益分配通常亦仅限于本房族裔。各房一般都会在房长领导下选出"廉明公正"的族人充任专门的管理人员，具体负责这些田产坐落位置、名称、面积、租额、租佃契约和收益分配等信息的登记，遴选承佃人以及收租等各项事务。承佃田号耕种者须依据土地面积、等级向祠堂缴纳租额，既可直接将租米"送祠交纳"，但对于地处偏远的远乡异地亦可"照冬季时价折钱加纳"②。

　　此外，房族内一些殷实富庶之家常提留或捐置部分烝尝田产，用作特定祖先的祭祀费用，诸如操办祭墓酒席等。由于这些田产设立的方式，或由祭祀祖先本身所提留下来，或由其子孙集资而设置，因而其经济利益的分享通常都会局限于该祖先的直系后裔或集资者本身及其后代子孙，而轻易不容局外人所染指。韩城陈氏右二蕙房谱牒中收录了一些较为详细的祭产分配管理的原始资料，兹将其移录如下：

---

　　① 《凤岗陈氏左三房支谱·烝尝产业》，1946年重修本。
　　② 《凤岗陈氏左三房支谱·烝尝产业》，1946年重修本。

乾隆廿一年江苏抚宪庄，奏定祀典义田以厚风俗，五月廿日奉朱批该部议奏，六月初一日覆奏，本日奉旨依议通行各省地方官出示晓谕，嗣后有力之家听将祭田自行勒石报官存案，即田数无几，亦必宗族自立义，单公据以为有犯定断之凭，时经房长铨七公、信五公等会众将本房所有祭产立义约，详开地号、亩数并园山等项仍写四册，定于廿三年从首阁首事起，先捐资钱办明春秋祭典，然后收租。各阁历年首事俱照此例以杜规避侵匿，法诚善也。今将祭产详开于前并将阁内历年值祭首事名次开具于后，以志遵守云

第一阁端晃、其源；第二阁良谟、其标；第三阁应雷、绍照；第四阁端最、良辅；

第五阁绍载、绍范；第六阁端矗、绍舜；第七阁韶、绍祚；第八阁其笏、良进

第九阁绍珖、绍瑀；第十阁其侗、绍碧；第十一阁良诗、其玖；第十二阁绍俨、良知

第十三阁复旦、绍夔；第十四阁绍文、绍周；第十五阁其咨、良敏；第十六阁其范、绍茂

第十七阁绍仪、绍□；第十八阁端昱、盈；第十九阁端曼、良福；第廿阁从盛、良聪

以上各阁前谱或书字或书号或书行列，世代久远，子孙查阁难于披阅，今易而书名，目击总图某年某阁了如指掌矣。

义八公墓田

长汀地方

一、田龟后

一、田坂尾官（以上二号今加租米拾捌斗，苏献官佃）

一、田龙潭卜柄桥（今加租米叁拾斗，朱广郎佃）

一、田赤岭土名乌坑租柒秤大（连裕珍佃）

一、田土名堂前（今加租米拾贰斗，施士俊佃，今春乐、建

第四章　土地、市场与资本：陈氏宗族的经济体系

福种）

一、田洋头过溪土名栖云岭尾租捌秤大（郭周弟佃）

一、田石门土名岐后租叁秤大（连柏太佃）

以上柒号祭田乃义恭一公派孙捐置，与温六公、恭七公派下无涉

恭一公墓田

县洋地方

一、田秦溪馆钱五斗

一、田沙垅九斗（以上二号今加租拾叁担，阮阿明佃）

两坟祭田已于乾隆庚寅年立约照三大榻轮流，今依照旧约次序轮流，先办祭后收租，毋得颠倒越乱，违者永不与祭。

第一榻汝锡公派	麓梧、学价、端葵、其籍、树宝等	己卯、丁酉、乙卯
	端察、其藩、光宾等	丁卯、乙酉、癸卯辛酉
	端秦、其简、其弟、从麟、汉寿	癸酉、己酉、辛卯
	帛梧、学存、端苟、其斯、言佺等	庚午、壬午、甲午、丙午、戊午
	端萼、其勤、其贺、从元、从信	丙子、庚子、甲子、戊子、壬子
第二榻汝錤公派	榜梧、学载、端芝、韶、从辉等	戊辰、甲戌、庚辰、丙戌、壬辰
		戊戌、甲辰、庚戌、丙辰、壬戌
	羽梧、学言、端驹、其生、隆麟等	辛未、丁丑、癸未、己丑、乙未
		辛丑、丁未、癸丑、己未、乙丑

第三榴汝鈷公派	巢梧、学祚、端曜、其偁	壬申、辛巳、庚寅、己亥、戊申、丁巳
	泾梧、学祔、端最、其鑑、良傅等	乙亥、甲申、癸巳、壬寅、辛亥、庚申
	陆梧、学祇、重升、其㪱、长垣等	戊寅、癸亥
	端晃、其吕、从治	乙巳
	学祐、复旦、可、似机等	己巳
	端昱、吟、益贵等	丁亥
	端矗、咸、新元等	丙申
	端昙、周、从集等	甲寅
	应雷、骥、从晋等	丙寅
	以上五房俱合祭	

自同治丁卯年起轮流六十年周而复元

恭三公墓田

一、田下逢本墓前左边，租□□秤大（年纳租米壹拾五斗，内取壹斗五升与佃人为扫坟工，本房彦超佃）

一、田后溪土名宅子碑前，墓前三号共租陆秤大（年纳租米壹拾五斗，原佃林乾玉，今周观序）

一、田金斗量土名后门垅壹石（与黄锐卿共管，各该五斗，原佃雷钦廷子建淮，今雷建文）

一、田官埔土名月傍池并园兜丘租拾贰秤大（宗明月佃）

一、园大北门外富春坂新菴前壹斗（本房学书佃）

一、续置田江洋土名大后门并坝墘租拾贰秤贰贯（年纳租米二十六斗二升五甲又纳本米五斗）

一、新置田秦溪土名山尾岗实租玖秤大

一、续置园大北门外土名墓墩贰斗（本房学书佃）

以上买断田园登谱外，更有新置活业尚未登载，或存积或轮收

随时定议，至于旧规先办祭后收租，派下务宜恪遵。今之阄名次序仍照旧阄寻源觅流，以现在派裔撮要开录于后

第一阄 其高公派（承麟等）、嘉谟公派（言淮等）

第二阄 瑚公派（开沂等）、其玖公派（为宝等）

第三阄 珂公派（承余、承光等）、其薛公派（明端等）

第四阄 其表公派（尚贵等）、其柱公派（元成等）

第五阄 其金公派（应肇等）、其谋公派（明瑶等）

第六阄 其应公派（承珍、承槐等）、其衷公派（刻未继）

第七阄 其介公派（鸿康等）、其标公派（金范等）[①]

从上引契文可以发现，这些祭田都是由某位祖先的直系后裔所共同捐置的，是以其收租和经济权益的分享也只能由捐置者及其后代子孙所继承，如义八公柒号祭田因系"恭一公派孙捐置，与温六公、恭七公派下无涉"，并与恭一公墓田同于乾隆庚寅年（1770）立约照由汝锡、汝錤、汝鈷等三大榍轮流，后依照旧约次序轮流，规定"先办祭后收租，毋得颠倒越乱，违者永不与祭"，自同治丁卯年起轮流六十年周而复始，每榍分别轮值二十年，而各榍内亦由其人丁繁衍情况进行分配。同样，恭三公墓田亦由其派下裔孙依据阄名次序分七阄轮流，先于头年操办墓祭事宜，然后收租抵补祭祀费用，余额自得，差额自补。

值得注意的是，在许多乡村宗族中，这种类型的族田通常采用"直（值）祀轮耕"的方式，即当祖先死后，其烝尝田由几个儿子按照年度轮值耕祭，轮值者承担当年祭祀费用。换言之，乡村宗族的祭田基本是采用值祀自耕的方式由其派下裔孙轮流耕作。与此不同的是，陈氏宗族由于其宗祠地处城市中心，而族裔遍布城乡，既有从事田园耕作的农夫，又有制作和贩售小商品的手工业者、零售商以及地主、士绅和富

[①] 《本房烝尝产业》，载《凤岗陈氏右二房支谱》，1946年重修本。

商等食利阶层。这种多元化的生业格局及族田分布区域的分散性，显然很难由族人进行轮流自耕，因而尽管同样也是照阄轮流，但是大抵均是采用值祀轮租，即先操办和承担当年春秋祭祀费用，然后通过收取田租的方式来抵消祭祀项目支出，自负盈亏。这些田地既有租佃给外姓人耕种的，亦有少部分是由本姓族人所承佃的，究竟如何选择端赖田地分布和族人居住情况而定。

族田是族产收入的主要来源，其用途相当广泛，举凡属于宗族公共事业的支出，如修建宗祠、祖先墓地及家族宫庙，纂修谱牒，操办迎神赛会和演戏娱神，兴办各种公益事业，甚至与异姓外族的人情往来、纠纷械斗、司法诉讼等，大都可从族田收入中提取动用。不过就其主要功用来看，族田主要可以分为两大类：一是祭田，又名烝尝田，从细目上又可分为祠田、墓田、庙田，即分别用于祠堂、祖先坟墓和家族宫庙祭祀的专属田产。韩城陈氏对祭田的使用规定得十分细致详尽，如"一田后垅……年加糯米拾肆斗，庆始祖寿诞为寿桃用"，"一田后洋里……庙祝自种为香灯用"，"一田新城鼓钟垅……年加租米贰拾伍斗，内给予看祠人拾叁斗"，"一园富春溪头壹斗，系右二房孔飔捐为香灯用，粮差飔自纳"①，"二十二世庠生添梧公与晓梧公兄弟慷慨好施，明季兵燹，徭役繁重，公毅然为族肩任，其孙端鑑舍地建后垅宫，助银四十两，捐香灯田五亩，裔孙绍颐、绍统、圣谟等捐大北门内榕树下地，与祠架屋，以卫风水，族众议之，年酬祭胙拾斤"②。二是赡族田，包括义田、学田和公役田等，即在宗族内进行部分经济资源的再分配，支助贫困族人渡过生活难关，填补贫富分化造成的巨大鸿沟，从而促进宗族团体的凝聚与巩固，真正起到敬宗收族的作用。嗣续是宗族核心精神传承的重要体现，所谓"继后乃以承先，关宗祧衍支流所系甚钜，如未育有子，宜取其应立者立

---

① 《凤岗陈氏左三房支谱·烝尝产业》，1946年重修本。
② 《凤岗陈氏右二房支谱·行迹》，1946年重修本。

之，或择贤，或亲派接绍宗支，毋得紊序，致肇事端，逢者告祖严斥，其抱养螟蛉，概不书入"①，因而当某房延续出现中断危机时，须在族内择人承继，而为了鼓励族人前去继承，宗祠常为继承人提供财产方面的支助和奖励，如清代中叶右三蓍房由于特殊的社会历史原因曾一度乏人继承，当时宗祠族长秉持孝悌仁义的儒家伦理，决议以右一兰房三十一世裔孙朝禹公长子陈得清出绍蓍房三十一世中礼公为嗣，并将施桐七斗、百八林两地田产分别收租十六秤大、陆百斤"当祠议交与右三房裔孙得清为嗣产"②。

尽管族谱、宗祠和族产等均是维持宗族团体的重要机制，但这些并非绝对必需的要素，而无论宗族组织构成特性具有多大的歧异性，祭祀祖先无疑都是宗族团体的主要功能，也是凝聚宗族成员亲密情感的核心要素，甚至可以说共同的祭祀行为是维系任何宗族团体继续存在的必要条件。③因此，祭祖的费用是宗族开支最重要的部分也就不足为奇。每逢举行重大祭祖仪式时，陈氏宗族都须敬备牲醴祭品，如定议"春秋两祭始祖中案豕一、羊一，左用豕一，右用豕一，其余品味随时岁率为常"④。祭毕，宗祠还须为主持负责祭典的仪礼人员颁发一份祭祀用的胙肉，即通常所称"颁胙"，如规定春秋两祭"主祭猪蹄一、羊蹄一；分献各胙二斤；读祝通赞引赞各胙二斤"⑤。除此之外，陈氏宗族各房对取得各种功名的缙绅以及年高德劭的耆老等俱有分胙：

---

① 《右四义房宗谱·家范》，1922年重修本。又如《凤岗陈氏右一房族谱·家训》（1941年重修本）云："凡为人后者，所以承先绪而衍后昆，所关甚巨。故凡抱养民姓子，概不准书入谱内接顶宗枝，致有异姓乱宗之患，如未生有子，当求应立者立之，否则或择贤择爱，只可于本族内听嗣父母主意以承本支，有不遵者告祖重责外，仍将抱子严行斥逐，不许容隐。"

② 《凤岗陈氏右一房族谱·产业类》，1941年重修本。

③ 庄英章：《家族与婚姻——台湾北部两个闽客村落之研究》，"中央研究院"民族学研究所1994年版，第124页。

④ 《凤岗陈氏右一房族谱·祭品》，1941年重修本。

⑤ 《凤岗陈氏右一房族谱·分胙》，1941年重修本。

一、本房春秋两祭，凡有绅耆均颁胙肉，自是祖惠奖励，第受胙者当掂实报领，毋得虚加年寿，冒称功名，固执蒙混，祭首分颁各胙每斤亦当遵照二百公掬称给，违者均以慢欺论。

一、旧谱未载科甲五贡各赆仪及颁绅耆董事胙肉斤数，查同治丁卯重修谱虽新拟有给仪条例，究未甚妥，兹特再略为增改益添，拟送捐纳正印职官引见赴任两赆仪连同给胙斤数，分别详载，以免事多竞寡，补列春秋两祭颁给绅耆董事各胙斤数。

一、贡监生员按名给胙一斤

一、捐纳职员按名给胙一斤

一、考充恩岁贡每加给胙一斤

一、选取拔贡每加给胙二斤

一、考取优贡每加给胙二斤

一、取中副贡第加给胙二斤

一、登贤书每加给胙四斤

一、春闱报捷加给胙拐斤

一、鼎甲加给胙二斤

一、捐并职小官员均应赴任日始各加给胙一斤

一、捐正印官奉饬履任知府给胙六斤，州县给胙四斤，未履任时免

一、族房长各给胙四斤，管年数亦如之

一、提调各给胙三斤

一、毋论有无绅衿，寿登六十者各给胙壹斤，七十八各加壹斤，九十给胙四斤，百岁者倍之①

颁胙作为宗族精神祭祀和经济分配的有机结合，通常被认为是共

---

① 《凤岗陈氏右一兰房族谱·凡例》，1941年重修本。

祖、平等和一定程度的经济共有的象征。①但是，从以上所列举的陈氏宗族享受"分胙"的人员构成来看，主要体现出其尊崇儒家道德伦理的两个基本原则即"尊贤"与"敬老"，几可谓除了依照年齿满耳顺之年者能享受胙肉，其余人等均系获得科甲功名或是对宗祠具有特殊贡献者，而普通族人并未能够享受这种特殊的经济分配，因而也很难说这充分地体现出平等共利的原则。

在传统时期，耕读传家是中国人理想的家庭生活模式，因而几乎所有宗族都会积极鼓励族中子弟读书仕进，参加科考赢取功名以光宗耀祖，扩大宗族荣誉和声望。然而，无论是前去府城、省城、京城应举赶考，还是在取得功名后远赴外省州县任职，都需要一定的经济保障来作为基础，是以许多宗族都会专门设置学田或从田产公中收入中提取银钱作为奖励和资助科考仕进之用，如右二蕙房就明确规定：

见在武场大小试奉皆裁撤，其武生见存者仍照旧规，春秋两祭各给胙壹斤，递冬按名给油灯租谷叁百斤大，此次增改条例武者应毋庸议

一、新进生员各于游庠日敬备香烛谒祖，赠彩红仪七兑银贰员

一、生监与五贡往省试秋闱各赠赆仪七兑银肆员

一、登贤书者及考取恩优副拔岁贡各于新喜日敬备牲醴谒祖，举人每名赠书仪七兑银壹百员，优副拔贡各赠书仪七兑银伍拾员，恩岁贡各赠书仪七兑银贰拾员

一、举人拔贡上京应试并优副贡生上京考试各赠赆仪七兑银伍拾员

一、进士鼎甲各于衣锦回乡日敬备牲醴谒祖，进士赠书仪七兑银贰百员，鼎甲加赠壹百员

---

① 陈支平：《近五百年来福建的家族社会与文化》，中国人民大学出版社2010年版，第50页；郭志超、林瑶棋主编：《闽南宗族社会》，福建人民出版社2008年版，第88页。

一、科甲及百年人瑞竖旌建坊日，赠綵红仪七兑银叁拾员

一、学官不论教谕、训导实缺赴任，送赆仪七兑银贰拾员，初次署理送赆仪七兑银壹拾员，若下次与代理者免

一、捐纳正印职官如府州县晋京引见州县送赆仪七兑银伍拾员，知府送赆仪七兑银柒拾员，实缺赴任送赆仪七兑银叁拾员，初次署理履任送赆仪七兑银贰拾员，若下次免。至捐虚衔及佐杂各职并无引见者概免①

依照宗族所订立的章程规定，获取不同等级功名的陈氏族人可以得到数目不等的赆仪，赴任官员依据官品高低也可取得相应的赆仪，这些银钱均统一由宗祠存贮"公银支给"②。而随着清末民初新式学校的设立与现代官僚体制的颁行，韩城陈氏对族中子弟求学、任职的资助和奖励亦做出相应的调整：

一、育贤租命意鼓励子孙志向科名，以光宗族而设。溯自学制颁行之后，争收此租人多分少，此次当祠会议改良办法，将育贤租更名奖学租，如子弟由高中肄业者例给奖学租叁担至毕业止，如中途辍学者免给，升入大学照章给奖。

一、颁胙凡属正式学校毕业，执有毕业证书者给胙壹斤，如训练班及民众校毕业者暨不发给

一、文武官衔除荐任职应给外，如少尉以上（即中尉起）执有正式委任令者给胙壹斤，其余行政公务人员暨不发给

一、公务行政人员由省府委任令者得给胙壹斤即添胙壹斤③

---

① 《右二房增改给仪章程八条》，载《凤岗陈氏右二房支谱》，1946年重修本。
② 《祀仪类·进主》，载《凤岗陈氏右一房族谱》，1941年重修本。
③ 《增补育贤租及颁胙章程三条》，载《凤岗陈氏右二房支谱》，1946年重修本。

第四章　土地、市场与资本：陈氏宗族的经济体系

显然，尽管育贤租等各项奖助条例的订立在原则上面向所有宗族子弟，但是实际上真正要能够享受到这部分特殊权益分配则必须具备相应的学历、任职等各项基本条件，而这对于许许多多普通族人而言，无疑是虽心向往之，而不能至之。众所周知，在传统时期只有少数地主、富商、士绅等富裕家庭才能够负担得起子女接受正式教育的经济支出，而绝大多数从事农业、手工业以及小商品贸易的贫苦百姓来说，维持全家温饱生计尚且存在困难，更遑论让子女接受正规教育，进而参加科举考试获得功名和官职。显然，从族田等共有产业中提取出来的育贤租，几乎可说是完全为宗族内部的特权阶层所垄断，而普通族人势必难以真正参与该项权益的分配之中。

三　作为"恒产"的土地

事实上，尽管城中族成员大多以从事手工业、小生意等工商业为主，而并不以农耕为其主业，但这却丝毫没有影响城中族以土地田产作为其族产的主要占有形态。乍看之下，这似乎与我们想象的城中族之情形不尽相合，为什么城中族会在周边乡村广置田产土地作为维持宗族生存和发展的族产资源呢？城中族又如何在土地与住地相分离的情形下对其加以管理？而要回答这两个问题，就不能不认识到土地作为中国传统社会中独一无二的"恒产"及其"前所有权"结构的地权秩序特性。

在以农立国的传统中国社会中，土地是人们最主要的生产资料，其在国计民生中占有无可替代的地位，而对土地资源控制的数量和程度则反映出控制者的经济和政治地位。而土地之所以常被认为是宗族组织发展的决定性因素，是在于其在传统社会中所具有的独一无二的"恒产"特性，即"土地是金钱投资唯一安全可靠的途径，因为土地是唯一不会贬值的财产，既不能被偷窃，又不可被破坏，并且只能被保持在家族中一代代传承给子孙后代"[1]。因此，尽管陈氏宗族从市场控制以及资

---

[1] Hilary J. Beattie, *Lard and Lineage in China: A Study of Tung-Cheng County, Anhwei, in the Ming and Ching Dynasties*, Cambridge: Cambridge University Press, 1979, p. 3.

本放贷等工商业活动中分享到许多商业利润，但因抱持着保守求稳的心态，转而利用土地来规避商业风险，长期投资仍以购置土地为主，即所谓"以末致富，用本守志"。从某种意义上来说，土地虽非城中族延续和发展的决定性因素，却充当着宗族发展稳定器的作用，即所谓"有恒产者有恒心"。

　　由于传统时期的中国地权秩序实质上是传统的"前所有权"结构，其所呈现的乃是一种以收益为支点的管业秩序，从而获得相应的"起耕"或"收租"的管业地位。① 所有权是排他性的，而"管业"并不具有完全排他性，因此在同一块土地上可以分割成田底（田骨）、田面（田皮）②两种占有形式，进而形成"一田多主""一田多养"的管业秩序，即田底业主不管耕种，只管收租纳粮，而田面佃主负责起耕收割，缴纳田租，二者并行不悖。③ 事实上，陈氏族田虽然在名义上属于各级不同宗族组织所有，但其所占有和控制的只是田底权或者说收租权。因此，在族田管理上，除三峰寺烝尝田产系由寺僧代管收租，并承担族人祭祖所需牺牲、祭品、食宿等各项开支，以及为特定支系祖先所提留、捐置的家族田产由派下子孙轮祭收租④外，祠田（合族共有）和房族田（房族共有）的田产均由董事、管年等经管人实行集中经营和管理。这些经管人通常都是从城居地主、士绅等富裕阶层中进行选任，然后由他们依据宗族规章制度来行使族产的管理权。

　　陈氏族田的经营主要是将田地租出去给佃农耕种，承佃者既有外

---

① ［日］寺田浩明：《权利与冤抑》，载［日］滋贺秀三等《明清时期的民事审判与民间契约》，王亚新等译，法律出版社1998年版，第198—199页。

② 杨国桢曾批评将田底权与田面权简单地对应于所有权与使用权的观点。参见杨国桢《明清土地契约文书研究》，人民出版社1988年版，第99—113页。

③ 吴向红、吴向东：《传统地权秩序对土地承包权的挑战》，《法学》2007年第5期。

④ 许多乡村宗族通常都采用"直（值）祀自耕"的方式，即由其后裔按年度轮流耕作，并承担当年祭祀费用，而余额自得。而由于陈氏族人居住分散，田产与居住社区之间的分离，加之有许多城居族人职业分化多元，因而祭事虽取轮值之形式，但族田却多租佃出去轮流收租。

姓，又有本族人，但由于许多城居族裔职业分化多元，且多不以农耕为业，加之族田分布与居处乡隅族人的居住社区距离并不一致，因而由外姓佃农承租的田土比例相对更高。经管人对这些族田进行集中管理，具体负责招佃、协商租额、订立租约、收租等各项事宜，将族田的"田面权"出让给佃农，使其获得起耕的权利。这种权利可以世代相承，传给后代子孙，甚至可以进行转租和买卖。承佃者依据租约向宗族缴纳田租，租金缴纳的方式包括两种：一是以实物支付，即将租谷或租米直接送交陈祠存储；二是对于那些距离县城较远的族田，佃户可依据当年冬至稻米时价折算成银钱结算。显然，陈氏族田的田底权与田面权相分离，田底权由城中族占有，而田面权滞留于乡村社区①，乡村佃户向宗族缴纳田租，而以宗族为中介向国家和官府履行完粮纳税的义务。而这种"亦公亦私、亦主亦佃的复合地权"②性质，恰恰使得城中族能够对与其住地相分离的族产土地进行有效收租与管理。

1949年以后，随着土地改革和集体化运动的推进，在传统私有制向社会主义公有制转变的过程中，无论是乡村宗族还是像韩城陈氏这样的城中族，其原本所拥有的土地、山林、店铺等传统族产几乎都被划归国家和集体所有。但是，由于城乡之间制度本身、社会环境以及宗族结构等方面的差异，使它们在改革开放后的宗族重建中之经济来源又存在许多重要的区别。

根据《中华人民共和国土地管理法》第2条规定："中华人民共和国实行土地的社会主义公有制，即全民所有制和劳动群众集体所有制。"土地所有权状态依据《中华人民共和国宪法》第10条、《中华人民共和国土地管理法》第8条规定，具体划分为"城市市区的土地属于国家所有"，"农村和城市郊区的土地，除了由法律规定属于国家所

---

① 张佩国：《近代江南乡村地权的历史人类学研究》，上海人民出版社2002年版，第280页。

② 张小军：《象征地权与文化经济——福建阳村的历史地权个案研究》，《中国社会科学》2004年第3期。

有的以外，属于农民集体所有；宅基地和自留地、自留山，也属于集体所有"。这种土地的"二元所有制结构"，加上城乡宗族居处格局的不同，使得两者在继承传统族产方面出现差异。正如陈祠理事长在访谈中所言：

> 像我们在城里的宗祠跟乡下的宗祠不一样，人家的宗祠原来就在农村，农村里面它的土地是集体所有，这个宗祠又一直受到大家认可，而且过去土改时山地它没有划分，现在这个当然就属于他宗祠的，比如讲阳头黄氏宗祠它就有宗祠山，因为它当时这个宗祠主要都是农户，那当时宗祠的这一部分土地就作为集体的土地保留下来了，现在就可以作为宗祠事务的开支，跟过去是一样属于祠产，虽然名义上属于村集体所有。那像我们这个宗祠过去也有很多土地、山林，分布在各个村庄。这个土改以后，就都给所在地的农民村庄给拿走了，那时候宗祠没有合法的地位，也不可能保护自己的祠产。像乡下的宗祠，比如江家渡既有祖宗山，还有河滩的沙洲，每年卖沙的收入都有几十万元。再比如，秦溪工业园姓连的宗祠，也有自己的山，现在开发了，把山挖开建成店面，每年光是租金收入就有一百多万，他们宗祠满六十岁的宗亲都有钱。所以说，像我们这个城里的宗祠，名声在外，现在又已经显现出一个气派在那里，宗祠之间来往贺仪跟其他日常开支都很大，假如讲一不小心，今后很可能就难以为继。①

众所周知，在相当长的历史时间内，国家在城市（工商业）主要实行全民所有制，农村（农业）实行集体所有制，构成我国社会主义公有制的两种基本形式。国家所有权的权利主体是国家，而集体所有权的权利主体为集体。然而，由于集体所有权被高度抽象化，作为所有权

---

① 报道人：陈佑年，66 岁，陈氏宗祠会议室，2013 年 4 月 30 日。

主体的集体在相当程度上的不确定性或模糊性，使其在具体实现上被严重削弱或虚化。① 而恰恰是集体所有权的这一特性，给乡村宗族继承部分传统族产收益留下了可操作的空间。正如有学者所指出的，在集体化时代，尽管中国农村社会结构在形式上出现了明显的变化，但实际上并未从根本上动摇以宗族组织为中心向外扩展的基础结构，甚至更因政府以行政命令强制将农民圈在土地上，反倒使得原有宗族组织与自然村落间的关系更加密切。② 因此，在改革开放之后，随着各地宗族展开重建，原本在传统上属于族产的山林、沙滩等宗族共有产业，因村集体与宗族的"同构性"而被重新划归宗族收益。这种情形尤其体现在单姓宗族村落，因聚居村落的村民同属一个宗族，因而无论是集体所有，还是划归宗祠管理，其所分享的利益主体都是一致的。相反，韩城陈氏作为一个散居型的城市宗族，其族田、山林等宗族共有产业的分布与其族人居处格局并不重叠，在土改时期根据"属地原则"被分配给当地村民，显然这势必使其在改革开放之后绝无可能重新获取相关产业受益。对此，陈佑年理事长曾对笔者说过一段意味深长的话：

  假如讲我作为曾担任过机关干部在这里管理宗祠，还有一个什么优势呢？那就是说我会把宗祠作为社会的一个细胞，或者作为群体组织引导走在正路上，不会作为一个宗族争斗，去和政府为难。我觉得这也有一个好处，像过去的族产、祠产的问题，实际上民间有一个讲法，"千年的土地八百主"，就是说你流传了一千年的土地有八百个主人在那边。它这个东西不是固定不变的，特别是宗祠面临着改朝换代，这就不一样了，过去我们这个上杭陈祠全部没说有去争这个祠产，这个东西都是记载在族谱上，你已经改朝换代，

---

① 杨一介：《中国农地权基本问题》，中国海关出版社2003年版，第78—79页。
② 陈重成：《中国农村的变与常：村落社会中的宗族组织》，《远景基金会季刊》第6卷第2期，2005年。

现在还说哪里的田、哪里的地是你的，这就违反了现行的土地政策跟法律规定。①

尽管陈祠理事长将放弃对土地族产的追索视为在其领导下，宗族主动遵循国家法律的有关规定，将宗族视为构建和谐社会的细胞组织，但事实上其背后还反映出城市与乡村因制度的差异，农村宗族能够通过"习俗产权"获得部分过去山林土地的收益权，而城中族却因其与土地相分离而不可能获得此种权利。实际上，宗祠理事会成员对其他一些祠产的追索从未完全放弃，如有部分理事向宗祠理事会提出建议，主张对"节孝祠"展开产权追索。

◈ 第二节 市场

德国社会学家马克斯·韦伯曾指出，单纯从经济学意义上来说，城市的本质就是一个市场聚落，并且这也是它与其他任何聚落的根本区别所在。城市聚落在经济结构上与乡村地区相比具有明确的分化，城市居民能够通过当地市场来满足自身大部分的日常经济所需。② 虽然土地是韩城陈氏族产收入的大宗，但是作为一个城中族，它从城内市场控制中所获取的收益也相当可观，而且这对城中族成员的经济生活乃至整个城市的发展都具有不可小觑的重要意义。

诚如前文所述，福安地处东南沿海，交溪（古长溪）纵贯全境，支流纵横，形成较为便利的水路交通网，促进了闽东、闽北及浙南等地经济、文化、人员的交流、往来。福安作为连接交溪的入海口，借助于

---

① 报道人：陈佑年，66岁，陈宅，2013年5月24日。
② ［德］马克斯·韦伯：《经济与社会（下卷）》，林荣远译，商务印书馆1997年版，第568—569页。

第四章 土地、市场与资本：陈氏宗族的经济体系

水路交通的独特优势，加之区内丰富的鱼盐、茶叶、林木、夏布①、制糖、船舶等地方土特产品、手工业制品为商品贸易所奠定的坚实基础，使其形成了悠久繁盛的经商传统，方志中所谓"安邑山多田少，阪隰瘠狭，虽生齿蕃盛，时有垦辟，而地多硗确，户鲜盖藏。即在濒海关津，鱼盐充斥，则又逐末之辈多于耕夫"②，实非虚浮之言。韩城作为福安县府所在地，在地方交通网中居于枢纽地位，不仅是土特产品的自然集散中心，也是远道贸易流通的重要联络点，并且集中着不事生产的消费者，而这些无疑都将推动其商业贸易活动的发展。

作为城内望族的韩城陈氏所处区域恰是城市商业贸易最为活跃的地段，它通过不同层级的宗族组织对区内从事商品交易的商铺产权的占有，构筑起一个相当严密而又庞大的市场控制体系。陈氏宗族通过出租这些商铺获取租金收入，作为日常祭祀等各种宗族活动的开支。其中属于陈氏宗祠所有，由左右房首事公收公用的店铺有：

一、榕树下土名祠坪店叁间前每间加租壹千六百文，今秀璋孙兴宝住开贰间，权如子锡祺住开壹间系右二房

一、榕树下地基前右二房象陞承加租壹百肆拾文，今右二房学铨加纳

一、莲池角店壹间地阔壹丈贰尺深贰丈玖尺伍寸，前黄维章承开加租钱伍千文，同治五年失火，今左一房长贵兄弟开张仍照旧额加纳

一、金山头店连地式透毗连共阔壹丈柒尺，深贰丈四尺，前至街后至沟，原左三房兄开林建明两人承开，共收租钱捌千肆百文。同治五年受火存基，林思直承地基壹透加程钱叁钱陆百陆拾文，左

---

① "福安山峦海港，地多平坦，田土肥美，户有盖藏。男务耕稼，女辫勤绩。故夏布之属，福安为上。"光绪《福安县志》卷15《风俗》，第241页。
② 光绪《福安县志》卷6《田赋》，第71页。

三房开岳承地基壹透加租贰钱伍百文

一、富春店叁透钱阮奇玉刘拱福承开，共收租钱玖千文。咸丰、同治年间叠遭大水推流连基无存①

一、金山头店地租原银陆钱正

一、莲池角店地租原银陆钱天

一、宾贤屋地租原银壹钱天

一、宾贤屋地租原银柒钱天

一、宾贤屋地租原银叁钱天

一、宾贤刘家放小门租银伍分天②

由数房联合共同占有收租，用于承办祖诞祭祀的店号分别有：

左一二三四房统管烝尝

一、中华店壹透租银贰两贰钱正，前谱载康熙五十三年用银五两五钱买得左一房皇安中□断店连地为六六公烝尝用，并无声载承开姓名且房内久未收此租，不知下落，照前谱录之以备查考

一、中华街店地兑与右一房采宸聘锦架屋得伊埔下洋田玖秤

一、宾贤店地阔一丈，深叁丈，乾隆四十六年失火经量阔八尺五寸，深壹丈八尺，时左三房驭臣承去架店，后又更易别姓开张，最后郭清树承开。同时五年失火，两房酌定与清树自架贴伊工料钱拾伍千亦无现拨架毕，载承字内作为店根，年加租钱伍千。因左一房锦盛号店兴，此店相连代出钱拾五千与清树退店免致不虞，今系锦盛退店其根拨还

一、街前十字街头壹透连地，后李玉甸承开，同治五年失火扣租三年，与甸自架，年加实钱拾千文（左一、左三）各分五千文

---

① 《凤岗陈氏左三房支谱·烝尝产业·八房大众烝尝·店地号》，1946年重修本。
② 《右四义房宗谱·八房烝尝》，1922年重修本。

第四章 土地、市场与资本：陈氏宗族的经济体系

承开原有拾贰千逐年扣留贰钱为□修，此店民国三十五年建筑马路，该店除行人道六尺外，仅剩深贰尺，年纳租谷壹百七十斤，左一、左三两房均分

一、衙前桥仔头南边店地，原右四房启秀之祖蒂典承去，年加租银肆钱，后启秀子春德加纳（左一、左三）各分壹百肆拾文，该店因民国三十五年建筑马路除行人道外，该地无存

一、莲池角左边店壹透今长贵之弟开张，年加租钱五千文，始祖诞辰左房即将此款拨与大众为戏钱，此向来额数也（今戏价高昂，各房仍要另贴）

一、南门街店壹透，同治三年下街失火被焚存基，后两房以南门店面不能租得多钱，且又无项起架，将基出卖右一房得广处，得断拾肆千各分柒千。同治五年上街失火，祠内各店大半被延，次年店租无收，己房将此店基价柒千散给祭首贴其办祭清讫。①

右第一二三四房店

一、中华店地阔一丈深二丈一尺，与后店地毗连，前至街后至沟。乾隆四十六年后回禄，续再起架，今收租柒千文

一、中华巷口店地阔五尺，深八尺，与前店毗连，今收地租贰千文

一、南街东边第二透店地，阔八尺零，深二丈一尺

一、上莲池第透店地阔一丈三尺深二丈二尺，今收租钱叁千文

一、莲池角店地阔一丈二尺，深二丈九尺五寸，其地与八房众地毗连，今收租钱四千五百文

一、金山头店地二透，乾隆间回禄众议归与大众起架两透，镌谱原载右第一二三四房，今仍之②

---

① 《凤岗陈氏左三房支谱·烝尝产业·左一二三四房统管烝尝·店号》，1946年重修本。
② 《凤岗陈氏右一房族谱·产业类·店地》，1941年重修本。

此外，另有部分商铺系由各房分别占有，房族收租存储用于公共事务支出：

> 一、中华街店街前吴调和立承架店收租壹千贰百文，本房收五股，左一房收贰股，后又更易别姓承开。同治五年失火存基，本姓秀铨立承架店年加地租叁千贰百文。本房收壹千六百文，余壹千六百文左一房收①
> 一、店壹透坐落中华街坐北向南阔壹丈壹尺深叁丈陆尺
> 一、店壹透坐落中华街巷口第二间坐南向北年纳租钱
> 一、店壹透坐落大北门外富春坐东向西年纳租钱②
> 一、浮店一间坐落北辰铺中华地方坐南向北，收租钱叁拾千文，光绪廿九年右一房第七支派孙祐森立典得去价钱贰百肆拾千文（前经毳七投尽与吴家）③

据光绪《福安县志》记载，城内共有十一铺、九街、七市。④ 这些街市主要分为几大区块控制在城内数个大宗族手中，如宸东刘氏的东门、宸西郭氏的鹿斗、青云吴氏的金山、街梅郑氏的锦屏等，而陈氏宗族所控制的市场区域主要是北辰、中华。相较于通常受某个农村宗族完全控制的墟集市场，由于城市相对较为开放的商业环境，商铺在不同姓氏之间的流转所受到的阻碍要小得多，因而在主要受外姓控制的市场区

---

① 《凤岗陈氏左三房支谱·本房烝尝·店地》，1946年重修本。
② 《凤岗陈氏右二房支谱·本房烝尝产业·店》，1946年重修本。
③ 《凤岗陈氏右一房族谱·产业类·右第一房续置田产》，1941年重修本。
④ 福安城内街市分别有：北隅铺（今名北辰）、鹿斗铺、湖边铺（今名鹿斗）、更楼铺（废）、宾贤铺、东门铺（今名棠发）、金山铺（今合东门铺）、锦屏铺（连城外街梅，今合宾贤铺）、中华铺（今合北辰铺）、城南铺（今合青云铺）、青云铺（增）、县前南街、学前南街（今三会堂街）、东街（今宾贤街）、西街（今中华街）、北街（今上杭街）、后巷街、鹿斗街、湖边街（今小西门街）、东门街（今增）、金山街（今增）、县前市、南街市、金山市、学前市、青云市、中华市、宾贤市。参见光绪《福安县志》卷3《疆域·街市》，第21页。

第四章 土地、市场与资本：陈氏宗族的经济体系

域内开设、购置店铺的情形也并不少见。这些店铺是盐米、杂货等各种日用商品交易的场所，而掌握集中分布数量众多的商铺所有权也就控制了区域小市场。据报道人陈述，在传统时期周边乡村甚至居住在山间的畲民，时常将柴火、茶叶等各种土产品、手工制品运送至城内售卖换成银钱，然后再从集市上添置补充盐、米、布等各种日用品。①

这些商铺主要分属于不同层级的宗族组织，或直接由宗祠统一进行管理，或由数房联合起来收租，或系各房直接进行管理，相应地其租金也归入宗祠和房族，部分收入甚至规定了具体的用途，如莲池店的款项即划拨为大众戏钱，中华店壹透则用于六六公办祭烝尝费用等。由宗族所掌握的商铺来源主要有两种：一是用历年族产所存储的收入购置；二是由族中殷实富庶之绅商所主动捐置。各级宗族组织并不直接经营其所占有的店铺，而大都将其转租出去以获取相应的租金收入。宗族从族人中推举出数名能写会算、练达能干者作为专门的管理人员，直接负责这些店铺的承租、收租、订立契约、收益分配等各项具体事宜，而族房长亦会行使其督导之责。

宗族对于店铺和市场的控制，与其对族田的经营管理存在较大差异，主要体现为两个方面：第一，诚如上节所述，由于陈氏族田数量庞大且分布相当分散，而族人遍布城乡坊社，许多田产所在地并无本姓族人居住，因而除小部分由本姓族人所承租外，绝大部分田产土地均系由当地的外姓人所承佃。陈族作为一个典型的城中族，尽管有少数族人属于不事生产的地主士绅阶层，可以依靠着祖先荫蔽累积的田产租金收入即可过上丰裕的家庭生活，而对于绝大多数居住在城内的族人而言，则必须从事其他各项生业才能够维持生计。因此，与族田承租的情形有所不同，这些店铺除了极少数为外姓商家所承租外，大部分都是由自己的

---

① 上杭陈氏宗祠第六届理事会理事长陈佑年曾撰有一篇名叫《平脚的姨》的散文，追忆了一位畲族女性因卖柴而结下深厚情缘的感人故事，内中就曾提及往昔乡民来往城内交易的真实情形。参见《福安市上杭陈氏宗祠的记忆·文化八百年》，福安市上杭陈氏宗祠第七届理事会 2013 年编印，第 207—219 页。

族人进行租用,甚至出现父子数代相承的情形,如左房衙前桥仔南边店即由右四房启秀之祖蒂典承租,直至启秀之子春德,前后至少已历经四代。第二,受当地独特的地貌特征和极端气候的影响,一些临溪分布的田土时常遭受洪水侵袭而崩坏造成损失。与此相对应,由于这些店铺位于人口密集的城市中心地带,而传统上以木结构为主的建筑风格,使得城内民居、商铺易于遭受火灾侵袭,最为惨烈的当属乾隆四十六年(1781)"正月十三夜初更,三会堂、学前火。学宫存者惟正殿明伦堂、训导署、尊经阁。是夜风烈,延及中华、南街、鹿斗、锦屏、宾贤诸境,民居、市肆半被焚毁,至黎明始息"①,造成陈族宾贤店、中华店、金山头店等数处焚毁仅存基而已;同治五年(1866)"九月十一夜,金山街火,延烧司前街、中华街,自亥至巳始息"②,则造成金山头店、街前十字街头店、南门街店、中华街店等数处受灾。店铺焚毁后势必就得重新由宗族组织或承租商家直接出资重新修造店屋,而这就必须酌情减免数年租金。

陈氏宗族不仅掌控着许多商铺的所有权以及区域小市场,同时也积极鼓励族人从事商业贸易活动,族谱家范中"商贸"条云:"牵车服贾虽亚士农,然会计持筹,亦治生养生之道,切勿入于蒲樗之戏,恐终为流荡之徒,职思居肆,有厚幸焉"③,如右一兰房二十六世庠宾文剑公昆弟三公,"少佐父心斋公治家人产,年三十余始入泮,事二人承欢色养,历久不渝。昆弟析箸,时念季弟羸弱,偕仲弟两阄悉让之,治生吴越间,明取与,重然诺。福宁总戎颜公闻其名,雅重之,适圣祖仁皇帝有万年吉木之选,委公办理,悉中程式,颜公嘉其,劝之仕,公力辞退,而为善于乡"④,其远赴吴越等地行商治生,而名闻于官府受命任事,实非常人之所能为。自清代中期以降,随着清政府统治的日渐腐败

---

① 光绪《福安县志》卷37《祥异》,第716页。
② 光绪《福安县志》卷37《祥异》,第718页。
③ 《右四义房宗谱·家范》,1923年重修本。
④ 《凤岗陈氏右一房族谱》卷1《人物类·义行》,1941年重修本。

第四章 土地、市场与资本：陈氏宗族的经济体系

和对人民剥削压迫的加重，英、法、美等资本主义国家却携工业革命的雄风在迅速发展，蒸蒸日上。为了扩大商品市场、争夺原料产地，帝国主义加紧了扩张海外殖民地的活动，企图用商品贸易打开中国的门户。最初，海外贸易的发展促进了沿海地区商品经济的发展，包括福安在内的许多地方商人通过茶叶等土特产品的贸易获得了可观的商业利润，诚如县志中所云"洎乎番舶驰禁，贪贾垄断，茶荈莺粟，偏植岩野，以邀利市之三倍，地力且竭"①。然而，随着鸦片战争的爆发和中国的失败，英、法等帝国主义国家强迫清政府签订了一系列不平等条约，列强向中国大肆倾销其工业产品并大量收购中国丝、茶等农副产品，逐渐把中国卷入世界资本主义市场。随着广州、厦门、福州、宁波、上海被开放为通商口岸后，清朝海关和税率被英国控制，外商逐渐完全掌控了茶叶、丝绸等土特产品收购的定价权，使得这些商品的利润大为降低，作为沿海县份之一的福安首当其冲。授文林郎赐进士出身翰林院庶吉士宋瞻宸在为其丈人之兄弟右四义房裔孙陈春英（字芳谷）所撰墓志铭中说道："（芳谷）年逾弱冠，有才干，随其伯兄服贾，终日握筹算，无倦色。咸同间，闽海始通夷舶，福安故僻处，渺巨商，君与伯兄并为茶，运与外夷互市，所获利倍蓰。越十余年，伯兄卒，君独自肩其任，纬繻不苟顾，外夷习久生诈，茶无辨良苦故贱售，利大减。君屡遭挫折，阅馨所获不足，又称贷之，愈奋愈蹶而力心交瘁矣"②，可见其时福安的商品贸易已开始受到世界市场的冲击。此外，如民国时期族长陈王基不仅自己与友人合营一艘中型货轮——宁安轮（后在抗战时期作为填江封锁之用），并被推举为福安县商会会长，其家庭成员中亦多经营各种商业贸易，其三弟陈平基系监生，熟读诗书，擅长货殖，经营茶叶生意；其子陈铭銮虽先后出任县长、专员等职，而儿媳黄英则兼营制

---

① 光绪《福安县志》卷7《物产》，第87页。
② 《清故修职郎乡进士按察司照磨衔陈君墓志铭》，载《福安市上杭陈氏宗祠的记忆·文化八百年》，福安市上杭陈氏宗祠第七届理事会2013年编印，第251页。

茶、酿酒、酱园及小型烟厂等多种行业。陈王基曾携同人共组福宁茶叶公会，团结茶商，积极为地方除弊兴利，向福州产金局谋求撤销福宁茶产竹木及土产、海鲜等各项货品的苛捐杂税。① 这些都充分地反映出当时陈氏族人在福安地方工商业贸易发展中所具有的重要地位。

简言之，韩城陈氏通过不同层级的宗族组织对城内从事商品交易的商铺所有权进行占有，宗族成员借由在市场内从事工商业活动，构筑起严密而又庞大的市场控制体系，使得宗族及其成员获得较为优越的经济发展机会，对城市经济社会发展带来重要的影响。而随着中华人民共和国成立后中国共产党政府对全国范围内的工商业推行社会主义改造、实行公私合营的政策，陈氏宗族逐渐失去对这些商铺所有权的占有，以致渐渐丧失对区内市场活动的控制。改革开放以后，陈氏族人积极开展工商业活动，在电机业、造船业等诸多地方经济发展支柱产业中均有出色的表现，如凯捷利电机、安波电机等行业翘楚均是由陈族裔孙所创办经营的，这些族内企业家曾在宗祠修缮过程中积极捐资，其中凯捷利集团捐资二十二万元，安波电机集团捐资十万元。原本陈氏宗祠理事会筹划将修祠晋主集资的结余款项二百二十余万元用于购置商铺，但由于现今商铺价格虚高，以这笔金额在韩城并不能购置足以用于维持宗族日常开支的商铺，转而采用民间资本借贷的方式来生息获利。

◇ 第三节 资本

工商业的发展不仅需要相应的市场、人员和技术作为支撑，而且资本的投入同样须臾不可或缺。因此，陈氏宗族涉足工商业的方式，除了通过直接出租经商店铺、控制区域市场来筹集宗族经费和扩充宗族财产外，同时还将族中积累的剩余银钱作为放贷资本进行投资，从而获取和

---

① 参见《陈思化先生传》，载《福安市上杭陈氏宗祠的记忆·文化八百年》，福安市上杭陈氏宗祠第七届理事会 2013 年编印，第 267—270 页。

第四章 土地、市场与资本：陈氏宗族的经济体系

分享工商业的利润。如前所述，在传统时期租种陈氏族田的佃户在缴纳田租时，通常可以根据距离远近、个人选择等实际情况采用两种方式：一是以稻米等实物送祠缴纳存储；二是在冬至收租时节，以粮食时价换算成银钱送交祠堂。与此同时，许多殷实富裕族人向宗族义捐的族产，既包括地主家庭将其所有的田产土地捐献给宗祠，又有商人、士绅家庭直接向宗族捐献银钱。这样就使得陈氏宗族不仅囤积了许多粮食，而且还掌握着大笔银钱现金。

除了每年例行的春秋致祭颁胙饮宴等宗族公共开销外，倘若并无诸如修缮祠堂和祖墓、编修族谱等重大事务性支出，大抵收支相抵后都会颇有余裕。毋庸置疑，在以农立国的传统时期，土地是宗族作为长期投资的首要选择和主要对象，但是毕竟添置土地并非如购买普通商品那般简单，必须周详地综合考虑田土坐落、面积、水源、价格等各种实际因素，才能够真正择机做出决定，而合适的田土却是可遇不可求之事。因此，在宗祠手中积累了数量可观的银钱，而又缺乏合适的土地可供购置时，就必须善尽其用，想方设法地进行其他投资，以使得族产收入可以获得增值。据一位自其祖父三代均在祠堂担任房族长的老理事陈麟书陈述：

> 过去我们这个祠堂的产业很多，你比如讲，有水田、园地、山场，几乎在福安全县的各个乡镇都有祠堂的土地分布，尤其是像靠近海边的湾坞那里，我知道就大概有好几十号田，靠近山区的社口也都有田产。这些田土都是宗亲们捐献出来给祠堂，或者是祠堂用积攒下来的钱向别人买回来。祠堂把这些田地租种给贫农，然后由这些佃户向祠堂交租，通常近处的佃户就直接把谷子挑到祠堂来交，远处的佃户就按照时价折合交现钱给祠堂。因为我们向来就是城内的祠堂，所以除了田产土地以外，还有不少做买卖的店铺，用来租给族人或者外姓做生意，买卖各种杂货，他们负责每年向祠堂缴纳租钱。基本上，祠堂收入就包括有粮食实物和银钱两种存在形

式，祠堂会派遣专门人员进行管理。每年都要举行祭祖活动，祭祀结束后宗亲要在祠堂聚会吃酒，吃的粮食就是从祠堂仓库里面拿出来的。再比如，这么多宗亲总会有人遇到三灾六难，还有一些特别贫困的孤寡老人，祠堂都要拿出一部分去救济他们。

  至于存贮下来的银钱，像我们这个城关做生意的很多，比如说有茶号、当铺、笔墨纸砚店、草药铺、布店、米店、杂货店，做买卖就需要本钱，进货、盘店什么的，都需要钱。但是，总是有手头紧张的时候，一时之间拿不出那么多钱，就要出去借。以前借钱不像现在跟银行贷款这么方便，基本就是向亲戚朋友熟人借，但是私人数目通常都很有限。假如需要大笔资金，那钱从哪里借比较好呢。祠堂既然田租、店租每年都收这么多租钱，积累下来放在那里也不划算，当然也想着要钱生钱嘛。所以，这样就有很多商户会从祠堂借钱，这个钱也不是随便可以借的。一般来讲，我们祠堂宗亲做生意，只需要找一两位德高望重、家境殷实的族人来担保，写好借契，上面说明所借金额、借期、利息等信息，到时按照规定如期连本带息到祠堂还钱。如果到时没有来祠堂还钱，那担保人首先就有义务陪着祠堂管事去催收，万一还不了钱担保人甚至要帮忙垫付。当然，外姓商户也可以向祠堂借款，不过比本族人要求更严格，利息也要更高。首先，不但要请祠堂里的人帮忙担保，而且还要拿东西抵押，就是说立下字据把你的商铺、房屋抵押给祠堂做保，万一你不能按时还钱，到时祠堂就把这些产业收走。另外，听我父亲他们说，以前祠堂还会把钱投入到某些商铺里面，按照比例分红，赚了钱说了五五分成，或者六四分成这样子，当然这种投资都要非常慎重，通常都要得到族房长、德高望重的长辈同意才行，不然钱赔掉就不好跟族人交代了。①

----

① 报道人：陈麟书，73 岁，陈氏宗祠，2013 年 4 月 3 日。

第四章 土地、市场与资本：陈氏宗族的经济体系

从以上口述资料可知，陈氏宗族不仅拥有大量土地收益，并控制着城内北辰、中华等区域小市场的店铺所有权，而且还将手中积累的银钱借贷给商家或直接投资给商铺，从而在商业活动中获取相应的利润。毋庸置疑，田产土地是陈氏族产收入的最大来源，但与此同时，城市经济生活的丰富性显然也给陈氏宗族的发展带来了深刻的影响，工商业的相对活跃使得城中族的投资方向具备多元化的可能性，故而放贷生息、投资分红等都成为扩充祠产收入的重要手段。不过，值得特别注意的是，由于资本放贷存在相当程度的投资风险，因而陈氏宗族主要以向族人放贷为主，即这些资金基本上在本族内进行流通，或是必须由族人进行担保方可从宗族中获得借贷。显然，这种宗族资本运作严重地依赖亲族纽带关系，带有强烈的内聚化倾向，这一方面降低了资本借贷过程中的风险系数，但另一方面也制约了其宗族资本积累的规模和发展速度。

在当今资源高度流动和不稳定的情形下，宗族如何在现代社会中获取其所需经济资源进而求得延续与发展，几乎成为摆在所有宗族组织面前的一项重大课题。20世纪80年代初期，当陈氏族人着手开展宗族重建时，其活动开支完全仰赖于热心祠事的福首自掏腰包。一直持续到1989年祠堂收回以后，理事合议把祠堂用于社区老人活动中心，收取相应的桌租费用以维持宗族日常活动支出。自1990年起，为了修缮破损严重的宗祠及太祖亭等建筑设施，陈氏宗族决定向全祠族人收取丁钱五元，并向全县陈姓祠堂及聚居村落发起乐捐，总共获得二十万元。经过初步修缮宗祠、祖墓等祖产及向商业局赎回祠堂边室，加上宗族日常祭祀等各项活动支出，至2009年第六届理事会接手时仅结余五万余元。当时，为了进一步修缮宗祠，扩建威惠侯王祠及敬祖堂，举行"世纪晋主"等重大祭祀仪式活动，新一届理事会向族人收取丁款共九十余万元，并向族人及支祠发起乐捐共获捐款一百五十多万元。此后，宗祠进一步向为祖先晋主入祠的族人收取龛位费，除去部分用于制作龙牌及各房提成，宗祠共收到将近四百万元。

2009年修缮和扩建宗祠工程总共花费三百八十余万元，最终结余款为二百二十余万元。

与传统时期一样，每逢开展修祠、纂谱等重大宗族活动时，宗族便会向族人收取丁钱，并发起族人乐捐。所不同的是，传统时期由于宗祠拥有大量族田、店铺，因而其租金收入能够维持宗族日常祭祀活动的开支，而在现代时期宗族失去了这些传统的族产资源。因此，为了能够保证宗族的正常运转，获取较为稳定的经济资源支持，陈祠理事会商议决定以民间借贷的方式来运作这笔款项：

> 上届理事会我手上做的时候剩下二百二十万，当时我就有个考虑，就是说要是把这笔钱花掉，我这个宗祠名声太大，宗祠太大，名头太大了，还有大家手头也大，一年宗祠的花费大概现在要三十万才花得下来，这还不包括各房自己本身的开支，三十万一年也不是小钱，一般的单位都没有三十万，有十万块办公经费的就都算是还可以的单位。所以，在我手上的时候，我就开始想这个问题，怎么把这笔钱拿来生出钱来，原来想法是要买店铺，但是两百万也没有什么合适的店铺可以买。后来我就想拿出去钱生钱，但是钱生钱，我也担心，万一出问题，就是我的责任，钱是拿来大家用，出问题就要我扛。因此，我就去找宗祠里面比较德高望重的人商量，我先是到蕙房一个理事家里去征求意见，跟他商量，最后得到他同意，他说不走这条路也不行，假如万一是出问题，我吩咐一声，他就会出来帮我讲话，所以我也是后路都想好了。另外一个是兰房理事，也是宗祠会计，八十多岁了，他办事认真，人也倔强，要是没他同意也不行，所以我也跑到他家里跟他商量，他最后也同意了。后来，我又想这个钱到底要给谁呢？我就想到文达的女婿，远东电机厂是非常大的企业，你自己又是这个祠堂的秘书长。我就跟他讲，你去跟你女婿讲，由你作为担保人，把这笔钱借给他，秘书长也稀里糊涂答应了，这个我

就不怕了，给了他一百万。另外一百万给的是现在理事长同春的朋友，他也是我们宗祠的宗亲，当时集资捐款的时候他也捐了两万块，原本当时也有人讲，要他来担这个理事长，他因为是天主教的原因，他妈妈不同意，不让他当。我就想，第一你是祠堂的宗亲，第二你也捐了钱，对宗祠有孝心，第三你又是同春（当时是兰房房长）的朋友，所以他的借条就由陈同春担保，那我的责任不就减轻了。[1]

于是，宗祠理事会将此结余款中的二百万元以民间借贷的方式放贷出去"钱生钱"，规定月息一分五，即每月可收入利息三万元，年收入三十六万元，这样大致可以维持陈祠的日常支出。当然，这种民间放贷存在较大的风险，因而陈祠将其分成两份，分别借贷给本祠裔孙及姻戚两位从事电机制造的企业家，并要求由与其具有亲缘关系的宗祠理事会成员为其提供担保，从而有效地将责任和风险分解降低。显然，这种民间借贷生息获利的方式仍极大地依赖于亲缘关系纽带作为基础。此外，各房均有数额不等的结余款，如最多的兰房有六十余万元，大抵均采用此种资本放贷的方式来运作生息获利。

◇ 小 结

宗族作为一种特殊的血缘与地缘相结合的社会组织，其延续与发展必定需要依赖于包括经济、人力、知识等各种资源的投入。[2] 英国人类学家莫里斯·弗里德曼提出以"祀产"这一概念来解释中国东南地区宗族组织的形成，明确指出祠堂与土地或其他财产是决定宗族

---

[1] 报道人：陈佑年，66岁，陈宅，2013年5月24日。
[2] ［美］杰弗里·菲佛、［美］杰勒尔德·R. 萨兰基克：《组织的外部控制：对组织资源依赖的分析》，闫蕊译，东方出版社2006年版。

能否存续的基础。① 在以农立国的中国传统社会，土地因其独一无二的"恒产"特性而受到城中族投资的青睐，成为其族产收入的主要来源。而这显然在相当程度上得益于传统时期的中国地权秩序是传统的"前所有权"结构，呈现出一种以收益为支点的管业秩序，从而获得相应的"起耕"或"收租"的管业地位。② 所有权是排他的，而"管业"并不具有完全排他性，因此在同一块土地上可以分割成田底（田骨）、田面（田皮）两种占有形式，进而形成"一田多主""一田多养"的管业秩序，即田底业主不管耕种，只管收租纳粮，而田面佃主负责起耕收割，缴纳田租，二者并行不悖。族田的田底权与田面权相分离，田底权由城中族占有，而田面权滞留于乡村社区，乡村佃户向城中族缴纳田租，而以宗族为中介向国家和官府履行完粮纳税的义务。从某种意义上来说，土地因其"恒产"特性充当着城中族得以延续与发展的稳定器作用。

1949年中华人民共和国成立以后，党和政府在全国范围内推行社会主义公有制，土地等宗族产业被收归国家和集体所有。然而，由于在城市主要实行全民所有制，农村实行集体国有制，两种公有制形式的权利主体分别是国家和集体，使得改革开放后城中族与乡村宗族在一些传统族产收益上呈现出显著的差异。乡村宗族在传统上拥有的山林、沙滩等宗族共有产业，因村集体与宗族的"同构性"而得以以"习俗产权"的方式保留部分收益权。这种情形尤其体现在单姓宗族村落，因聚居村落的村民同属一个宗族，因而无论是集体所有，还是划归宗祠管理，其所分享的利益主体都是一致的。相反，韩城陈氏作为一个散居的城中族，因其族田、山林等宗族共有产业分布与其族人相分离，在土改时期根据"属地原则"被分配给当地村民，而这势必使其无法在新时期重

---

① ［英］莫里斯·弗里德曼：《中国东南的宗族组织》，刘晓春译，上海人民出版社2000年版，第63页。

② ［日］寺田浩明：《权利与冤抑》，载［日］滋贺秀三等《明清时期的民事审判与民间契约》，法律出版社1998年版，第198—199页。

新获得这些产业的相关收益。

城市的本质是一个市场聚落，这是它与其他任何聚落的根本区别所在，其在经济结构上与乡村社会相比具有明确的分化，城市居民能够通过当地市场来满足自身大部分的日常经济所需。因此，作为一个典型城中族的韩城陈氏，它通过不同层级的宗族组织对许多从事商品交易的商铺所有权的占有，控制着城内相当大块的市场，并从中获取了十分可观的经济收益。与分布在周边乡村的族田土地主要由外姓人承佃不同，城内商铺则主要由本族成员进行承租经营。显然，城中族对于区域市场的控制不仅扩大和丰富了其族产收入的来源，而且对其宗族成员的经济生活具有不可小觑的重要意义。

在传统时期，地主、士绅和商人等富裕阶层向宗族捐献银钱以及族田租粮折算成银钱缴纳宗祠和商铺租金收入，使得宗族积贮了相当丰厚的资本。而在缺乏合适的土地进行投资时，宗族便将这些资本放贷给从事商业贸易的族人生息。改革开放后，陈氏宗族由于不再拥有土地、商铺等稳定的族产收入来源，遂以修祠续谱晋主等各种名目向族人发起募捐集资。而为了获得相对稳定的收入来源，宗族管理层把结余款项放贷给本族或由本族人担保的企业主投资获利。值得注意的是，由于资本借贷存在高度的风险，因而宗族在资本运作上十分依赖于亲族关系纽带，带有强烈的内聚化倾向，因而这虽然在很大程度上确保了投资的安全性，但同时也在一定程度上制约了宗族经济资本规模的扩张。

总之，土地捐置、市场控制、资本借贷以及工商业投资等均是城中族扩充族产收入的重要手段。受城市活跃的工商业氛围的影响，陈氏宗族在族产投资经营上呈现出多元化倾向，而这充分保障了其经济基础的稳定性。显然，裴达礼（Hugh Baker）认为在城市条件下，投资机会增多，因而人们就受到更大的刺激，去将自己的财富投入短期利益可见的企业当中，而趋向宗族之类集合体的动力似乎要弱得多。以城市为基地的、见于农村宗族的那种祖田集团可能很难见到，而且由于它们有分裂的倾向,往往不愿发展到足以成为宗族的程度之观点并不正确。① 相反,城市经济生活的丰富性以及致富机会和手段的增多,非但不会降低宗族成员投资族产的动力,反而提升了城中族获取经济依赖性资源的能力,进而为城中族的延续与发展奠定坚实的经济基础。

---

① 参见 [英] 休·D.R. 贝克《传统城市里的大家族》,收入 [美] 施坚雅主编《中华帝国晚期的城市》,叶光庭译,中华书局 2001 年版,第 599—600 页。

第五章

宗族再造：陈氏宗族的文化重构

中华人民共和国成立以后，国家通过高度集中的行政体制对基层社会实行直接控制，逐渐消除了宗族组织的权威体系。与此同时，在全国范围内开展的土地改革和合作化运动则消解了宗族组织赖以存续的包括族田、宗祠等物质基础，破旧立新的文化运动则使宗族组织的家谱、祭祖仪式等象征符号与活动被销毁舍弃，由此导致宗族组织在集体化时代陷于沉寂。[1] 直至改革开放后，历经三十年沉寂命运的宗族重新回归社会舞台，在全国各地陆续兴起以修建祠堂、续修谱牒和恢复祭祖仪式等为主要内容的宗族复兴热潮，并成为引人瞩目的重大社会现象。与大多数乡村宗族一样，韩城陈氏也经历了从集体化时代的沉寂命运到改革开放后新时期的重建与复兴之发展轨迹。然而，作为一个在城市社会中得以延续和发展下来的城中族，其文化重构过程又呈现出自身的鲜明特性。因此，在本章笔者将叙述陈氏宗族在新时期国家权力话语体系下的文化重构进程。

---

[1] Yang, C. K., *The Chinese Family in the Communist Revolution*, in *Chinese Communist Society: the Family and Village*, Massachusetts: the Massachusetts Institute of Technology Press, 1959.

◈ 第一节　宗族表征的重塑

20世纪70年代末，在闽东乡间即有不少姓氏家族私下延聘修谱先生续修谱牒。20世纪80年代初，随着家庭联产承包责任制的推行，国家对社会经济生活的干预趋于放松，闽东乡村地区修谱建祠的风气渐开。正如有研究者所指出的，作为中国传统农村居处形式的亲族聚居在集体化时期并未遭到根本性的破坏，而且城乡二元的户籍管理制度对农民流动自由的严格限制，反倒进一步强化了这种亲族聚居。[1] 显然，在乡村社区中由于亲缘关系与地缘关系的叠加，即便是在集体化时代村落成员的观念和生活中仍不免带有强烈的宗族色彩。因此，村落宗族的重建无论在人力、物力等资源的集聚和动员上，还是在遭受的外界阻扰和压力方面，其所遭遇的困难大抵均能迎刃而解。

相较于乡村地区的宗族聚居格局，韩城陈氏不仅族裔居处分散，相互之间大多并不相识，缺乏共同的生活经验，而且宗祠位处于城市中心，动见观瞻，要激发族人重建宗族的热情显然要困难得多。然而，当见到县内各地乡村宗族重建的热潮涌动，许多族人迫切要求族中有识之士领导展开收回宗祠及续修谱牒等宗族重建活动。在当时仍相对较为保守的社会氛围下，许多族人尤其是国家干部、教师等公职人员仍不免心有余悸、畏缩不前，而一些城居从事手工业、小生意等自谋职业的族人则跃跃欲试，他们自身或父辈曾于1949年以前参与过宗族事宜，因而抱持着巨大的热情和使命感，希望联合起来开展宗族重构活动。

一　祠堂

祠堂是宗族的观念、组织和制度的空间形态表现。共祖认同是一个

---

[1] 李守经、邱馨主编：《中国农村基层社会组织体系研究》，中国农业出版社1994年版，第218页。

姓氏血缘群体成为自觉性宗族的关键，而祠堂的始祖之祭则将共祖这一隐性事实转化为显性的客观实在，从而在宗族成员的观念和情感上确立这种认同，并通过不断的祭祀仪式加以维系。正是宗族祠堂的设置使自在性的宗族转变为自为性的宗族。① 毋庸置疑，宗族作为祭祀始祖的神圣空间，是宗族最重要的物化表征。因此，若要将散落城乡各处彼此失去联络三十余载的族人重新整合起来，首先要做的即重新构建起"宗祠"这一核心象征符号。

(一) 收回宗祠

陈氏宗祠位于县府（亦即旧县衙）所在地后方仅数十米处，在传统时期不仅是陈族祭祀祖先、议处族务的场所，而且也是用于储藏族田租谷的仓库。民国时期，县政府向陈祠租用其作为田粮处仓库，1949年后新政府继续将其作为城关粮站仓库之用，而与宗祠相邻的威惠侯王祠即祖宫先是在"文化大革命"期间被转卖出去作为五金附件厂房，后于1979年被县革委会拆毁改建为政府员工宿舍。②

1986年，陈族裔孙腴房培现、华房昊民、蕙房祖成等人积极发起邀请各房热忱于祠事的族人焕康、洞秀、绍康、伏勤、瞻淇、松弟、鸿锵、绍榕、近文、树梅、梓生、唐仔、焕锦、慈仔、铃生、寿德、阿弟、进弟等二十余人共同组成董事会，负责向政府有关部门交涉归还祠堂事宜。起初，陈祠董事会积极联络宗亲向粮食局等部门反映情况，但并未收到积极回应。因此，董事会决定采取措施继续争取，当时祠堂作为城关粮站仓库使用，并派有工作人员看守。经陈祠董事会数次交涉之后，城关粮站同意将相关情况上报给福安县粮食局。1986年9月23日，粮食局起草了一份报告呈送福安县政府，指出陈祠粮站"地理位置差，交通不便，粮油搬运装卸靠人力车进出，运费开支较大"，而城关粮站已在小溪边建有新粮库投入使用，因而"陈祠库当前空闲着，

---

① 郭志超、林瑶棋主编：《闽南宗族社会》，福建人民出版社2008年版，第59页。
② 《关于县革委会机关行政组请求拨款新建职工宿舍的批复》（安革〔1979〕145号）。

实际成了一座废库"①。此外,尽管陈祠粮库一直为城关粮站所用,但其产权却并不归属粮食局,因此粮食局同意城关粮站上报的意见,向福安县政府请求将陈祠粮库退还有关部门接管处理。9月27日,县政府办公室在接到报告后,认为"退还祠堂是个涉及面广的复杂问题",决定暂不批复,待会议研究后决定。

然而,此后事情一再延宕,久拖未决,董事会成员迟迟未能得到粮食局反馈意见。于是,一方面,他们借用美国人类学者詹姆斯·C.斯科特所谓的"日常的反抗"②形式,综合运用"闹"和"缠"的问题化技术,把自身的诉求"建构为危及社会稳定局面因而是政府无法回避、推诿、拖延和敷衍的紧要问题"③,组织群众前去祠堂开展评书等文娱活动,使得粮站工作人员担忧引发安全事故,难以承当相应的责任,被迫更加积极地向上级有关部门反映情况并做出回应;另一方面,他们诉诸党和国家对台大政方针,通过积极联络旅台宗亲盛德、信堂、特荣等人联合陈祠所在冠杭街居委会,以"修缮组祠、崇德追远,可以增进台胞的民族情感"为由,继续向福安县政府办公室反映情况,要求把被城关粮站占用的陈祠让给街道群众创办老人文娱活动中心及幼儿园。1988年1月6日,县政府在接到相关报告后责成信访办进行处理。1988年1月20日,福安县信访办邀请县粮食局、韩阳镇政府、冠杭街居委会等相关单位进行座谈,共同交换意见,并依照国家相关政策法规的精神,向县政府提出相应的处理建议。他们认为,随着粮站新粮库的陆续兴建使用,陈祠粮库因其地处交通不便的小巷内,已基本失去储粮仓库的作用,而冠杭街作为省、地(市)授予的文明先进街道之一,人口居全镇之冠,退休干部职工及学龄前儿童人数众多,老年人活动及幼儿入园都缺乏相应场所,并且陈姓台胞寄送资金回乡,希望能够

---

① 《关于退还城关陈祠粮库的报告》([86]安粮字第142号)。
② [美]詹姆斯·C.斯科特:《弱者的武器》,郑广怀等译,译林出版社2011年版。
③ 应星:《大河移民上访的故事》,生活·读书·新知三联书店2001年版,第318页。

修缮宗祠，以便返乡寻根观光。因此，他们认为将陈祠让给冠杭街道群众修缮，作为创办福利文化事业之用，不仅可以联络台胞民族感情，而且能够解决部分群众缺乏娱乐活动场所的困难。县粮食局在迟迟未收到上级批复意见后，于9月2日再次向县政府办公室提交紧急报告，指出"近一年来，社会上的一些群众，未经任何人许可，以修理太祖亭、陈祠为由，擅自占用陈祠'办公'，阻扰粮食进库，已迫使城关粮站馒头车间生产停产、搬迁，现在又发展到晚上在陈祠仓库内进行评书活动，已严重影响正常的工作秩序"[1]，存在极大的安全隐患，因而要求上级部门积极进行干预，以防止意外事故的发生。9月5日，福安县政府办公室发出紧急通知，要求在陈祠的使用和归属问题未解决前，社会群众不得进入"办公"和在内开展活动，并责成韩阳镇政府协助做好群众工作，而在相关事宜未处理清楚前，城关粮站及粮食局应加以管理，制止群众开展评书等危害粮库安全的活动。11月3日，韩阳镇人民政府又以安全为由向福安县人民政府请示，要求根据《中华人民共和国土地改革法》第二章第三条关于"征收祠堂、庙宇、寺院、教堂、学校和团体，在农村中的土地及其它公地……"的规定，提出将陈祠划归韩阳镇作为文化娱乐和公益事业活动场所使用，以促进其文化教育和精神文明建设。[2]

1989年4月5日，福安县政府经研究决定，鉴于陈祠粮库交通不便且使用年久，又地处群众生活区、安全无保障，确已失去储粮之作用，同意韩阳镇和县粮食局意见，将该粮库移交韩国阳镇政府管理使用，但同时规定"不得拆建，不得被人占作封建宗族活动的场所"[3]。5月10日，韩阳镇政府向县人民政府提交了有关陈祠管理的三条意见：一是办公益事业，充分利用陈祠场所，作为幼教和离退休干部的活动中

---

[1] 《关于我局城关粮站陈祠仓库安全问题的紧急报告》（〔88〕安粮秘字第147号）。
[2] 《关于要求冠杭陈氏祠归韩阳镇使用的请示》（安韩政〔1988〕165号）。
[3] 《关于将上杭粮库移交韩阳镇政府管理使用的批复》（安政办〔1989〕030号）。

心；二是积极筹集资金，逐步对陈祠进行修缮，改变破烂的状况；三是制定有效的措施，加强管理，严禁群众在陈祠内搞宗族活动，由镇政府出禁令加以禁戒。

至此，经过近三年的多方周旋交涉，最终陈氏宗祠在名义上划归到韩阳镇政府管理，作为上杭老人活动中心场所，但实际上则是由陈祠董事会向前去祠堂参加娱乐活动者收取租费，进行日常的管理和维护。嗣后，经过各董事共同倡议，决定向城乡全体族人广泛宣传尊宗敬祖及重修祠宇的意义，筹措经费规划重修宗祠，先是以祠堂前方太祖亭为整修重点，耗资两万余元终使其重放光彩。此后，董事会积极发动海内外的族人，筹措资金继续对祠堂开展全面整修，由于年久失修，工程浩大，历时三年有余，耗资十万多元，方才使得破败不堪的祠宇焕然一新。1995年，陈祠礼聘名匠精心设计，在正厅上方全部采用有机玻璃和铝合金制造左右八房和正中始祖等祖宗龛位共九孔，同时新雕刻九座玲珑精致的龙牌，并在后座正厅上新塑三尊祖像，耗资两万元。在大事整修工作的基础上，为了庄严祠宇，让后人瞻仰祖祠敬奉祖先，再次将太祖亭上漆，使其色彩更为光彩夺目，同时聘请著名石匠在正厅左右廊前和祠前太祖亭左右两边以优质青石雕刻精致石栏杆两座。

1994年元月，陈祠董事会以"上杭老人活动中心"的名义，以离退休老人增加，活动中心场所窄小为由，向福安商业局提出归还原先被粮食局转卖给商业局的祠堂边室房产的请求，以便使老人能够安度晚年。[①] 经过近两年的协商，福安商业局与陈祠所在的城北街道办事处前进村民委员会于1996年9月2日正式达成协议，由陈祠董事会以上杭老人活动中心的名义，支付人民币三万元购回祠堂边室，用以增加老人活动中心空间。[②]

韩城陈氏肇基始祖孺公墓坐落于城内后巷，其与宗祠相距仅仅千余

[①] 陈祠理事会收藏文件：《关于请求归还上杭老人活动中心被占用部分房产报告》，1994年元月。

[②] 陈祠理事会收藏文件：《归还陈祠边室的协议书》，1996年9月2日。

米，但由于集体化时代特殊的社会氛围，坟墓失管以致毁弃，甚至部分墓基处于地区电力公司员工宿舍的柱木支架之下。于是，陈祠董事会派人前去电力公司展开交涉，经过多方周折，最终使得电力公司自行拆卸被占部分的支架。但由于祖墓年久失修、将濒崩毁，于是董事会不仅积极发动祠下裔孙，而且还主动联络邑内孺公后裔，广泛筹资全面修葺祖墓，最终耗资万元，使得荒芜失修的祖墓焕然一新。

(二) 祠业产权追索

在祠堂主体建筑相继收回以后，陈氏宗族继续对传统上由其所属及管业的祠产加以追索。2004年4月25日，陈祠理事会向福安市信访局提交报告，要求归还陈族节孝祠产权管业。节孝祠原于雍正五年（1727）由时任福安知县傅植建于城内重金山。乾隆二十六年（1761），陈族贡生陈灿捐凤尾山地基，陈惟屏捐资移建。此后该祠直至民国时期均由上杭陈祠进行管业，并委派专门人员看管香火。民国末期，城内郭姓母寡子幼，无处容身，陈祠遂收容母子二人在节孝祠后厢居住，并负责管理该祠香火，早晚虔诚奉香。直至20世纪80年代初期，该祠所在东凤社区为筹办铸造厂，遂将其拆建为翻砂车间。数年后，由东凤社区将厂房转卖给陆姓私人。此后，以腴房理事长为首的陈氏族人多次向东凤社区提出要求收回该祠管业，他们向福建省司法厅进行咨询，得到回复说：1957年4月最高人民法院《关于办理祠堂产权问题的批复》中指出，"祠堂房产的产权不宜确定一人所有，也不宜收归国有，而应指定适当人代管"。1979年财政部对"关于建国初期收归国有并已作处理的祠堂，现在是否应当无偿移交房管部门的请示"的答复中规定：由于历史原因已经无法调拨给国营企业的土改时期没收的祠堂、会馆等封建财产，在1971年7月1日已经无偿调拨给国营企业的固定资产，如果在土改时祠堂没有被没收，那么它的产权不宜确定为一人所有，也不宜收归国有，而应指定适当的人代管，凡是没有被没收的祠堂，集体应该向祠堂代管人交付一定的租金，以作为祠堂的修缮费用。因此，陈祠以节孝祠属于文物古迹的名义，要求有关部门"执行文物法规，落实文物政策，拯救文物古迹"，将节孝祠产权归还陈祠所有，并将其上升到"关系到党的文物政策的贯彻落实，关系到社会的安定团结，关系到维护中央及地方政府对文物政策文件落实的严肃性和权威性，同时也关系到中华人民共和国法律的尊严性"①的高度。

福安市信访局在收到相关信访报告后，将其转送市民族与宗教事务管理局处理。6月8日，市民宗局对报告予以答复，以该祠不属于宗教范畴，并非宗教活动场所为由，民宗局无权过问和处理其产权问题，但同时提出建议"该祠如属文物，应由文物管理部门作出权威鉴定，然后按文物保护法对该祠依法依规进行管理；如该祠不属于文物，应按'属地管理'原则，由该祠所在地乡镇政府会同土地、房管部门进行产权核实，然后按最高人民法院《关于办理祠堂产权问题批复》精神，指定适当人代管"②。尽管由于该祠已经拆建，涉及的层面和对象都极为复杂，在笔者调查结束后尚未获得圆满解决，但许多陈氏族人一直未放弃对其产权的争取。

除了对节孝祠提出产权归属要求外，一些陈氏族人还对在1979年已被拆建为政府宿舍的威惠侯王祠（俗称祖宫）提出产权要求。解放后，根据属地管理的基本原则，陈氏祖宫系由所在地前进大队上杭片生产队管理使用。据腴房房长陈麟书理事回忆，20世纪60年代曾作为牛栏关放水牛两头。1972年，居住在附近的陈氏族人欲创办汽车附件厂，但苦于无处建设厂房，于是向前进大队求购陈氏祖宫。当时，原本由前进大队九名小队长共同签字将祖宫变卖出去，但其中一名畲族雷姓队长之妻以陈族是地方望族，此事恐怕日后会有变化，遂竭力阻止丈夫签字，但仍改变不了祖宫被变卖的命运。1976年，祖宫又被厂房主人转卖给政府拆建为员工宿舍。改革开放以后，尽管陈祠族人多次向有关部

---

① 陈祠理事会收藏文件：《关于请求落实文物政策归还福安节孝祠产权管业的报告》，2004年4月25日。

② 《关于对陈铃书"请求落实文物政策，归还福安节孝祠产权管业"报告的办理答复》（安宗局〔2004〕16号），2004年6月8日。

门反映情况声索返还产权，但毕竟祖宫建筑已荡然无存，势必难以收到任何积极的回应。但是，关于祖宫被变卖和拆毁的历史事实，陈祠理事会形成了两种针锋相对的意见：一派认为此系当时特殊社会情势下的历史共业，不应过多地追究具体个人的责任；另一派认为既然祖宫属于宗祠产业，而这些人却署名变卖宗族公产，就应将其中内情写入谱，以使这些人得到惩戒。两方意见相持不下，最后双方妥协，决定不书写具体姓名，只将此事书入谱牒之中，并对畲族雷姓队长及其妻子抵制签名一事加以大力宣扬，将其详细记录在案，一方面是对雷姓夫妇行为的表彰和标榜，以作为传扬后世的榜样；另一方面则是隐晦地显现出对其他人短视行为的批评。

(三) 修缮与扩建宗祠

进入 21 世纪，随着社会氛围的愈加宽松，经济生活水平的不断提高，民间宗族重建与复兴的热潮进一步发展。在改革开放初期，原本对参与祠事存在许多疑虑的公职人员，渐渐开始关注和参与宗族活动中来。2009 年 3 月 30 日，韩城陈氏宗祠选举产生了新一届理事会，义房裔孙陈佑年被推举为第六届理事会理事长。作为一名有地方政府工作经验的退休干部，他决心利用自身丰富的经验领导和推动宗族发展，以期将宗族的管理和建设带入一个规范化和制度化的轨道。

扩建与修缮宗祠、晋主是该届理事会所设立的两大主要工作目标，正所谓"先人建祠祭祖，后人守祠祀宗，此当责无旁贷。……人夷威惠侯祠为平地，虫蛀备祀寝室成空壳。四百多年期盼晋主盛典，一万余灵柱望舒心龛位。千年凤岗木心急如焚，万代虎井水翘首以待"[①]。在接手宗祠工作后，陈佑年理事长立即组织理事会成员以及各房代表，先后赴阳头李氏和黄氏、坂中黄氏、郑氏和阮氏等宗祠参观学习，在见到其他姓氏宗族尚能利用有限人力物力将宗族工作开展得有声有色时，深感自身肩上责任的重大。在理事会议工作报告中他说道："收回管理时

[①] 陈耀年：《重修上杭陈氏宗祠碑记》，收入《福安市上杭陈氏宗祠的记忆·最近八百天》，福安市陈氏宗祠编委会 2011 年编印，第 38—40 页。

间短、宗亲少的他祠尚能修好、管好，名门望族的上杭陈祠怎可能甘居下游？一个村，几百人都能建一座宗祠，有二万多人口的上杭陈祠后裔怎么不能扩建维修陈祠？"由此激发了广大宗亲族众的荣誉感和热忱之心。此外，由于在普通族众心目当中，使逝去的祖先获得一个灵魂安居的场所是其参加宗族活动的根本目的，因而基于这样的认识，陈氏族人都希望能够尽快扩建宗祠，以便能够满足其安顿好祖先的心理需求。于是，宗祠理事会顺应族人的意见和要求，提出了"修缮老宗祠，重建祖宗宫，新构敬祖堂"的构想。

宗祠的扩建与修缮的关键即如何筹集到所需资金，为此理事会在广泛征求和听取各方意见后，凝聚共识并审慎制定了集资修建的工作方案，成立了"上杭陈氏宗祠修建领导小组"和"上杭陈氏宗祠筹资领导小组"。前者负责主持祠堂的修缮工作，该小组由六人组成，分为宗祠、太子亭修缮装饰组，威惠侯祠基建组和敬祖堂基建组三个分组；后者负责宗祠修缮的筹资工作，由陈同春理事担任组长，各房房长均为副组长，并具体负责本房的筹资工作。由此，大家分头行动，筹资领导小组迅速安排工作人员将集资方案、公开信、倡议书等相关宣传文件资料，传达派送至陈氏族人居住的街坊、村落。由于此数份文件内容丰富颇具价值，特均全文移录如下：

上杭陈氏宗祠扩建、修缮集资方案

本届兴建"祖宗宫"、"敬祖堂"和修缮"陈氏宗祠"所需的资金采用人丁分摊和个人乐捐同时进行的办法筹划。

一、筹资渠道

（一）子孙分摊。每人人民币五十元。主要用于筹建"祖宗宫"（实属特殊困难者各房酌情减负）。人丁分摊由各房自行组织。款收齐后应及时交理事会"财务和财产工作处"，汇总上账。

（二）子孙乐捐。"陈氏宗祠"后裔子孙繁衍不息，敬祖孝祖，慷慨解囊，上不封顶。个人乐捐与本房的房长联系，亦可直接与宗祠理事会联络。

（三）宗亲乐捐。孺公派下"陈氏宗祠"遍布全市各乡镇村落。理事会愿与同族同祖宗亲溯本追源，祈盼下属"陈氏宗祠"子孙热烈筹资、捐资。

（四）戚族乐捐。欢迎陈氏女婿、他族亲朋乐意向上杭"陈氏宗祠"捐资，以求共同发达。

二、激励方法

（一）刻碑永志：乐捐伍佰元以上者（含五百元，下同），均刻碑留名。

（二）实物纪念：

乐捐三千元以上者，五千元以下者，加发给证书。

乐捐五千元以上者，一万元以下者，加发给镜框。

乐捐一万元以上者，加发给大铜牌，宗祠组织锣鼓、唢呐队上门嘉奖祝福；每人单独勒石镶嵌在两侧水道墙壁上。

（三）精神鼓励：乐捐两万元以上者，宗祠举行晋主庆典之时，特邀上台授予"孝心后裔"称号和绶带。

三、集资凭证

本届"陈氏宗祠"理事会已制定规范的服务收支制度。为防止疏漏差错，人丁分摊款以户为单位，宗祠开具凭证。其他乐捐者，宗祠除开具收据外，还以如下形式为凭。

（一）刻碑为据。凡乐捐伍佰元以上（含伍佰元）者，全部刻碑为据，留名志念；

（二）记载谱牒。

上杭陈氏宗祠理事会

公元二零零九年四月二十日

倡 议 书

上杭陈氏宗祠各位裔孙：

上杭陈氏宗祠五月八日动工修建暨乐捐庆典以来，蒙各宗亲对祖宗的孝心和宗祠事业的热心，集资工作取得一定成效。但由于本族人口多、分布广、经济状况不平衡，宣传发动不广泛，全面联系有困难，目前宗祠集资总额与修建工程预算仍有较大差距，为此，上杭陈氏宗祠倡议：

一、为修建上杭陈祠乐捐，是陈祠子孙的善举和美德。人丁款由于户数众多，无法每户都刻碑留念。我祠人丁款每人五十元，这个数额是全市各姓宗祠人丁款收取最少的。理事会当时做此决定，既是考虑城乡经济状况不平衡，更是为了让有能力的宗亲多乐捐。乐捐五百元以上者即可刻碑留名。五百元对一个家庭、一位宗亲来讲不是一个大数目，只要有孝心完全可以捐出。但每户五百元，对于上杭陈祠来讲积少成多、聚沙成塔，却是大数目。

二、中华民族的最高道德是孝悌，中华文化的核心内容是孝道。我们每位宗亲，祭祀自己的祖宗。我们修建宗祠，继承血脉，是要世代弘扬祖宗开疆拓土的创业精神，消除虎患的为民精神，抗击倭寇的爱国精神。我们一定会得到祖宗孺公的保佑，人丁兴旺、合家平安、财源广进、事业发达。

三、理事会已择定七月二十一日（农历闰五月廿九日）为上杭陈氏宗祠二、三号楼基建动工仪式暨第二个乐捐日。请各房、各片、各村负责人目前就开始收取乐捐款，届时直接参加乐捐仪式。个人也可在方便时直接送乐捐款到上杭陈祠交纳。

四、本祠将在电脑上开设"福安市上杭陈氏宗祠"网页，网址为 chen.afuan.com；宗祠地址：福安市上杭虎井巷三号；电话：0593－××××26，汇款农行账号：13－220200××××7723，届时各宗亲可直接上网查阅自己捐款。

上杭陈氏宗祠理事会
二零零九年六月二十五日

之所以要不厌其烦地摘录这批材料，实在是由于其为我们了解失去传统族产支持的城中族是如何获得相应的经济支持提供了弥足珍贵的真实而又详细的资料,具有十分重要的学术研究价值。从上述材料中,我们可以很自然地感受和认识到,宗祠理事会对如何筹钱来修缮和扩建宗祠,可以说是绞尽脑汁。由于韩城陈氏并非一般性的村落聚居宗族,而是一个在地域社会中所形成的散居型宗族,因而筹资宣传必须通过相应的组织系统来加以推动,主要由各房负责将相关宣传材料通过进村入户的方式发送到位。

宗族制定的筹资方案,决定了资金主要采用子孙分摊、子孙乐捐、宗亲乐捐、戚族乐捐等办法筹集。子孙分摊是指向陈祠属下八大房子孙收取人丁款,属于义务性质,但仍以自愿为原则;子孙乐捐则是各房子孙依据心意、能力主动捐献。为了最大限度地筹集到资金,宗祠理事会以同族同祖的情感网络为依托,鼓励孺公派下其余分祠裔孙踊跃捐助,而且还积极发动陈氏女婿、戚族等亲友捐资共襄盛举。向宗亲和戚族寻求乐捐不仅有助于筹集资金,同时也有助于扩大宗族影响力。为了鼓励族人大力捐资,理事会还采取相应的激励机制,包括刻碑永志、实物纪念和精神鼓励等多种方式,以最大限度地激发宗亲族众的捐资热情。

此外,理事会还结合族众的心理需求,开动脑筋提出了一些颇具创意的办法,不轻易放弃任何一份微小的力量。例如,采取说服动员的方式,让每个宗亲家户"添丁",即原本五人的家庭算六人,七人的家庭算八人,九人的算十人。这样既能够使每户多缴纳五十元的人丁款,同时也表达宗祠对宗亲"多子多福"的美好祝愿,使其乐于贡献心力,以积少成多、汇流成河。

在筹资过程中,宗祠理事会竭力做到财务公正、公开和透明,消除宗亲的疑虑,并采用收据发票制度,同时利用先进的技术,以网络、银行卡等现代方式多种渠道来收取捐款,方便大家。理事会在筹资过程中,对族人晓之以理、动之以情、竭尽心力、绞尽脑汁地采取种种措施激发族人捐资的主动性和积极性。经多方共同努力,各房合计收到人丁款905780元,各房及亲族乐捐1687982元,总共合计2593762元,折合黄金二十二斤三两三钱四分。

由于此次宗祠扩建工程项目庞大，所需资金数目惊人，而所收人丁款和乐捐款尚不足以满足其支出之需要，因而采取收取晋主龛位费的办法，并规定龙牌①须以五代为准登记雕刻，即由自身上溯五代，包括父母、祖父母、曾祖父母、太高祖父母均须独立缴纳龛位费一千元，以及龙牌制作费三百六十元，而五代以上则由宗族统一制作龙牌，这样就将原本传统上属于少数精英阶层享有的特权普遍化，以对传统的创造性变革获取相应的经济资源，前后历次合计收取晋主龛位费四百余万元。

为了加快宗祠修缮工作的进度，理事会不仅紧锣密鼓地开展乐捐活动，而且同时成立了"上杭陈氏宗祠修建领导小组"，分为宗祠、太子亭修缮装饰组、威惠候祠基建组及敬祖堂基建组三个分组，负责督导宗祠修缮工作的进行。

2009年5月8日，鞭炮齐鸣，锣鼓喧天，陈氏宗祠在欢乐喜庆的氛围中，开展了宗祠修缮动工及第一次乐捐活动的仪式，来自各县市的族裔积极踊跃地来到宗祠参加捐款，当日即收到各房捐款人民币72万余元。乐捐工作初显成效，但是理事会根据具体情况仍决定要加大宣传力度，重点动员族内的企业家等知名人士乐捐。由于一些族人对于在距离县政府后方修建宗祠设施抱持着疑虑，因而理事会决定一方面加快筹资力度，另一方面立即着手宗祠修缮工程。这样既可以争取工程建设时间，保证宗祠建设的质量和进度，又可以借此消除宗亲疑虑，表明理事会修缮宗祠的决心，从而更好地带动族人的捐资积极性。

在宗祠修缮工作如火如荼地进行时，许多族人都闻讯主动赶来帮忙，参加现场工作、监督工程质量。经过多位雕刻师、木工、泥水工等数月的艰苦奋战，以及全体族人的共同努力，陈氏宗祠、威惠侯王祠及敬祖堂等的修缮工程历时仅半年即于2009年11月正式得以胜利竣工，

---

① "龙牌"是闽东方言，即为神主牌，系祖先灵魂依凭之所，以木板刻制，因其上部雕刻有龙头，故民间俗称为"龙牌"。

这无疑是陈氏宗族数百年来的盛事,族人们无不欢欣雀跃。

图 5-1 威惠侯王祠内部陈设

  修缮完毕的宗祠焕然一新,宗祠为典型的闽东传统砖木架构,青砖灰瓦、飞檐翘角、雕梁彩绘、工艺精湛,外观古朴典雅,内厅富丽堂皇,是一座具有浓郁地方特色的传统祠堂建筑。祠堂正门上方书有"陈氏宗祠"四个鎏金大字,苍劲有力。大门楹联为"神州望族声震五洲四海,颍水凤岗延绵万古千秋",两侧横眉书写"入孝""出悌"。既向世人昭示上杭陈氏显赫的家世源流,又向子孙后裔传达了宗族所强调和坚守的儒家传统孝悌仁义的道德理念。宗祠主体建筑依山而建,沿着中轴线分为三进三厅,层次分明、错落有致。石头台阶依奇数层层递增,从一个台阶起,分别到三个、五个、七个、九个,最后直登寝堂。

  首进厅是迎宾厅。每逢宗祠重大祭祀庆典过后均会在此搭台唱戏,大厅两侧有欣赏戏曲的廊庑和回廊。回廊两侧分别镌刻着注入新时代价值理念和精神内涵的"家范"和"陈氏宗祠历史文化长廊"。大厅后面的天井，不仅具有采光的实际用途，"四水归堂"式的设计还表达了"财源广进"的深远寓意。天井北壁石栏壁下镶嵌有一对麒麟嬉戏石刻浮雕，系明朝遗存旧物，栩栩如生、灵动活泼。阶栏两侧雕刻有"二十四孝"浮雕，均取材于我国古代经典的孝文化故事，体现出陈氏宗族对孝悌文化矢志不渝的追求与弘扬。

二进大厅是礼仪厅。该厅是陈氏宗族举行祭祀庆典、宴饮的场所。正厅上方悬挂着陈氏历史名人题写或获赠的匾额，雕梁正中悬挂着"海甸幹城"巨型大匾，系清代嘉庆皇帝御赐给陈族武官金门镇中军游击陈玉龙，表彰他于嘉庆十三年（1808）代表清政府率领战船远航琉球国册封琉球国王的卓越功勋。两侧则分别是由国民党元老陈立夫先生亲笔手书题赠的"惟孝是尚"和旅台宗亲题赠的"远追德崇"匾额。大厅两侧墙壁镶嵌有六方碑铭，其中有两方碑石是明代遗物，分别是万历辛卯年（1591）的《祠堂碑记》和万历戊戌年（1598）的《造石路记》。大厅两侧墙上新增四面《开疆拓土》《血染北门》《九哥封王》及《孝悌传家》大型红木浮雕。它们生动地刻画出家族艰辛悲壮的开基立业历史场景。二、三进大厅之间的天井正中央雕刻着九龙壁画，井壁则镌刻着《岳飞抗金》《郑成功收复台湾》《戚继光抗倭》《林则徐虎门销烟》等历代爱国主义题材故事，意在向族人弘扬忠孝仁义、智勇有节的高尚节操。

二进厅登上九级石阶来到奉祀上杭肇基始祖及历代先祖的祭祀厅。正厅中央为始祖孺公寝殿，寝内奉祀着肇基始祖孺公及詹氏孺人神像，两旁从祀的是二至十三世列祖列宗的神主牌位，前置有珍贵树种制作而成的神龛。殿左右两侧摆放了一对巨型花瓶和一对嵌珠宝的铜大象。寝殿上方梁柱间悬挂着陈立夫先生亲笔手书的额匾"上杭陈氏宗祠"。大厅两侧的寝堂供奉着十八世至二十八世数以万计的先祖亡灵，其名字依据左昭右穆之序分列于十面大统牌之中。寝堂左右下方木壁上，分别挂着篆刻有关于华、延、腴、远左四房和兰、蕙、荇、义右四房基本概况的木牌。该厅是祖先灵魂安息、春秋崇祀之所，相较前两厅尤为瑰丽华美、庄严肃穆，更加突出地彰显了上杭陈氏慎终追远、奉行孝道的深层宗族文化内涵。

宗祠左侧的六层大楼是新建的威惠侯王祠，底层是用于烹煮饮宴的厨房和餐厅，二层原先用于出租作为文娱活动中心，现则预备作为陈氏宗祠文化陈列室，三、四、五层是提供理事会各部门及各房处理宗族公务的场所，顶层则供奉着威惠侯王及詹氏孺人神座，供陈氏族人及周边信众祭祀和瞻仰。

敬祖堂坐落于宗祠祭祀厅后方，是一座建筑面积有六百余平方米的六层建筑，分别设有福善堂、忠勇堂、孝悌室与仁义室。堂内设有三千八百三十四座祖先龛位，陈氏二十九世以降的先祖神位均可对号入座，四百四十余位二十九世以前的列祖列宗统牌则可供奉在福善堂。陈氏宗祠、威惠侯王祠与敬祖堂等重修主体工程，共计总投资三百八十五万八千四百七十元，折合黄金三十三斤六钱二分。

尤其值得一提的是，在宗祠修缮过程中，陈氏宗族不仅重视对宗祠建筑物实体的维修和更新，还将许多现代新文化元素融入其中，使得宗祠既古色古香、具有浓郁地域文化特色，又富于时代气息。与此同时，他们也十分重视宗族精神文化的建设，宗祠理事会专门成立了史料和祭祀处，负责祠堂内柱子联匾联文、宗祠文化走廊等各方面内容的规划和整理，以此向族人宣扬孝悌仁义和爱国主义等民族文化精神内涵，传承祖先的恩德与荣耀。毋庸置疑，这不仅提升了陈氏宗祠的殿堂形象和建筑品位，更为祠堂增添了深厚的精神文化内涵。

2009年11月30日（农历十月十四），陈氏宗祠隆重举行"纪念孺公定居上杭八百八十周年、敕封威惠侯王七百六十周年暨上杭陈祠修建庆典大会"。包括九嶷山舜帝陵管理局、九嶷山舜帝陵基金会、河南固始陈氏文化研究会以及江西德安义门陈联谊总会等均发来贺电。福建省陈氏文化研究会、福建省陈氏源流研究会会长，寿宁三峰寺祖祠理事长、厦门市陈氏宗亲以及全市七十多个宗祠负责人，共计千人莅临盛会。是日花团锦簇、鼓乐齐鸣，热闹非凡。陈氏宗族准备了猪、羊等牺牲奉祀列祖列宗，理事及来自各地的宗亲跪拜先祖。嗣后宗祠大摆宴席一百六十桌欢庆盛典，并出资邀请剧团演出闽剧古装戏三昼夜。

二 族谱

族谱是确认宗族成员资格并为本族成员提供与其他同姓宗亲关系的依据，它在一个父系观念强大的社会中明确地标识出群体自我认同根基的父系祖先源流。① 随着祠堂及祖墓等宗族祖业修缮工作的逐步开展，族谱的编修也相继被各房理事会提上议事日程。然而，由于各房自民国时期最后一次修纂族谱，时间相隔最近者亦已过去将近四十年之久，更何况族裔遍布闽东城乡各处，数十年未曾登载人丁繁衍等相关信息，而且失去联络的族人不在少数，此时要续修谱牒困难重重。例如，左一华房自1985年至1990年，先后断断续续收集丁款，采用依照分楣或居住地进行零星编修，但这样也使得谱牒失去全面性和系统性，形成参差不齐的现象。

（一）分修房谱

1992年秋，蕙、义两房发扬同根共祖通力合作的宗情族谊，由蕙房钰灼、义房应光等发起倡议共同组成修谱董事会，聘请寿宁县黄埔军校十一期毕业生龚书元先生为主纂，纂修蕙、义两房谱牒。只是此次修谱碍于当时人们生活水平有限，经费难以筹措，故谱局合组共同聘用先生主笔，实际上仍属分修。由于两房距前次修谱已分别有五十年、七十一年之久，使得修谱工作遭遇不少难题，如有先人及后裔名字不详，难以上下衔接；或是由于后人星散迁居，无法确知详细地址，难以致函查访填写家状者亦不在少数；此外，涉及承嗣等世系接续和继承问题的更是纷扰甚多，还有个别家户经济困难，无法缴纳丁钱，这些都使得修谱工作难以开展。不过最终在全部理事的齐心协力下，通过缜密研讨，逐

---

① ［日］濑川昌久：《族谱：华南汉族的宗族·风水·移居》，钱杭译，上海书店出版社1999年版，第21页。

项解决，除了一些未臻完善之事，大抵都得到圆满解决。1993年10月，蕙、义两房创修谱牒的工作在历时一年两个月胜利完成，随即举行隆重的告成典礼。

受到蕙、义两房修谱工作的鼓动，1993年仲夏兰房裔孙瞻淇、金章等发起重修倡议，筹组修谱理事会，派遣理事不避寒暑劳累跋涉于崇山峻岭之间，遍历街坊村落，收集家状、逐户核实，并向浙、京、沪乃至港、台及海外族人广发信函，不遗余力地收集族裔人丁材料，并顺应社会和时代发展要求，更新价值伦理观念，在新谱中摒弃封建糟粕，遵循"民法""继承法"，力图使男女平等得以体现，前后历时岁半谱乃告成，并嘱陈鸣銮之子春江续撰谱序。几乎与此同时，左三腴房裔孙培现克承父志，邀集族人共组修谱董事会，发起修谱倡议。经董事会商议，由董事配合分赴各处收集家状，而其中有裔孙"散布远地者，以经济支绌，无力遣人专访，则叠函相告"①，实在未能收到回复者，则只能待后续纂，历时年余，谱牒于次年（1994）方告完成。1995年年初，华房董事鉴于此前零星编修的谱牒缺乏系统性，内容参差不齐且存在许多欠妥之处，认为应力纠这些偏差，继各房重修谱牒之体例，亟宜重新发起合房统修谱牒。3月31日，华房正式举行开笔仪式，随即遣专人分赴各街坊村社宣传合房统修之重要意义，重新登记家状，但毕竟因相距此前零星纂修时间过近，因而在收取丁钱时遭到部分族人质疑，以致滋生不少族人漏报家状或拖欠丁钱的现象。此外，还有一些乡居族人已单独纂修谱牒，如福鼎县店下、鱼窝等村二百余人，曾先后两次独修谱牒，自成一系，故不再加入合房统修。不过，在房董事长陈财生的主持领导下，经族亲和修谱先生的通力合作，最终将诸多难题一一化解，历时二百多天终告完成，并于是年十月十八日举行封谱大典。至此，自民国时期中断数十载的修谱工作初步得以完成，原本失去联络的各地族人亦赖修谱工作的开展而重新整合起来。

---

① 张宗良：《新修上杭腴房族谱序》，载《凤岗陈祠左三房支谱》卷1，1994年重修本。

值得注意的是，此次修谱不仅有一些村居族裔因长期未能续修谱牒，遂独立分修本村谱系，而且有原本早已脱离出去的族裔重新加入合修。例如，濑屿陈氏源出左一华房第一榴派裔，自明成化年间十七世裔孙亦雅公肇迁斯土，世代繁衍，其谱久未合并修缮，只是单独续修，终修于民国六年（1917），至20世纪90年代已逾七十年未获重修，在得悉陈氏宗祠重修谱系后即决议加入合修。① 又如，右四义房"财洪支回房合纂，今列在长支，大见能让高风"，而"碧照同宗挟其家乘，请求合谱，考其始祖谌公与孺公同时人，其十八世远祖旧老公，三峰同源，才容附录于房谱最后。直至最近中坂即张坂，宗人来会谱，考于孺公第四曾孙霁公迁许洋半岭之下，加上层徙福首，后来肇迁张坂为始祖字样，以便联亲。凡此悉符家礼，尊祖必敬宗，敬宗必收族之道"②。因此，从某种意义上来说，此次修纂宗族谱牒是一场实实在在的宗族重整运动。

（二）统修族谱

随着祠堂扩建工程的竣工以及晋主仪式庆典的成功举办，宗祠理事会决定将工作重点转移至修谱上来。2011年1月10日，陈氏宗祠理事会正式发出"关于认真做好'三榜'宗亲名单收集和编纂总谱材料汇编工作的通知"，要求各房提供功名榜、才学榜、风尚榜名单，并提交历史古迹资料、契约、文书、牌匾、民间传说口述资料等实物资料。经过精心的筹备工作，2012年4月15日。第七届宗祠理事会正式成立，并决定将修纂总谱作为本届理事会的工作重点，即要求在各房分修谱系的基础上，着重记述本族在历史发展长河中的历史、人物、事件，深度挖掘宗族历史文化内涵。相较于前次修谱，此次新修工作开展时的社会氛围相对更为宽松，理事会不仅通过其组织系统向分居各社区、村镇的

---

① 陈松青：《重修濑屿颍川陈氏族谱序》，载《上杭颍川陈氏左一华房第一榴宗谱》，1995年重修本。

② 龚书元：《重修右四义房陈氏宗谱序》，载《颍川郡派凤岗祠右四义房陈氏宗谱（一）》，1993年重修本。

族人传达重修族谱的信息，而且还利用在当地电视台的黄金时段投放广告等现代传媒手段，通知族人前来祠堂填写修谱家状。

随着收纳丁款、填写家状等修谱前期工作在宗族理事的努力下进入尾声，各房随即开始正式延聘修谱先生纂修族谱。在修谱工作正式开启前，须由修谱先生主持"开笔"仪式。首先，先生以红纸手书"繁支百世，举笔千秋""源远流长，枝蕃叶茂"等吉利语张贴在始祖（房祖）神龛左右两侧，并将所藏旧谱的分房世系页打开摆放在供桌上，理事则依序将鱼、肉、茶、果、糍粑等各式祭品摆上。随后，开始鸣炮、燃烛，理事在修谱先生的带领下依次排开，并向列祖列宗敬献鱼、肉、茶、果等祭品，然后在祖先牌位前焚香祭拜。紧接着，修谱先生开始宣读事先撰写的祭文，向列祖列宗禀明修谱之意。嗣后，理事前往敬祖堂摆放祖先龙牌处燃烛、点香祭拜，向列祖列宗报告正式重修族谱，然后将纸钱、修谱祭文焚烧并鸣放鞭炮。最后，修谱先生以毛笔在红纸上书写新谱封面，以象征性地表示正式开笔。

开笔后，修谱先生即开始编列相关家状材料，展开红线接续的"联朱"工作。所谓"联朱"，是指将亲属关系用系谱的方式加以表达和呈现，在民间通常称其为"拉红线"，即将具有直接血缘关系者以红色线条相连接，象征着血脉相连之意。红线连接代表着世系延续，而红线中断则意味着世系终止，凡是宗族成员均须以红线相连纳入以始祖为顶点的谱系当中，每个族人也都能从中找到属于自己的位置。"联朱"不仅代表着血缘继嗣，而且涉及祭祀和财产的继承。

在传统族权伸张的时代，对于那些未曾娶妻生子的族人，若其红线面临着无人接续的中断危机时，即由宗族依照同胞兄弟、堂兄弟、从堂兄弟乃至五服以内的同辈兄弟之亲疏关系的顺序选择合适的继承人选。若被宗族确定为继承人，被继承人之财产即由其继承，但同时亦须承担养生送死的责任，并在被继承人去世后负责其春秋祭祀。假如被继承人家贫无产可继，则由宗族从族产中提取出部分作为补贴赠予继承人。一旦被宗族根据亲疏远近的原则确定为继承人，则由其本人报理事会。如

图 5-2　开笔（作者自摄）

果当事人健在，理事会则派人前去征求意见，询问他想要何人继承，嗣后再由理事会邀集双方进行协商，但不可勉强而以自愿为基本原则。世系继承主要以家户登记的家状情况为准，即家庭情况如何登记，谱系也将如实反映。

世系传承还涉及另一种变通方式，即当兄弟多人，其中一人或数人没有儿子，便将另一兄弟的儿子继嗣两房或数房的情形，此谓之兼祧。伴随着国家计划生育政策的推行，少子化时代渐渐来临，而这无疑给世系继承带来了更为严峻的挑战。为此，在福安当地发展和创新出一种"合并接图"的方式，如下所示：

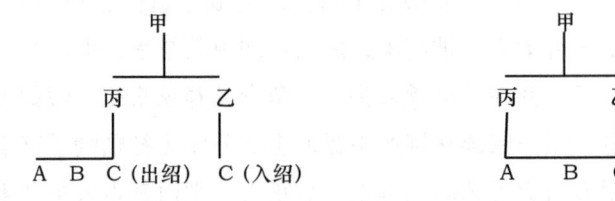

```
         甲                        甲
      ┌──┴──┐                   ┌──┴──┐
      丙    乙                    丙    乙
    ┌─┼─┐   │                  ┌─┼─┐   │
    A B C(出绍) C(入绍)         A B C
```

左是传统上分绍之系谱画法,右则是"合并接图"法。如上所示,甲育有二子乙、丙,兄长乙没有生子,而弟丙育有三子:A、B、C。因此,根据传统的宗族继嗣规则,丙须将长子 C 出绍给兄长乙入嗣继承为子,乙的财产完全由 C 继承,而 C 必须负责为乙养生葬死,并在今后世世代代为其举行祭祀。然而,一方面随着社会经济的发展,勤劳致富机会增多,人们越来越不看重从上辈人中继承得来的财产;另一方面传统思想越来越难以拘囿人们的行为和观念,并且族权的消解使得相互间亲属义务关系愈发减弱。① 这样使得宗族不得不主动调整以适应社会发展的需要,转变为"合并接图"的方式,即由丙子 A、B、C 三人共同继承乙、丙的财产、世系、祭祀等,即兄弟三人之责任和义务均等。这种方式无关乎兄弟人数多少、关系亲属,均可依此类推。可见,中国宗族的世系传承既基于血缘,又超越血缘,是一种基于自然生物性关系上的文化建构。

随着宗谱及各房族谱均相继告成,韩城陈氏于 2013 年 12 月 2 日(农历十月三十)正式举行盛大的封谱庆典仪式。是日上午九时,陈氏宗祠组织三百六十余人隆重举行出巡迎谱活动,队伍从上杭陈氏宗祠出发,走在队伍最前方的是由两组八位族人扛着的"上杭陈氏宗祠封谱庆典"大幅横眉与重达五公斤的宗族总谱,宗祠理事会及各房理事会成员紧随其后,之后是依照长幼之序排列的华、兰、蕙、腴、义以及丙一支的各房族谱和队伍,每房均配备有腰鼓队、军鼓队、唢呐和舞蹈队,并经由专人带队途经群益桥、鹤祥、阳头桥、人民广场、会展中心、南湖桥、下街直至上街返回祠堂,踩街巡游的路线几乎穿越了韩城市区主干道,意在向广大市民展示韩城陈氏壮盛的宗族面貌。

---

① 据兰房常驻先生郑幼康陈述:在族权消解后,许多人不愿承担兼祧之责任,主要基于两个方面的考虑:一是在人们的观念中,绝嗣的宗支不会发达,接续其红线会对自身不利,难以兴旺;二是一旦接上红线,就表示这些是自己的祖先,那么就必须承担许多现实的义务,包括做墓、祭墓、做龙牌等。报道人:郑幼康,66 岁,陈氏宗祠,2013 年 5 月 20 日。

图 5-3 封谱仪式（作者自摄）

12月3日（农历十一月初一）凌晨0时，陈氏族人聚集宗祠正式举行封谱庆典仪式。整个仪式包括两个部分，第一阶段是拜祖祭谱仪式，其程序如下：（1）鸣鼓三声，鼓声通天堂，恭请肇基始祖孺公和历代列祖列宗驾返宗祠受礼，这时全体在此裔孙肃立、脱帽、向祖宗鞠躬三分钟。（2）鞭炮、奏乐吹班及鼓乐队同时响起。（3）由理事长燃烛、上香并点各房香火。（4）理事长向祖宗敬茶、敬酒。随即由理事会全体成员轮流敬献水果、鲜干货、五谷等祭品。（5）由修谱先生宣读祭文，焚烧祭文。（6）子孙拜谱，先由宗祠班子成员行三跪九叩大礼，然后按房依次朝拜，每8人为一组，参加人数有三百余人，至凌晨一时拜谱始毕。第二阶段是上午六点举行的封谱箱仪式。封谱人员事先已遴选完毕，即甄选出族中世份最高年龄最长者和世份最低年龄最幼者，以及两个世份之间者各一人，所选出族人须满足相应的条件，即长者须夫妻双全、子孙满堂，至少三代同堂、家庭和睦，即俗云"好命人"，与此相对应，世份最低者须父母及祖父母健在、生活幸福。随着司仪宣布仪式开始，依照世份从高到低，即由最高的三十世依序传送族谱至四十世并贴上封条，以营造出源远流长、世代绵延之感，并在修谱先生的带领下众人齐声唱和"人丁兴旺""宗支繁盛"等吉利话，最后由四十世裔孙封锁谱箱。封谱箱后，先生将谱本原稿件送进焚烧池焚毁。自此，妥善封存的族谱在没有重大事情时便不再轻易示人，而只有在每年农历六月初六进行例行性的晒谱，以使其不至于虫蛀霉变。拜谱后众族人聚祠饮宴。

尽管陈氏宗祠理事会花费大量人力、物力对宗族谱牒文献进行妥存，但原先的旧谱仍旧损毁严重、残缺不全。于是，在经由宗祠理事会充分讨论后，认为市档案馆有专业设备进行温度和湿度的控制，还有科学编码入库，查找方便利于妥存，遂决议将这些珍贵的宗族文献捐赠给福安市档案局永久保存。2014年6月4日，宗祠第七届理事长陈同春代表宗族向福安市档案局捐赠了总谱及各房族谱、两幅国民党元老陈立夫书法作品、一幅明代碑刻拓片等珍贵资料，档案局作为接收方向陈氏宗祠颁发了收藏证书。此外，宗祠理事会还陆续向福建省图书馆、北京大学图书馆、厦门大学图书馆等省内外研究机构和高等学府捐赠了新修宗族谱牒，并收到各单位的捐赠证书，预备将这些证书陈列在筹划中的"陈氏宗祠文化陈列室"展览。

◈ 第二节 仪式与象征的再造

祠堂与族谱均是维持宗族团体的重要表征，但共同的祭祀行为才是确保宗族组织继续存在的更为根本性的要素。诚如有学者指出，"无论宗族组成特性有多大的歧义，或是社会变迁所带来的影响与冲击，祭祀祖先仍然是宗族团体的主要功能，也是凝聚宗族成员亲密情感的核心要素"①。毋庸讳言，包含宗族公共记忆和文化资源的仪式与象征符号在宗族认同建构的过程中起着非常关键的基础性作用，通过相关仪式与象征的再造，并经由不断地展演将能有效地激发和强化族裔的共祖认同，从而起到凝聚和巩固宗族组织的作用。

一 祭仪制度化：春秋祭祀与供福

改革开放后，随着祠堂的收回及始祖孺公墓整修的完成，陈氏宗族开始恢复传统的春秋祭祀仪式，并随着宗族各项工作的有序开展逐步对春祭、秋祭及供福等祭仪加以规范化和制度化改造。

春祭定于每年农历二月二十五肇基始祖孺公诞辰日举行。是日清晨，包括福禄寿等三房孺公派下裔孙，齐聚城内后巷龟金间孺公墓前，首先众裔孙将墓地前杂物清理干净，然后包括上杭陈祠等孺公派下各祠相继将三牲、果肴、醇酒、光饼等丰盛祭品摆上坟前供桌，并在礼生的主持下依序向祖墓焚香叩首致祭，并由理事长恭读祭墓祝文，祈求始祖福佑宗族长发其祥、兴旺发达等。整个仪式场面庄严肃穆，唢呐锣鼓声此起彼伏，回荡在狭小的巷弄之内。祭毕，众孝子贤

---

① 庄英章：《家族与婚姻——台湾北部两个闽客村落之研究》，"中央研究院"民族学研究所1994年版，第124页。

孙一起分"光饼"①，带回家中以保佑家人健康平安。是日中午，陈祠举行酒筵，众族裔聚祠饮宴称为"祭墓酒"。肇基始祖孺公墓祭不仅包括韩城陈祠裔孙，而且福、寿两房以及派下支祠等均会派代表参加，因而其整合的族裔范围相较祠祭更为广泛。

图 5-4 春祭（作者自摄）

秋祭即中元节祭祖，由于各个家庭都须在家中操办祭品，祭祀新近去世的祖先，为免时间冲突遂将其移后，农历七月十七在祠举行合族之祭。是日，族人准备牲礼、果品、酒筵等祭品摆放在列祖列宗神龛前，尔后由主祭（理事长）带领众族裔叩首祭拜，并恭读祝文：

××岁次七月十七日祠下主祭裔孙等谨以香楮醴酒刚鬣庶馐之

---

① "光饼"相传为抗倭名将戚继光军队作为食用军粮而得名，是福安地方墓祭时不可或缺的祭品，并且由于其发音颇近似于当地方言"孩子"，遂又象征为子孙，意为多子多福。

仪致祭于先祖帝舜、受封陈姓始祖胡公满、入闽始祖檄公、鳌阳始祖汉唐公、凤岗肇基始祖孺公以降历祖历宗之灵曰：时维仲××秋，虔诚祀奉，追念先德，倍觉怆然。历代始祖，创业开基，祖德宗功，万古难忘。颍川德望，凤岗渊源，读孔璋之檄严；经国文章，卧元龙之楼耿。济时伟略，自祖先一脉，贯续世系，至周代受封，以国为姓，居于颍河，故曰颍川陈氏，从此历数千年，繁衍遍及中华，续几百世传统，名列望族。溯我始祖，华夏伟人，国家硕彦，世之所仰，民俱尔瞻。盛世英豪，焕经纶于指掌；四海承平，扬仁风于百郡。古今共羡，此盖德全者；万古流芳，亦惟泽深焉，而族必昌也。世祖嗣徽，光前裕后；肇居韩城，千古之根基始奠，功昭虎井，万代之后嗣螽斯；宗声振烈，于当时俎豆馨香，于累叶祖德宗功。遗留有在，水源木本，追念无穷，此乃人伦之规，孝道之矩，继往开来，皆如是哉。兹值秋禊之期，爰具祀典，惟愿祖先在天有灵佑启后嗣，绵瓜瓞衍，庆螽斯济，衣冠长发其祥，惟灵不昧来格来尝。伏惟，尚飨！①

读毕，主祭人带领众人向列祖列宗敬酒、敬馔，并再次行三叩首跪拜之礼。之后，族人将宗祠及族裔所备纸钱、薄仔、金包等冥财附上"兹逢中元佳节，乃天官赐福，地官赦罪，是兰盆大会之期。正人子孙追亲孝敬之日，今据福建省福安市上杭陈氏宗祠俱备羹饭酒席壹筵、冥财壹堆奉上，肇基始祖至十二世列祖列宗各就各位，宜照领单收纳。××年七月十七日阳上裔孙拜祀"字样小条一并送至焚烧池燃烧。祭毕，宗祠理事会延聘寺庙僧尼及居士数十人在祠举行诵经超度亡灵法会。

除场面隆重的春秋二祭外，陈氏宗族每年还于农历正月初八、五月初五、九月初九及冬至日分别举行四次"供福"祭祀。供福须准备长条猪肉、鱼、果品、鸡蛋各一盘以及红酒、茶水、红烛、冥币等各式祭

---

① 《春秋祭祖祝文》，载《上杭颍川陈氏左一华房第一榴宗谱》，1995年重修本。

图 5-5 秋祭（作者自摄）

品，压上红色纸条摆放在祖宗龛位前，然后由宗祠理事引领族人共同向列祖列宗焚香祭拜祈福。正月初八春福向祖先祈祷能在新的一年里有好兆头；五月初五端午夏福向列祖列宗祈福辟邪；九月初九重阳秋福祈求祖先福佑家中老人身体安康；冬至福则为向列祖列宗答谢一年来的福佑。总之，四次供福分别对应着春夏秋冬四个季节，意即祈祷祖先保佑族人四季平安、宗族兴旺发达。

随着宗族各项工作有条不紊地推进，陈氏开始对春秋二祭及供福等祭仪进行规范化和制度化改造。2013年8月9日经常务理事会议研究决定，农历二月二十五孺公墓祭与七月十七中元祠祭依序由华、兰、蕙、腴、义各房进行轮流主办，并规定承办祭墓每次经费为七千元，承办中元祠祭每次经费为六千元，款项由总祠拨付。会议规定，正月初八春福、五月初五夏福、九月初九秋福、冬至福依照义、华、兰、蕙、腴之序由各房轮流主办，周而复始，每次供福费用六百元亦由总祠拨付。春秋二祭及四次供福宗祠常务理事均必须按时参加。

二　世纪晋主

在许多中国人传统观念中，人为魂魄之结合，魄会随着肉体的死亡入土为安，但魂却离开肉体永远存在并在另一个世界过着与世间相同的生活。因此，若绝后而无人祭祀，祖先的灵魂便会变成孤魂野鬼，在阴间过着凄惨的乞讨生活，而其孤魂也会给人间带来各种灾祸。相反，若是祖先灵魂得到隆重的祭祀，那么其灵魂则会庇佑子孙，使其家族得以繁荣兴旺。由此，汉人的祖先崇拜主要包括牌位崇拜与坟墓崇拜两项内容。① 而牌位崇拜又包括家祭与祠祭两个部分，只是一般来说，家中的神龛仅用于存放五服以内的祖先的牌位，而祠堂则用于存放同一宗族内所有不在家庭神龛上的祖先之牌位。② 然而，在明清时期的传统社会中，在祖先入祀宗祠的资格上，并非所有祖先的神主都可以进入宗祠供后世祭祀。祠祭的对象最初仅限于族人的共同祖先，以后又逐渐扩大及于尊者、贵者、贤者之类。换言之，必须是有功有爵的祖先，才能入祀宗祠。此外，又有普通族人通过捐资入祠祔食受祭之例，并在此后逐渐发展成为最为普遍的途径。③ 显然，从某种意义上来说，祠祭的社会经济地位象征，远较亲子血缘关系的确认更为重要。换言之，在传统社会中，晋主入祠受祭祔食乃是宗族少数精英分子和阶层才能够享有的特权。

祠堂是宗族供奉祖先神主和祭祀祖先的神圣空间，正所谓"先人建祠祭祖，后人守祠祀宗"，修建祠堂最主要的目的就是晋主、祭祀，使得逝去的祖先灵魂得以安息，不致居无定所、漂泊无依。随着上杭陈

---

① 庄英章：《家族与婚姻——台湾北部两个闽客村落之研究》，"中央研究院"民族学研究所 1994 年版，第 127 页。
② 许烺光：《祖荫下：中国乡村的亲属人格与社会流动》，南天书局 2001 年版，第 42 页。
③ 庄英章：《现代化过程中的祖先崇拜：闽台汉人社会之比较》，收入乔健、潘乃谷主编《中国人的观念与行为》，天津人民出版社 1995 年版，第 334 页；陈启钟：《明清闽南宗族意识的建构与强化》，厦门大学出版社 2009 年版，第 67 页。

氏宗祠、威惠侯祠和祖宫的整修等各项工程建设的有效推进，宗祠晋主工作也被相应地提上了议事日程。2009年9月29日，陈氏宗祠理事长主持召开了宗祠晋主工作动员大会，他在讲话中说了一段意味深长的话，着重强调了修祠晋主的重要性：

> 房屋是生者居住的，坟墓是逝者安葬的，龙牌是亡灵依附的。宗祠是祭祀列祖列宗的神圣殿堂。晋主后，先人魂归宗祠，亡灵不会居无定所，四处飘荡。在另一个冥冥世界中，祖先会安详、安稳、安息。晋主后，宗祠的龛里有自己的祖宗亲人的龙牌，子孙可以年年缅怀、代代祭奠，寄托哀思，表达敬意与孝心。晋主后，列祖列宗排列在宗祠，体现左昭右穆、长幼有序。宗亲之间永敦、和睦、团结、和谐。晋主后，子孙不必因工作节奏快、出门在外多或受居住环境限制，不能按时祭祀先人而苦恼。所以，从一个意义讲，建宗祠、修宗祠，都是为了晋主、祭祀。①

显然，晋主入祠才能使得祖先亡灵有所寄托，子孙祭祀祖先更加方便，传统孝道伦理也才能更好地得以体现，进而起到尊祖、敬宗、收族的作用。

随着宗祠修缮工作的有效开展，理事会迅即成立了"上杭陈氏宗祠晋主工作领导小组"，专门负责晋主登记、筹备等具体工作事宜。通过积极调动各房工作的积极性和主动性，经过各房理事会成员以及广大宗亲的共同努力，晋主筹备工作取得重大进展，至2010年年底，宗祠、祖宫等晋主场所都已准备就绪，十八世至二十八世大统牌也均已到场并在安装之中。由此，上杭陈氏宗祠世纪晋主活动进入实质性阶段。2011年1月20日，陈氏宗祠理事会召开该年度第一次理事会，商议确定了

---

① 陈佑年：《安享盛世　晋主尽孝》，载《福安市上杭陈氏宗祠的记忆·最近八百天》，第256页。

各房举行晋主大典的吉日。毋庸置疑，此次上杭陈氏举行的晋主大典既是对宗族传统"进主入祠祔食"制度的延续与继承，也是对宗族祭祀制度的创新与变革。宗祠理事会之所以将此次活动称作"世纪晋主"，一方面是由于上杭陈氏自明代后期就未曾晋主入祠，即所谓"四百多年期盼晋主盛典，一万余灵枉望舒心龛位"，此次接续中断已久的晋主祔食祭祀传统，无疑是宗族历史上一件值得纪念的盛事；另一方面，与传统时期的宗族晋主相比，此次晋主极大地放宽了入祠祔祀的资格条件，凡是属于陈氏宗祠裔孙，依据相关规定由直系后裔缴纳一定费用后均可晋主享祀。

为了不致遗漏世代登记而使得列祖列宗均能得到晋主祔祀，理事会做出了相应的规定，凡是申请晋主的当事人，须以申请人为准，向上推溯五代缴纳费用制作龙牌，不能只做父母、祖父母而把曾祖父母、高祖父母、太高祖父母的龙牌放弃，造成人为断档，若不补足龙牌费用，将退还款项并不予登记制作。由于各房支繁衍世份存在差异，对于子孙已为前辈人登记制作五代龙牌，但是与宗祠统一制作到二十八世仍有断档的，其断档世份各房只须认真核定并向宗祠提交名单，经审核合格后由宗祠负责无偿雕刻统牌。并且，对于刻制龙牌数目较多而经济情况较为困难的家户，经各房理事会集体研究后酌情予以补助。此外，针对部分健在或夫妻双方一方健在、一方逝世的宗亲希望晋主者，以红布套"长命富贵牌"排放，以别于已逝者之牌位，待当事人过世后再揭开红幕使其真正成为历代祖先之一员。通过理事会周全细致地思考、讨论，制定出各种相应的规则，目的就是要保证所有陈祠列祖列宗均能够晋主入祠享祀。

2011年3月17日（农历二月十三），随着晋主各项准备工作逐渐就绪，陈氏宗祠正式举行隆重肃穆的世纪晋主大典，来自市内外宗亲数百人齐聚宗祠参加盛典，三牲、五谷以及各种时令水果等祭品摆放整齐，供奉列祖列宗享用。在锣鼓喧天、鞭炮齐鸣的热闹氛围下，宗祠理事长带领众理事向祖宗行叩拜礼，并热情洋溢地宣读祭文。由于本次晋主龙牌数目庞大，宗祠理事会决定让各房择吉日分房举行晋主仪式。鉴于华房晋主工作准备充分，而且又属长房，故而安排其最先举行晋主仪礼。其后，依据各房自行择定的吉日，经理事会审议通过，依序举行晋主仪式。

尽管各房晋主数目、规模略有差异，但是仪式程序大体雷同，故特以笔者亲历的丙一支晋主仪式为例略述之。仪式由一名主坛道士、四名助坛道士组成坛班共同主持，他们事先须备好幡竹、幡布、文疏、令印、法器等各式科仪用具，宗祠负责准备和摆放全羊、全猪、果肴、五谷等各种祭品。然后，众道士开始搭建祭坛，祭坛设于宗祠三进大厅内，正面上方悬挂布幔三清神图像，神像前方置有方形科仪桌，桌上左右各摆放花瓶一只，设有烛台、香炉、茶、酒、五谷、供果、竹钉以及法印、五雷号令敕等各色法器。大厅左右两侧分别悬挂有天府大帝、地府大帝、水府大帝、岳府大帝等神明图像。与祭坛相对的是天井下方，是由桌椅搭建而起的"大成至圣孔夫子"画像，周围布满彩旗，前有供桌摆放五只盛装不同菜蔬祭品的五味碗、香炉、茶酒。

祭坛设置完毕后，众道士身着红色法衣，先由助坛道士击鼓鸣锣开场，主坛道士陈法胜净手上场起坛，四名助坛道士分立四角。主坛道士在坛前行香稽首，并以令尺划敕令一道，另一只手焚烧纸钱，口念咒语，点清水肃洁道场，然后迎请各路神仙一一落座，并向神明通报原委。道士陈法胜左手持带有绿叶的幡竹，上书"圣神幡×毫光三召颍川郡威惠侯王房开支祖飞锐公宗亲召到上杭陈氏宗祠安奉龛位香火千年之主"，辅助道士则击鼓、鸣锣，随着乐器节奏集体绕坛穿行。与此同时，主坛道士口中念诵经文，助坛道士同声附和。之后，道士转向后方孔夫子祭坛，用红布搭建仙桥，亦召请其降临，祈求福佑宗族子弟金榜题名、人才辈出。

随后，主坛道士手持竹幡引领众人走向宗祠大门外太子亭场地，对所有孤魂野鬼施行普度赈济仪式。仪式前，主坛道士已写毕一张榜单张

图 5-6 晋主祭祀（作者自摄）

贴于墙壁之上,孤榜曰:

瑜伽三密院

本院上奉佛恩下为寿房晋主子孙人等为列祖列宗超荐之期普济有情

一切津梁事其中召到海众孤魂男女等众来赴法筵

倘有夙世冤愆今夜隅成会遇不许紊乱法筵合行约束者

   右   伏以

杳杳冥冥众幽魂 流流落落失乡村

哀哀怨怨忧愁问 渴渴饥饥告断肠

寂寂寥寥无祭祀 褴褴褛褛少衣裳

来来往往闻消息 欣欣喜喜赴道场

今夜晋主发誓愿 虔备斋供与香灯

恭就福安市上杭陈氏宗祠 志心顶礼

大乘金刚般若宝忏三卷 甘露法食一堂赈济

冥天大地一切无祀孤魂男女等众来赴法筵饥者食渴者饮

皆足饱之欢寒者衣乏者财同俞需暖之喜须至榜者

   右榜   晓谕

   白孑   通知

佛历二千五百五十五年辛卯太岁三月十七日本司移给

南无山海慧自在通王佛

    榜

  榜单前置供桌,上面摆放有五味碗、香烛、米饭、香茗等供品及汤勺、筷子等用具,以便通知孤魂野鬼前来参加法会,领受赈济、享用祭品。此时,五名道士一字排开,主坛道士不停挥动竹幡,口诵经文,以解救他们早脱苦海、尽快超升,助坛道士则击鼓鸣锣、同声附和。宗亲燃放鞭炮,焚烧纸钱、元宝,主坛道士宣读赈济疏一份,读毕将其与纸钱一道就地焚化。嗣后，众道士及理事、宗亲同回到大厅祭坛。

回到祭坛前，主坛道士陈法胜向各路神明报念晋主入祠列祖列宗世代、名讳，众理事宗亲在祭坛前跪拜敬香。随后，主坛道士引领众人进入敬祖堂进行点主仪式，他一边口念晋主祖先名讳，一边手持朱笔点化开光神主龙牌，意即逝者由此便升华为神，请祖宗灵魂归位神龛。道士念诵金刚经，超度亡灵、送诸神归位。其后，再次来到宗祠大门外，口诵经文，将箩筐中所有纸钱、元宝连同疏表一起焚化。嗣后，道士回到祭坛前，手抓茶、谷、大麦、芝麻、红豆、黄豆、竹钉、金币等祭品，抛洒出去任由宗亲争抢以讨得好兆头，保佑五谷丰登、财丁两旺。最后，由晋主宗亲自行奉香祭拜祖先。鼓乐队、舞龙队分别进入宗祠内表演精彩的民俗文化节目。

图 5-7 龙牌（作者自摄）

在各房晋主仪式悉数结束后，上杭陈氏宗祠于 4 月 15 日（农历三月十三）隆重举行为期三天的"上杭陈氏宗祠启建冥阳两利念佛功德暨本祠晋主庆典法会",为列祖列宗亡灵进行超度。宗祠准备葡萄、苹果、桃子、李子、米饭、面线、香菇、木耳、腐竹等斋饭供奉祖先,邀请寺庙僧尼以及在家俗世佛家弟子、居士与本族理事、宗亲等共同念诵佛教经文,超度亡灵。4月27日(农历三月二十五),上杭陈氏宗祠世纪晋主工作顺利落下帷幕,理事会又出资邀请闽剧团表演古装戏三日三夜,以娱乐列祖列宗及宗亲族裔。

世纪晋主在陈氏宗族发展史上可谓盛况空前。在传统时期,陈氏宗祠入祠受祭的对象仅限于族人的共同祖先,以后又逐渐扩及于有功有爵或是捐资入祠者,带有极为明显的贤贵倾向,而绝大多数无权无势、生活贫困的普通族人则被排斥在外。此次晋主则规定凡属于宗祠后裔均可将其列祖列宗之神主牌位晋入宗祠受祭袝食,完全突破了传统祠祭在政治、经济地位上的限制条件,使得原本属于宗族精英阶层特权化的"象征资本"普及于所有的宗族成员。这种普及化和平等化的关键性意义在于,在传统社会中人们被深深地嵌入家庭网络和亲属关系中,并被它们所界定;在宗族脉络中,个体仅仅代表祖先与后裔之间的一个临界点。[1] 因而,只需借着对包括房族长、有功名和社会地位高者等宗族精英和领导分子的彼此认同,就可维持整个宗族的一体性。然而,在现代社会中随着个体在社会实践中的崛起,个体身份与能力远较集体身份和群体成员资格来得更为重要,人们逐渐从传统社会群体的羁绊中跳脱出来,单纯依赖精英分子的带动和辐射显然难以凝聚族人的宗族认同,而将晋主入祠享祀的资格扩及于每个宗族成员,恰恰使得宗族与每个成员都建立起直接的联系,从而能够促进和增强彼此间的宗族认同。显然,这对韩城陈氏此种并非聚族而居的散居型城中族而言尤其具有非同寻常的整合意义。

---

[1] 阎云翔:《中国社会的个体化》,陆洋等译,上海译文出版社2012年版,第33页。

◇ 第三节　宗族化运动下的寻根潮

韩城陈氏不仅重视祠堂、族谱及祭祖仪式等各种凝聚族人认同表征的重塑，而且还积极参与当下各地盛行的宗族化运动热潮中去，加强与外界宗亲联谊会等相关组织的交流。正如第六、七两届理事长在固始寻根之旅后的分享会中所言：

> 我们也是主张宗祠理事要多出去走一走，这不是什么问题，作为宗祠的负责人，假如你的眼界能够高一点，你能够见识广一点，就能够搞出一点名堂。假如说你理事长和理事会是鼠目寸光的，你这个宗祠也是没有前途的。为什么这个国家的首脑要出访，领导要这里走，哪里走，走是增长知识，是见世面的。今后，不光是我们县内这里的宗祠这里请喝一下酒，那里请喝一下酒。那个还不过瘾，都要走出去看一看，要把宗祠开阔眼界，把这个民间交往建立起来。①

日本人类学家濑川昌久在其著作中曾这样写道："族谱所记录的系谱之终极起源，一般都是黄帝或古代中国王朝的望族，这就使得族谱的保持，或为自己具有作为中国人、作为汉民族的正统性的根据。通过其系谱，就有可能使自己及其群体的存在，认同于从神话时代就开始起步的中华文明辉煌的历史。"② 据明洪武年间荆州知府十五世裔孙陈宗億所撰《颍川陈氏源流序》云：

---

① 报道人：陈佑年，66岁，陈氏宗祠会议室，2013年4月30日。
② ［日］濑川昌久：《族谱：华南汉族的宗族·风水·移居》，钱杭译，上海书店出版社1999年版，第23页。

第五章 宗族再造：陈氏宗族的文化重构

> 吾陈分封承舜之后，昔舜侧微，元德升闻，尧欲授以天下，故女以二女，以试其治家之道，遂用为司徒，而天下游之焉。舜在御五十年，南巡狩，崩于苍梧之野。生子商均，均之后几世孙，手中有字，始宏其属。至周武王伐纣，复求舜裔，得妫满，封之于陈，以为舜主，是为胡公。胡公生子二：申公犀侯，相公皋羊。申公生突，为孝公，孝公生慎公围戎，传至七世孙完，奔齐，以陈为田，仕齐桓为工正，居今之光州固始县延乡颍川郡城三里七井是也。[①]

显然，与其他诸多姓氏一样，韩城陈氏也将自身追溯为帝王贵胄之族裔。传统上讲，这种姓氏源流追溯仅限于记述在族谱等宗族文本之上，但现今随着社会经济的发展和交通条件的改善，陈氏宗族还可派遣代表前去湖南九嶷山舜帝陵、郡望祖庭所在地河南固始县寻根拜祖。

2010年10月23日，陈氏宗族组织宗亲代表赴湖南九嶷山舜帝陵祭祀始祖。祭祀团由宗祠和各房理事会成员，以及曾为宗祠修建工作做出突出贡献的族人代表共五十人组成。10月27日，祭祀团以佳肴、美酒、五谷、百果、香烛之仪致祭于陈氏人文始祖舜帝有虞氏之陵，由宗祠理事会秘书长宣读祭文，随后向九嶷山舜帝陵基金会捐资一万元表达孝心敬意。

2011年湖南省开展"中国·湖南国际旅游节"，将"辛卯年九嶷山祭祀舜帝大典，舜帝金身巡游福建"列为旅游节的一项内容。9月9日，湖南省宁远县与福建省舜裔宗亲在九嶷山举办祭祖大典，次日舜帝金身起驾巡游福建，并预计于10月4—5日舜帝金身巡游福安并驻跸陈氏宗祠。陈氏宗祠理事会迅速成立舜帝金身巡游福安驻跸陈祠活动领导组以及分别成立恭迎返驾、巡游、驻跸、祭祀、后勤、安保六个具体工作小组各司其职，并及时将活动筹备情况向街道办事处、社区及市政府办公室报告，取得有关部门的协助和指导。10月3日，宗祠代表驱车

---

① 陈宗億：《颍川陈氏源流序》，载《凤岗陈氏右第二房支谱》，1946年重修本。

前往惠安崇武迎驾。10月4日下午1时,舜帝金身正式进入福安阳头人民广场,包括陈、胡、田、车、虞、姬等舜帝后裔集中恭迎圣驾展开巡游。队列前方是"上杭陈氏宗祠恭迎舜帝金身巡游福安,驻跸陈祠"横标,鸣锣开道,两条舞龙队奔腾涌动,舜帝及肇基始祖孺公金身彩车紧随其后,军鼓队奏起嘹亮的乐曲,后方是紧随着的成百上千的舜帝后裔在礼仪小组引导下沿着城内主街巡游,各房队列相继表演民俗节目。舜帝金身在众人护驾下起驾陈氏宗祠祭祀厅驻跸,宗祠理事依序在金身前行跪拜礼。之后,来自全市的诸多不同姓氏的舜帝族裔前来宗祠致祭敬香。10月5日上午八时半,陈氏宗祠举行祭祀舜帝大典。金身前摆放着三牲、五谷、贡果、贡酒等各式丰盛祭品。礼生宣布祭祀正式开始,宗祠理事依序漱手、焚香、燃烛、斟酒后行跪拜礼,理事长宣读并焚烧祭文,尔后各房理事依序行三跪九叩大礼。礼生宣布祭祀礼毕,鸣放鞭炮。嗣后,由舜帝族裔自由敬香,并举行黄帛签名题字及乐捐活动。10月6日上午七时,宗祠理事焚香致祭鞠躬拜别,舜帝金身移驾彩车,燃放鞭炮起驾回境,理事代表乘车恭送至城外溪口桥头。

在闽台民间社会中,人们在谈论家族演变历史时大抵都认同祖先源自中原地区,特别是光州固始县一带,因而光州固始成为闽台民间家族溯源的永久性符号。[①] 据陈氏族人考证,韩城陈氏入闽始祖陈檄即光州固始人,孺公乃是其第七世裔孙。[②] 当然此种考证并不代表着真实的历史,换言之,这并不表示韩城陈氏的血统即来自中原,更多的应是民间宗族对河南固始的世家望族之攀附。然而,尽管此种祖源认同大抵是主观建构起来的,却具有深刻的现实社会和文化意义。改革开放以来,固始当地政府和民间大力开展寻根认祖活动,依托宗族文化网络,通过"文化搭台,经济唱戏"的方式吸引闽台各地民众寻根认亲联谊,进而

---

① 陈支平:《从历史向文化的演进——闽台家族溯源与中原意识》,《河北学刊》2012年第1期。
② 陈瞻淇:《陈姓得姓由来的简介》,载《颍川陈氏左一华房宗谱》,1995年重修本。

图 5-8　舜帝金身驻跸（作者自摄）

带动旅游观光、投资实业，促进了地方经济的发展。2013年4月10—11日，宗祠理事长率队赴河南固始县开展寻根之旅，受到固始县陈氏文化研究会的热诚接待，先后参观县城的"华夏根亲坛""根亲博物馆"，并前往陈集镇的"陈氏将军祠"致祭。原本仅仅是留存在族谱文本和口述传统当中的祖源记忆，经过此次固始寻根之旅后，却变得具象化并促成了韩城陈氏族裔企业家远赴固始投资开采石材。毋庸讳言，无论是对所谓上古圣王舜帝，还是河南固始祖籍地的追溯寻根，都并非表明其具有真实的血统传承，而更多地应被视为一种凝聚认同的象征符号。通过理事代表奔赴两地的寻根拜祖，以及迎接舜帝金身巡游驻跸，不仅向外界展示出宗族的光辉与荣耀，同时也促进了族裔对宗族认同的巩固与强化。

◇ 第四节　遗产政治叙事下的文化实践

随着20世纪"现代性"的概念在反对传统文化的语境下发展起

来，宗族、民间信仰等民俗文化生活很自然地被视为阻碍社会发展和进步的消极力量，需要借助于国家力量予以压制和清理。诚如有学者所指出，"实际上，一个世纪以来的现代化诉求作用于民间的过程，存在着民族—国家现代化理想模式与乡土传统的持续的社会—文化过程之间的内在张力，民族—国家的现代化理想模式只不过是权力政治服务于集权控制的一种话语表述，这种话语却无法具体分析乡土社会的实际形态"。[1] 然而，随着人们认识水平的不断提高，国家和公众逐步认识到传统与现代绝非截然对立的关系。近年来，"遗产"逐渐成为席卷全球的风潮，而伴随着旅游业的不断发展，"遗产热"也开始在地方政府、新闻媒体和文化商人的合力推动下席卷神州大地。因此，在时兴的遗产政治叙事下，"传统"在某种程度上发生权力反转，重新成为国家和社会所珍视的价值所在。

传统时期，祠堂既是供奉祖先神主牌位和族裔祭祀祖先的神圣空间，又是宗族宣讲法令规条、讨论和处理宗族公共事务的场所，无疑是最能够凝聚族人共祖认同的核心象征。正如清乾隆年间裔孙乡试解元陈从潮在《重修上杭陈氏宗祠记》中所言："……若今宗祠之设，则非其家之亲庙。盖合族之人以祀其始迁之祖，而族人皆得进其祖父之主以祔食，岁时祭祀。于以序昭穆，明世次，别长幼，敦礼让，则犹有古者宗法之遗缀，姓合食之意焉……余谓宗祠之设，后人既以义起，则斯祠之修，吾族人皆当以祖宗之心为心，而于是以妥先灵，维宗法，联族谊，尽欢洽焉。"[2] 无可置疑，创设和修缮宗祠即要供奉和祭祀祖先，让其灵魂得以安宁，从而达到"敬宗尊祖、敦亲穆族"之目的，而这点亦是古今一致的。但与此同时，宗祠及其文化还被赋予了更为重要的民族文化核心价值意涵，诚如陈祠理事长在"宁德市宗祠文化研讨会"上的发言所指出的：

---

[1] 刘晓春：《仪式与象征的秩序》，商务印书馆2004年版，第237页。
[2] 《凤岗陈氏右第一房族谱》，《重修上杭陈氏宗祠记》，1941年重修本。

宗祠是宗亲根之所在，血脉所系，是本族的生命史、源流史、繁衍史、发展史。先祖悲欢离合、荣耀耻辱、辉煌灿烂、苦难艰辛都包含其中，凝固着浓浓血缘、亲情和家族温馨，它既不是封建，更不是迷信。要清除左的思想，长存敬畏之心，尊宗敬祖。

　　宗祠是中华文明的组成部分，光辉一页。宗祠文化是中华文化中的璀璨明珠、瑰丽奇葩。宗祠文化源远流长，文化底蕴丰富。不仅融合了血缘、亲缘、情缘，还浓缩了建筑、绘画、雕刻等空间艺术，其独特的审美倾向，多层面折射出瑰丽的民族风情，隽永的文化魅力。随着时代发展、社会进步，本着取其精华、去其糟粕原则，完全可以为我所用。

　　宗祠的兴衰和国运兴衰紧密相连，盛世迎来宗祠春天，要加倍珍惜和爱护。有了党的十一届三中全会，有了改革开放，才有我们家庭的幸福，宗族的兴旺发达和宗祠的焕然一新。要长怀感恩之心。宗祠工作也要服务、服从大局。坚持共产党的领导，维护安定团结的大好局面。

　　宗祠在尊老爱幼、敦亲睦族，建设和谐社会中起着特殊的、不可替代的作用。长期以来，宗亲在宗祠文化熏陶下，伦理道德观念根深蒂固，民族凝聚力和团结性异常强烈。"孝感动天"、"以孝治天下"、"父义、母慈、兄友、弟恭、子孝"中华民族的五种传统美德和"敦亲睦族、邻里团结"的祖训，都是构建幸福家庭、和谐社会的主导思想，当前尤其值得宣传和提倡。

　　宗祠是家族、宗族、整个姓氏精神寄托的纽带，是沟通海内外宗亲和统一祖国的重要力量。每位宗亲不论从事什么职业，漂泊多远，寻根认祖、编入族谱，入祠谒祖、托庇列祖列宗的福荫，总是他们最大的心愿。宗祠可以成为海外侨胞和台、港、澳同胞寻根问祖、寄托乡情、增进感情的窗口、投资兴业的桥梁、纽带，促进祖国和平统一，国家兴旺发达的重要力量。①

显而易见，在他看来，宗祠不仅是子孙后裔祭祀先祖的神圣场所，体现出敬宗尊祖的群体认同意识，而且是民族建筑、雕刻、绘画、文学等多种艺术文化的结晶，体现出中华文化的精髓，并且宗祠及其文化是促进家庭和睦、社会和谐、国家统一和民族进步的一种有益资源。因此，对于韩城陈氏而言，宗祠的修缮不应只是符合宗族复兴的需要，利用它来实现祠堂的传统功能，同时更蕴含着积极的公共职能与社会责任。

因此，为了真正推动陈氏宗族的永续发展，宗祠理事会采取了一些重要的措施来争取获得政府制度性力量的保障，并提出争取"省级重点文物保护单位"、市级"爱国主义教育基地"和世界地质公园福安"传统文化和民俗文化旅游观光点"等三块牌的目标与构想。为此，2010年元旦陈氏宗祠理事会在认真收集整理相关资料的基础上，撰写并向有关部门提交了申请报告。特将全文移录如下：

关于申请"上杭陈氏宗祠"建筑群为省级重点文物保护单位的报告②

福安市上杭"陈氏宗祠"建筑群坐落于福安市区上杭虎井巷三号。主建筑"陈氏宗祠"面积有两千多平方米，附属建筑物有"太子亭"、"虎井"、"威惠侯墓"。这群分别始建于宋、明、清的建筑物目前保存完好，其主要特点有：

一、年代久远，风貌犹存。

上杭"陈氏宗祠"始建于南宋年间，距今有几百年历史，嘉靖己未年（公元1559年）为倭所毁。重建于明万历乙亥年（公元

---

① 陈佑年：《弘扬优秀传统文化 促进和谐社会建设》，收入陈耀年主编《福安市上杭陈氏宗祠的记忆·最近八百天》，第115—119页。

② 福安市上杭陈氏宗祠理事会：《关于申请"上杭陈氏宗祠"建筑群为省级重点文物保护单位的报告》，收入陈耀年主编《福安市上杭陈氏宗祠的记忆·最近八百天》，第28—32页。

1575年），用金九百有奇，历时三年竣工，距今四百三十五年。虽经历几百年，但格局并无改变，当年的建筑风貌依然到处可见。三大厅沿中轴线依山而建，层次错落有致。戏台厅左右天井墙壁上各镶有一对明代麒麟雕像；礼仪厅墙上有明朝万历年间族裔孙建祠修路的多面石碑；特别是祭祀厅始祖龛里有许多人物雕刻画和彩绘画，这些人物鸟兽栩栩如生，如今仍清晰可见。整体建筑雕刻考究精湛，风格朴实大方，气氛肃穆端庄，表现出明代的建筑历史风貌。

"虎井"始建于宋朝年间（公元1131年），距今八百七十九年。宋朝杭州殿学士郑采为能使韩阳设县治，曾诗："韩阳风景世间无，堪与王维做画图，四面罗山朝虎井，一条带水绕龟湖，形如丹凤飞衔印，势似苍龙卧吐珠，此处不堪为县治，更于何处拜皇都。"可见"虎井"在八百年前就被有识之士视为福安的一处特有的中心美景。如今，该井仍显现宋代风貌：八角井台，石榫头，属我省稀存古井。

"太子厅"始建于清朝康熙十年（公元1671年），距今三百三十九年。整个建筑仅用八根木柱，托起插入蓝天的亭帽，历经百年风雨沧桑，仍巍然不动，雄伟壮观。

"孺公墓"始筑于宋朝年间，距今八百多年。重修于清光绪三年。墓碑上"宋敕封威惠侯孺公之墓"字迹明显可见。墓碑高一米多，呈现长方形状，顶端镌刻的花纹图案美观大方，它高耸于祭台的正前方，显得突兀。从它的格式、规格及安放的位置，明显地不同于明、清时期的坟墓建筑风貌。这种宋代的墓葬当前在我省能保存如此之好，实属罕见。

二、气势恢宏，风格迥异。

上杭"陈氏宗祠"宏伟高大，气派非凡。它的整个建筑长约一百米，宽约二十米，前面有平坦宽大的祠堂坪，有二十多米高的"太子亭"，整个建筑由戏台厅、礼仪厅、祭祀厅和敬祖堂构成，布局合理、功能齐全。且左边有"祖宗宫"、"虎井",右边有寝室。宗祠为官殿式结构,每厅都为六扇五透。拾阶而上,落差近二米,给人以层次感和神秘感。各大厅功能明了,既明亮又宽敞。祭祀厅高高坐落在整体建筑之端,两旁"功名道"引人向上,中间"九龙图"威严端庄。

"虎井"的井底嶙峋突起的山岩,形如张牙舞爪的猛虎之口,百泉出石罅中,味甘冽无泥潭。

"太子亭"牌楼木构三楼三间,单檐歇顶,穿斗梁架,正间上枋和隔层枋上设五层如意斗拱承托檐枋,八檐柱侧脚造,四脊柱均有夹石,正间上枋额枋的空档装拼"田"字海纹,三楼屋檐均有飞檐结构,三楼层脊和八个层角均施鹅尾翅角,屋脊徒板,"寿"字花纹雨滴,整个建筑宏伟壮观,结构精巧。

三、人文历史,爱国情怀。

上杭"陈氏宗祠"在中华民族的历史发展上,有可歌可泣的光辉一页。

明嘉靖己未年(1559年)倭寇进犯我国沿海各地。当年四月初,大批倭寇集结福安城外,知县组织人员守备东西南三面城门。唯有北门缺人守护,"陈氏宗祠"族人自告奋勇守住北城。宗亲们用菜刀、斧头、田刀、弓箭和石头作为武器,和手持利器的倭寇搏斗两天两夜。当时城墙新砌还未竣工,倭贼拥众攻城。终因寡不敌众,城陷。监生陈埙,生员陈国初,陈魁梧,陈学易等被俘,受尽严刑拷打。他们始终不屈,英勇尽节,表现出一个民族英勇无畏,视死如归的爱国精神。陈族在这次抗倭斗争中,遇难宗亲有一千多人。义士尸体遍地,壮士血染北门。场面壮烈,山河齐泣。近年来,中央电视台第四套"走遍中国"节目曾多次播放过上杭陈氏族人这次抗倭的历史故事。

在现代史上,热血青年陈氏裔孙陈铁民,追求真理,走上红色革命之路,领导进步青年追求共产主义理想。他于1930年担任中共福安县委首任县委书记，表达"洞托峥嵘石，天参挺拔松"革命必胜的坚强信念。他经常到陈氏宗祠秘密开展地下工作。后不幸被捕遇害，英年早逝，气概非凡。

"陈氏宗祠"是我省乃至全国现存宗祠中历史久远，气魄恢宏，工艺精巧的古建筑群。它是古代劳动人民智慧与聪明的结晶。它是中华民族文明花丛中的一枝奇葩，为研究宋、明、清的政治、经济、文化等领域提供了翔实的资料。它不仅是一件精美的古代艺术品，更是一处不可多得的红色教育基地。欣逢盛世，为了更好地保护、利用、开发这个基地，陈氏后裔去年已主动集资人民币五百万元修建宗祠。目前修缮一新、光彩夺目。恳请上级有关部门实地考察，查阅福安县志、霞浦府志有关历史资料。批准它为省重点文物保护单位，以便今后工作能到政府领导、专家指导和社会各层面的支持，从而发挥它应有的作用。此呈福建省文物局。

福建省福安市上杭陈氏宗祠理事会
2010 年元旦

在这份呈送给福建省文物局的报告中，一方面它历数了包括宗祠、虎井、太子亭、孺公墓等在内的建筑物群，强调其历史悠久、建筑艺术工艺精湛高超、文化内涵丰富，而且保存完好、十分珍贵；另一方面，特别彰显了宗族先祖英勇抗倭的光辉历史事迹，以及宗祠是福安革命圣地的独特性，从而突出了这些历史建筑所蕴藏的爱国主义精神。显然，无论是从文化遗产保护本身来说，还是就当前党和国家倡导的社会主义核心价值体系构建而言，韩城陈氏宗族主动申请文化遗产保护都是一种高明的民间文化实践策略。这种策略的运用意在挤入政府文物保护体系，以寻求到来自国家体制力量的认可，而这不仅意味着宗族复兴之正当性和合法性的强化，并且将获得相应的政策、制度和资金等多方面的支持，从而为宗族发展争取到最大的利益。目前，这场运动仍在持续进行当中。

◇ 小 结

本章从宗族表征的重塑、仪式与象征的再造、宗族化运动下的寻根潮、遗产政治叙事下的文化实践等方面,叙述了韩城陈氏自改革开放以来在国家权力话语体系下的文化重构进程。祠堂、祖墓等是凝聚宗族共祖认同的核心表征,因而收回祠堂、整修祖墓成为陈氏宗族开展重建的首要任务。20世纪80年代初期,陈氏族人通过积极联络旅台宗亲,并以国家相关法律法规为依据,向政府有关部门提出交涉,希望借助国家对台统战之大政方针为收回宗祠赢得正当性。与此同时,在正常渠道无法达成其诉求时,族人遂转变行动策略,申请将祠堂划归社区操办公益事业之用,并偶或采用锁门、占用等"反抗"形式,最终使得粮食部门和福安县政府做出让步,同意将祠堂划归社区管理,实际上则是由宗族进行日常管理和使用。在收回宗祠后,宗祠理事会向族裔广泛发起集资对其加以修缮,建造起十分宏大且金碧辉煌的宗祠建筑实体,并且将许多宗族历史故事和传说以壁画和木雕的形式镌刻在宗祠厅堂。这不仅有助于凝聚居处分散的族裔对宗族的认同,而且向外界展示和彰显出其在福安地方社会的突出地位。

族谱是一种与自我认同和自我夸耀直接相连的东西,宗族成员的身份必须以确立宗族谱系才能得以展现出来。[①] 然而,随着改革开放以后我国现代化进程的快速推进,个体在社会实践中强势崛起,人们在是否加入宗族谱系上可以进行自主抉择,致使原本在传统时期先赋地具有"归与身份"的宗族成员,逐步实现向某种意义上的"获致身份"转变。因此,从某种意义上来说,现代新时期的族谱编修是一场离心与聚合并存的宗族重整运动。族谱编修告成后,陈氏宗族举行了盛大的封谱

---

① [英] 科大卫:《皇帝和祖宗:华南的国家与宗族》,卜永坚译,江苏人民出版社2010年版,第2页。

仪式，组织数百宗亲族裔在城市主干道进行踩街巡游，向外界展示宗族巨大的荣耀和声望。此外，陈氏宗族不仅将族谱等文献史料送交当地档案馆永久保存，而且向省内外研究机构和高等院校捐赠新修族谱，并规划将收到的捐赠证书展览在筹备中的宗祠文化陈列室。

仪式与象征符号在宗族认同建构中发挥着非常基础性的作用。通过对春秋二祭、供福等祭仪的规范化和制度化改造，陈氏宗族建立起认同的根据与象征符号。而将晋主入祠受祭的资格扩及于每个宗族成员的世纪晋主仪式，使得宗族与每个个体、家庭建立起直接的联系，从而真正促进和增强彼此间的宗族认同。与学者所概括的中国北方村落家族"仪式性的消减与事件性的加强"[①] 之演变特质不同，在现代社会中仪式与象征的再造比以往任何时候对促成像韩城陈氏这样散居型的城中族之认同整合与凝聚都要来得更为重要。

韩城陈氏不仅重视祠堂、族谱及祭祖仪式等各种凝聚族人认同表征的重塑，而且还积极参与到当下各地兴起的宗族化运动热潮中去。近年来，陈氏宗族先后组织族裔赴湖南九嶷山舜帝陵、河南固始等所谓"祖源地"寻根拜祖联谊，甚至还将舜帝金身迎奉至福安巡游并驻跸宗祠。通过这些交流联谊活动，不仅加强了族裔对宗族的认同感，而且扩大了其在社会上的影响力。

2010年元旦，在离退休干部、教师等宗族精英的主导下，陈氏宗祠理事会向政府有关部门提交了申请宗祠建筑群成为省级重点文物保护单位的报告。在这份报告中，他们非常娴熟地操持着"爱国主义""红色教育"等时兴的国家权力话语表述，注意与当前党和国家倡导的核心价值体系加以联结，是一种为实现获得国家体制力量认可的文化实践策略。

总之，作为一个活跃在城市社会中的宗族组织，韩城陈氏不再是局

[①] 唐军：《仪式性的消减与事件性的加强——当代华北村落家族生长的理性化》，《中国社会科学》2000年第6期。

限于修祠、纂谱及祭祖等一般性活动,而是将其作为一项文化事业来加以运作,借由原国家机关工作人员等宗族精英人物的操持,深入挖掘和利用宗族历史文化等象征资本,并借助于国家权力话语的表述,为城中族的发展获取相应的政治、经济和文化资源,进而凸显出其在城市乃至地方社会中的重要地位。由此,作为城中族的韩城陈氏具有这样一个突出的特点:即高度的文化自觉和强烈的文化使命感。

结 论

"城中族"的再发现

宗族向来是中国社会研究的核心议题，其对认识和理解中国社会具有特殊的意义。自葛学溥（Daniel Kulp）、胡先缙、林耀华等以来的中外学者研究中国宗族，往往均由村落切入，其考察对象几乎都集中在乡村宗族。英国人类学家莫里斯·弗里德曼更是在综合各家研究成果的基础上，从聚居方式、财产控制、祭祀礼仪以及地方权力关系等功能性因素着手对"宗族和村落明显地重叠在一起"[①]的"宗族乡村"（lineage village）展开剖析，开创出一种中国宗族研究的理论范式，对此后的宗族研究产生了深远的影响。艾赫（Emily Ahern）进一步从宗族间的互动关系出发，将村落的宗族组织划分为单姓村、多姓村、主姓村等三大类型。[②]

[①] [英]莫里斯·弗里德曼：《中国东南的宗族组织》，刘晓春译，上海人民出版社2000年版，第1页。

[②] Emily Ahern, *The Cult of the Dead in a Chinese Village* (Stanford, Calif: Stanford University Press, 1973), pp. 250–263. 艾赫将村落宗族组织划分为三大类型：一是村落中只有单姓宗族占支配地位，即所谓"单姓村"，这种类型的宗族内部之房派组织相当发达，宗族成员的房派认同观念较强，房派利益高于整体宗族的团结；二是村落中同时存在数个势均力敌的宗族，即所谓"多姓村"，各宗族彼此之间既合作又充满竞争，这种类型的宗族内部具有高度的认同感；三是村落中由数个宗族构成，但其中某一大姓宗族的势力远超其他宗族，而形成一族独大并控制着其他各小姓宗族，或是各小姓宗族联合共同抗衡大姓宗族的局面，此即为"主姓村"。

显而易见的是，这些研究均无一例外地聚焦于乡村地区，并将其作为透视中国传统社会结构的基础。然而，正如美国人类学家 Morton H. Fried 在对安徽的一个县城进行研究时所指出的，乡村研究并不能反映中国社会文化的整体性，从人类学的角度研究中国，要看中国的上下关系，而要看这个上下关系，就不能以村庄为研究单位，而必须集中于县城这样介于上下的区位。① 因此，只有将宗族研究延伸城市社会中，才能够真正拓展人们对中国宗族多元类型（多元性）的认识，进而更为全面地认识与理解中国社会。本书充分重视当下的田野调查研究，将其所获资料与方志、族谱等文献史料有机结合起来，对闽东韩城陈氏这样一个长期活跃在城市社会中的城中族漫长的文化实践过程进行了较为系统的考察，尝试将宗族研究延伸至城市社会中。在本章中，笔者拟对全书的主要论点进行总结。

北宋乾兴元年（1022），陈氏肇基始祖陈孺云游至韩城凤岗山麓开基，经过数代子孙筚路蓝缕的艰辛拓殖逐渐发展成为仕宦家族，与其他移居立业的郭、吴等姓氏家族共同推动了地方社会经济的发展，并倡捐地基于南宋淳祐五年（1245）以福安为县名，析长溪西北乡地建县，设县治于韩阳坂。自韩城立县以来，陈氏即在这座城市的防卫、公共工程建设等各种重大事务中持续地展现出巨大的影响力。明嘉靖己未年（1559），倭寇进犯韩城，因当时兵备不足，陈氏遂以一族之力坚守北门抗击倭寇，但终因寡不敌众而导致城破族毁。"己未之变"既是韩城之殇又是陈族之殇。明清易代之际，韩城因其极为重要的战略地位，成为清军与南明军队激战之地。在此过程中，城内宗族群体亦被卷入政治军事斗争的旋涡之中，以陈氏为首的城中族是双方极力争取和拉拢的对象，但宗族精英出于维护自身利益的需要最终做出抉择，对清廷采取合作的态度，从而避免了战争带来的更大损害。韩城洪灾频仍，受水患灾

---

① Morton Fried, *Fabric of Chinese Society*, *A Study of the Social Life of a Chinese County Seat*, New York: Frederick A. Praeger, Inc, 1953.

祸甚烈，明清两代宰邑者多次在西郊修筑水坝防治水患，而陈族士绅历次均领袖群伦捐资出力，积极投入这项城市公共设施建设当中。总之，陈氏宗族见证和参与了韩城这座城市的整个兴衰成败的历史进程，宗族的壮大带动了城市的形成与发展，而城市的发展也在推动着宗族的壮大与凝聚。族与城水乳交融，是一个互涵共生的命运共同体。

自明洪武年间十五世裔孙陈宗亿着手纂修族谱，韩城陈氏便开始了其组织化和制度化的宗族建构。随着嘉靖年间朝廷放宽对民间祭祀始祖的限制，居住在城内的陈氏族人以八位十三世祖先的名义捐建宗祠，形成以华、延、脵、远左四房和兰、蕙、莳、义右四房共同组成的形态完备的"合同式宗族"，由此奠定了陈氏宗族的基本结构框架。明代末期，韩城地区频繁的倭乱、兵燹、灾祸造成剧烈的社会动荡，致使原先基本居住在城市的族裔不得不"窜居乡曲"，星散分布于邑内外的城坊乡里。清代初期，随着社会经济的恢复与发展，陈族士绅精英展开以风水维护、祠宇整修及族谱编纂为主要内容的城中族重整运动。乾嘉以降，陈氏宗族进入一个支分派衍、人口快速增长的时期，各房支发展呈现出不均衡的局面，而原先徙居乡里的族裔经过数代生息繁衍，逐步开始扎根乡村社区，其对村落的认同度越来越高，并通过建立支祠、分修谱系从城中族中脱离独立出来成为聚居型的村落宗族。

1949年中华人民共和国成立以后，在全国范围内开展的"土地改革"和"集体化"运动使得陈氏散布邑内城乡各处的土地、山林、店铺等族产被没收，包括陈氏宗祠和威惠侯王祠在内的神圣祭祀空间相继被挪作他用，族谱编修和祭祖仪式等各种活动暂时中断，陈氏宗族在集体化时期基本上处于一种沉寂的状态。直到改革开放以后，陈氏族人通过联络旅台宗亲及策略性地运用"闹"和"缠"的问题化技术艰难地争取回祠堂，并积极发动族裔集资对祠堂、祖宫等建筑进行修缮与扩建，同时在宗族精英的精心谋划和运作下，借助于保护中华优秀传统文化、巩固和发展爱国统一战线等国家权力话语，向有关部门提交报告请求将宗族建筑群申请成为省级重点文物保护单位。通过重修中断数十载的宗族谱牒将失联族裔重新整合在一起，同时推动春秋二祭、做福等祭仪制度化改造，以及举行将入祠受祭的资格扩及于每个宗族成员的世纪晋主仪式，同时远赴湖南九嶷山舜帝陵和河南固始等"祖源地"寻根拜祖，建立起宗族认同凝聚的象征符号，从而强化和巩固了族人的城中族认同。作为一个活跃在城市社会中的宗族组织，韩城陈氏不仅只是热衷于修祠、纂谱及祭祖等一般性宗族凝聚活动，而且重视深入挖掘和利用宗族历史文化等各种象征资本，并借助于国家权力话语的表达，为城中族的发展获取相应的政治、经济和文化资源，展现出高度的文化自觉和强烈的文化使命感。

显然，城市作为相对更为开放的社会空间，人们对宗族的认同感并不若聚居型乡村宗族那般强烈，而要维系其实体性城市宗族组织的存在则要困难得多。不过，作为城中族的韩城陈氏能够在城市中得以延续和发展，则是与其适应城市环境的结构特性和经济体系两个方面的内容密不可分的。

从组织形态上来说，陈氏宗族呈现出刚性房支结构与弹性基础单元对立统一的结构特性。一方面，陈氏宗族极力维系捐资建祠时所形成的固有房支结构，尽管清初延、腴两房已相继失传，但至今仍保持其祖龛虚位以待，而摒弃肇基始祖孺公第三世裔孙之福、寿（均为第三世）两房以房族名义加入宗祠，以免动摇和变易宗族固有的房支结构；另一方面，无论是否具有同宗同源的血缘世系关联，只要是姓氏为"陈"，均可通过"谱系性失忆"重构加入固有房支谱系中成为正式的宗族成员。由此，系谱成为一种可资操纵和利用的文化象征符号，世系关联的改变是城中族在面对具体社会情境时所做出的策略性调适和选择，是其对文化资源合理巧妙的创造性运用。而这恰恰化解了陈氏族裔移居乡村，通过独立支祠和分修谱系建立聚居型村落宗族的分化压力。显然，正是这一分化与凝聚并存的流动性机制，以及刚性房支结构与弹性基础单元这种对立统一的结构特性，既确保了城中族基本结构的稳定性，又具有相当程度的灵活性和开放性，使其始终得以维持一个实体性城市宗族即城中族①的存在。城市"作为一种社会空间存在，是一种物化的资本力量，这种力量表现为典型意义上的经济与文化要素的集聚"②，吸引着源源不断的乡村民众向城市移居，从而为城中族的发展持续地提供新生成员和力量。此外，由于城市居民的宗族意识的确会因受城市聚落群体的异质性及商业氛围的浸染而趋于衰弱，"乡村的人对宗祠的认同感比城关的人要强，农村搬到城关来，第一两代都比人家出钱出得多，很多长期住在城市出钱就出得少了"③，因而乡村同姓家户与支系的加入，正有如向城中族注入使其恢复活力的新鲜血液，加上城市宗族精英（传统士绅与现代原国家机关工作人员）热衷于借助宗族并通过主导宗族活动达到发挥"余温余热"，实现其人生价值的权力"场域"。从某种意义上来说，正是宗族内部这两个群体的积极参与才使得城中族充分活跃起来，由两边向中间挤压并激发起城市里众多普通族人的宗族意识和参与热情。

就其经济体系而言，族产投资多元化和经营商业化确保了城中族稳定的经济来源。在以农立国的中国传统社会中，土地因其"恒产"特性受到城中族的投资青睐，起到维系其生存和发展的稳定器的作用，而帝制时期"前所有权"结构的地权秩序使得同一块土地可以被分割成田底、田面两种占有形式，进而形成"一田多主""一田多养"的管业秩序，这有利于远离土地的城中族成为田底业主，通过收租纳粮即可分享土地收益。另外，受益于城市活跃多元的工商业经济发展，城中族从市场控制、资本借贷以及工商业投资等方面分享到许多商业利润，从而为城中族的运行提供了较为稳定的经济来源。显然，恰恰与裴达礼所言

---

① 城中族实际上呈现出钱杭所谓"后宗族形态"之特征，即指有世系无聚居，其历史趋势是父系世系与传统的族居形式逐渐脱离，并衍生为一种文化性范畴。参见钱杭《论"后宗族形态"》，《中国农业大学学报》2011年第4期。

② 张鸿雁：《城市空间的社会与"城市文化资本"论》，《城市问题》2005年第5期。

③ 报道人：陈同春，66岁，陈氏宗祠会议室，2013年4月30日。

相反，城市经济生活的丰富性以及致富机会与手段的增多，非但不会降低宗族成员投资族产的动力，反倒使得城中族汲取经济依赖性资源能力的提高。

毋庸讳言，当人们提及中国社会和中国宗族时，乡土性恐怕总是作为第一印象首先跳入大家的脑海中，而开放、流动的城市则仿佛与其无缘。不过，本书对韩城陈氏宗族的个案研究表明，乡土性并非宗族本身不可或缺的基本属性，通过灵活的文化实践手段和策略，宗族能够在纷繁复杂的城市社会中得以延续和发展。总之，韩城陈氏宗族既不同于在村落宗族组织基础上建立一种新的联系，从而发展成为具有某种实际功能的结构松散的联宗组织①，又区别于由乡村宗族内部的阶级分化，宗族士绅、地主城居化而形成的乡村宗族的城市分支（城居宗族），而是一种真正意义上的实体性城市宗族，构成了我国具有丰富内涵、多变外观的宗族组织的一种基本类型——城中族。

事实上，本书所揭橥的韩城陈氏这一城中族个案并非孤立的现象，在华南、江南乃至华北等全国许多城市中都有这样世居城市的宗族（家族）存在。例如，宣统辛亥年（1911）所编纂的《东莞县志》收录有清末时期的东莞县城图②，从中即可清晰地辨识出李祠、张祠、温祠等二十二个姓氏的祠堂共计三十六座。其中，李姓多达八座，张、温两姓各有三座，何、罗、叶三姓各有二座，此外邓、祁、柳、林、陆、游、刘、朱、黎、王、陈、梁、彭、翟、黄、尹姓各有一座。当然，其中包括有村落宗族利用共有、资助公有的方式以县城为据点设立的联宗组织的大宗祠，但可以合理地推测，其中必定也有不少是属于世居东莞县城的城中族祠堂。浙江宁波的西门袁氏、白云庄万氏等著姓望族长期

---

① 钱杭指出，无论是何种形式的联宗，都只是在原有宗族间建立一种新的联系，而不会导致新宗族的产生，构成联宗组织的各主体，在联宗前已是独立的世系单位、祭祀单位、财产单位和地域单位。钱杭：《血缘与地缘之间——中国历史上的联宗与联宗组织》，上海社会科学院出版社 2001 年版，第 14、33 页。

② 宣统《东莞县志》，成文出版社 1967 年版，第 4040—4044 页。

活跃在宁波城，至今仍以其家风遗训向社会传递着向善向上的城市精神。[①] 在山东潍坊，郭、陈、张、丁并称"潍县四大家族"，"郭姓科名星如烁"，其在潍县占有一条长街：郭宅街，明清两代中进士者8人；"翰林院安陈宅家"，祖居潍县城里北门大街南首路东的陈氏祖宅，曾先后出了三个翰林；西门里张家，俗称"总督府"，亦有"张氏一门四进士"的科举盛名；唯独丁家，非仕宦望族，却拥有大量土地与商贾，财大气粗、乐善好施，捐资助学不遗余力，有所谓"丁宅立校如植花"的美誉。[②] 毫无疑问，若我们细心去观察，其实在许多城市的老城区均能见到此种城中族存在或残留的痕迹，如最为普遍的即是以姓氏家族命名的巷弄或街区，使得一些城市景观符号呈现出宗族化的现象。因此，若我们能对不同区域的城中族展开细致的考察，并对这些研究成果进行综合性的比较分析，将会对"城中族"这一宗族基本类型有更为深入的了解。此外，目前我国都市人类学、都市社会学等学科对1949年以来建立的"单位"，如"居民委员会""机关大院"等城市基本组织的研究方兴未艾，但几乎完全忽略了历史绵延更为久远，构成我国城市（尤其是老城区）内在肌理的城中族的考察，而这势必使得我们在认识与理解当下中国城市基层社会结构时存在一定程度的偏差。

总之，城中族这样一个勾连上下、联结城乡，触角延伸县乡权力网络的各个层面的社会组织，显然是理解中国社会结构的一个绝佳窗口。透过这个窗口，我们不仅能够拓展对于中国宗族多元类型及其复杂生成体系的认识，同时也会对中国社会文化整体性有着更为深刻的理解和把握。

[①]《本地三家族分享家风家训，传递向善向上的城市精神》，《现代金报》2014年4月9日，第6版。
[②]《潍县城里四大家族》，《潍坊日报》（今日潍城）2013年11月7日，"麓台秋月"版。

参考文献

方志、族谱与民间自印材料

万历《福安县志》，厦门大学出版社2009年版。
光绪《福安县志》，福建省福安县地方志编纂委员会点校本1986年版。
福安市地方志编纂委员会编：《福安市志》，方志出版社1999年版。
民国《甘棠堡琐志》，福安市甘棠镇地方志编纂委员会1993年编印。
宣统《东莞县志》，成文出版社1967年版。
(宋) 梁克家修纂：《三山志》，海风出版社2000年版。
(晋) 郭璞：《葬书》，文渊阁《四库全书》本。
(宋) 张载：《张载集》，中华书局1978年版。
(明) 黄仲昭修纂：《八闽通志》，福建人民出版社1990年版。
(明) 韩阳拙令：《庄梦纪》，明刻本，日本尊经阁文库藏。
(清) 章学诚：《文史通义》，上海古籍出版社2008年版。
(清) 洪亮吉：《洪亮吉集》，中华书局2011年版。
(清) 魏源：《皇朝经世文编》，世界书局1964年版。
(清) 曹溶辑：《学海类编》第四册，江苏广陵刻印社1994年版。
(清) 倪元坦：《读易楼合刻》，清道光十四年刻本。
(清) 陈从潮：《韩川文集》，嘉庆五年刊本，北京大学图书馆古籍室藏。
《福建省例》，台湾银行经济研究室1964年版。

《福安县地名录》，福建省福安县地名办公室 1982 年版。

《凤岗陈氏左一房族谱》，道光十八年重修本。

《上杭颖川陈氏左一华房第一榴宗谱》，1995 年重修本。

《上杭颖川陈氏左一华房第二榴宗谱》，1995 年重修本。

《上杭颖川陈氏左一华房第三榴宗谱》，1995 年重修本。

《上杭颖川陈氏左一华房第四榴宗谱》（上、下册），1995 年重修本。

《上杭颖川陈氏左一华房第五榴宗谱》，1995 年重修本。

《凤岗陈祠腴房支谱》（上、下册），1946 重修本。

《凤岗陈祠左三房支谱》卷一，1994 年重修本。

《凤岗陈祠左三房支谱》卷二，1994 年重修本。

《上杭陈氏右第一房族谱》卷一，1941 重修本。

《上杭陈氏右第一房族谱》卷二，1941 重修本。

《上杭陈氏右第一房族谱》卷三，1941 重修本。

《上杭陈氏右第一房族谱》卷四，1941 重修本。

《颖川郡上杭陈氏宗谱右一兰房谱首》，1994 年重修本。

《颖川郡上杭陈氏宗谱右一兰房一支》，1994 年重修本。

《颖川郡上杭陈氏宗谱右一兰房二支》（上、中、下），1994 年重修本。

《颖川郡上杭陈氏宗谱右一兰房三支》，1994 年重修本。

《颖川郡上杭陈氏宗谱右一兰房四支》，1994 年重修本。

《颖川郡上杭陈氏宗谱右一兰房五支》，1994 年重修本。

《颖川郡上杭陈氏宗谱右一兰房六支》，1994 年重修本。

《颖川郡上杭陈氏宗谱右一兰房七支》，1994 年重修本。

《颖川郡上杭陈氏宗谱右一兰房八支》，1994 年重修本。

《凤岗陈氏右第二房支谱》，1946 年重修本。

《凤岗陈氏右二蕙房支谱》（义榴），1993 年重修本。

《凤岗陈氏右二蕙房支谱》（礼榴），1993 年重修本。

《凤岗陈氏右第四房支谱》，1923 年重修本。

《凤岗陈氏右四义房支谱》卷一，1993 年重修本。

《凤岗陈氏右四义房支谱》卷二，1993年重修本。
《福安市颍川郡凤岗陈氏总谱》，2013年重修本。
寿房丙一支《颍川陈氏族谱》，光绪二十四年重修本。
寿房丙一支《颍川郡陈氏宗谱》，1914年重修本。
《上杭寿房飞锐公丙一支派陈氏宗谱》（上、下册），1995年重修本。
溪潭碧照《颍川世系陈氏宗谱》，光绪十二年重修本。
《濑屿颍川陈氏宗谱》，1990年重修本。
溪北洋游厝垅《颍川郡陈氏族谱》，道光二年重修本。
溪北洋游厝垅《新修濑水陈氏族谱》，1949年重修本。
福鼎玉塘《凤坡陈氏宗谱》，年代不详。
《颍川郡远杞陈氏族谱》，光绪二十一年重修本。
《福安市上杭陈氏宗祠的记忆·最近八百天》，福安市上杭陈氏宗祠第六届理事会2011年编印。
《福安市上杭陈氏宗祠的记忆·文化八百年》，福安市上杭陈氏宗祠第六届理事会2013年编印。
《关于县革委会机关行政组请求拨款新建职工宿舍的批复》（安革〔1979〕145号）。
《关于退还城关陈祠粮库的报告》（〔86〕安粮字第142号）。
《关于我局城关粮站陈祠仓库安全问题的紧急报告》（〔88〕安粮秘字第147号）。
《关于冠杭街居委及陈姓台胞要求把陈祠让给街道创办福利文化事业意见的调查报告》，福安县信访办，1988年4月。
《关于要求冠杭陈氏祠归韩阳镇使用的请示》（安韩政〔1988〕165号）。
《关于将上杭粮库移交韩阳镇政府管理使用的批复》（安政办〔1989〕030号）。
《关于请求归还上杭老人活动中心被占用部分房产报告》，1994年元月。
《归还陈祠边室的协议书》，1996年9月2日。

《要求上级以事实为根据予我主持公理的报告》，2013年5月13日。
《溪潭镇凤林村立承嗣协议书》，2012年11月18日。

中文著作

常建华：《宗族志》，上海人民出版社1998年版。
常建华：《明代宗族研究》，上海人民出版社2006年版。
曹锦清、张乐天、陈中亚：《当代浙北乡村的社会文化变迁》，上海人民出版社2014年版。
陈支平：《近五百年来福建的家族社会与文化》，中国人民大学出版社2011年版。
陈支平：《福建族谱》，福建人民出版社2009年版。
陈其南：《文化的轨迹》，春风文艺出版社1987年版。
陈其南：《家族与社会》，联经出版公司1990年版。
陈文德、黄应贵主编：《"社群"研究的省思》，"中央研究院"民族学研究所2002年版。
陈启钟：《明清闽南宗族意识的建构与强化》，厦门大学出版社2009年版。
邓正来、[英]J. C. 亚历山大编：《国家与市民社会：一种社会理论的研究路径》，中央编译出版社1998年版。
费孝通：《乡土中国 生育制度》，北京大学出版社1998年版。
费孝通：《中国绅士》，惠海鸣译，中国社会科学出版社2006年版。
冯尔康：《18世纪以来中国家族的现代转向》，上海人民出版社2005年版。
冯尔康：《中国宗族社会》，浙江人民出版社1994年版。
冯尔康：《中国古代的宗族和祠堂》，商务印书馆1996年版。
高丙中：《民俗文化与民俗生活》，中国社会科学出版社1994年版。
郭于华：《仪式与社会变迁》，社会科学文献出版社2000年版。
郭志超、林瑶棋主编：《闽南宗族社会》，福建人民出版社2008年版。

贺雪峰：《新乡土中国——转型期中国乡村调查笔记》，广西师范大学出版社 2003 年版。

黄海妍：《在城市与乡村之间：清代以来广州合族祠研究》，生活·读书·新知三联书店 2008 年版。

黄宗智：《华北的小农经济与社会变迁》，中华书局 2000 年版。

黄宗智：《长江三角洲小农家庭与乡村发展》，中华书局 2000 年版。

黄应贵主编：《空间、力与社会》，"中央研究院"民族学研究所 1995 年版。

黄应贵主编：《时间、历史与记忆》，"中央研究院"民族学研究所 1999 年版。

金耀基：《从传统到现代》，中国人民大学出版社 1999 年版。

孔永松、李小平：《客家宗族社会》，福建教育出版社 1995 年版。

蓝宇蕴：《都市里的村庄》，生活·读书·新知三联书店 2005 年版。

李亦园：《人类的视野》，上海文艺出版社 1996 年版。

李亦园：《田野图像——我的人类学生涯》，山东画报出版社 1999 年版。

李守经、邱馨主编：《中国农村基层社会组织体系研究》，中国农业出版社 1994 年版。

林美容主编：《信仰、仪式与社会》，"中央研究院"民族学研究所 2003 年版。

林耀华：《金翼》，生活·读书·新知三联书店 1989 年版。

林耀华：《义序的宗族研究》，生活·读书·新知三联书店 2000 年版。

林国平、彭文宇：《福建民间信仰》，福建人民出版社 1993 年版。

林济：《长江流域的宗族与宗族生活》，湖北教育出版社 2003 年版。

刘晓春：《仪式与象征的秩序》，商务印书馆 2004 年版。

刘朝晖：《超越乡土社会》，民族出版社 2005 年版。

刘黎明：《祠堂·灵牌·家谱——中国传统血缘亲族习俗》，四川人民出版社 2003 年版。

刘俊文主编：《日本学者研究中国史论著选译》第二卷，高明士、邱添生、夏日新等译，中华书局1993年版。

陆学艺：《社会结构的变迁》，中国社会科学出版社1997年版。

吕思勉：《中国宗族制度小史》，中山书局1929年版。

吕红平：《农村家族问题与现代化》，河北大学出版社2001年版。

麻国庆：《家与中国社会结构》，文物出版社1999年版。

麻国庆：《永远的家——传统惯性与社会结合》，北京大学出版社2009年版。

马戎、周星主编：《21世纪：文化自觉与跨文化对话（一、二）》，北京大学出版社2001年版。

潘光旦：《明清两代嘉兴的望族》，上海书店1991年版。

彭兆荣：《人类学仪式的理论与实践》，民族出版社2007年版。

钱杭、谢维扬：《传统与转型：江西泰和农村宗族形态———项社会人类学的研究》，上海社会科学院出版社1995年版。

钱杭：《中国宗族制度新探》，中华书局1994年版。

钱杭：《中国宗族史研究入门》，复旦大学出版社2009年版。

钱杭：《血缘与地缘之间：中国历史上的联宗与联宗组织》，上海社会科学院出版社2001年版。

乔健、潘乃谷：《中国人的观念与行为》，天津人民出版社1995年版。

瞿同祖：《中国法律与中国社会》，中华书局2003年版。

石峰：《非宗族乡村——关中水利社会的人类学考察》，中国社会科学出版社2009年版。

石奕龙、郭志超主编：《文化理论与族群研究》，黄山书社2004年版。

孙立平：《断裂——20世纪90年代以来的中国社会》，社会科学文献出版社2003年版。

孙中山：《三民主义》，岳麓书社2000年版。

唐军：《蛰伏与绵延》，中国社会科学出版社2001年版。

唐力行主编：《国家、地方、民众的互动与社会变迁》，商务印书馆

2004年版。

唐力行:《徽州宗族社会》,安徽人民出版社2005年版。

谭同学:《桥村有道》,生活·读书·新知三联书店2010年版。

陶希圣:《婚姻与家族》,上海书店1992年版。

王标:《城市知识分子的社会形态:袁枚及其交游网络的研究》,生活·读书·新知三联书店2008年版。

王沪宁:《当代中国村落家族文化——对中国社会现代化的一项探索》,上海人民出版社1991年版。

王明珂:《华夏边缘:历史记忆与族群认同》,社会科学文献出版社2006年版。

王铭铭:《社会人类学与中国研究》,生活·读书·新知三联书店1997年版。

王铭铭:《社区的历程:溪村汉人家族的个案研究》,天津人民出版社1996年版。

王铭铭:《村落视野中的文化与权力》,生活·读书·新知三联书店1997年版。

王铭铭、王斯福:《乡土社会的秩序、公正与权威》,中国政法大学出版社1997年版。

王铁:《中国东南的宗族与宗谱》,汉语大词典出版社2002年版。

吴毅:《村治变迁中的权威与秩序》,中国社会科学出版社2002年版。

吴仁安:《明清时期上海地区的著姓望族》,上海人民出版社1997年版。

吴仁安:《明清江南望族与社会经济文化》,上海人民出版社2001年版。

肖唐镖:《宗族政治——村治权力网络的分析》,商务印书馆2010年版。

肖唐镖等:《村治中的宗族对九个村的调查与研究》,上海书店出版社2001年版。

谢继昌：《仰之村的家族组织》，"中央研究院"民族学研究所 1985 年版。

萧楼：《夏村社会：中国"江南"农村的日常生活和社会结构（1976—2006）》，生活·读书·新知三联书店 2010 年版。

徐扬杰：《宋明家族制度史论》，中华书局 1995 年版。

徐扬杰：《中国家族制度史》，人民出版社 1992 年版。

徐扬杰：《家族制度与前期封建社会》，湖北人民出版社 1999 年版。

徐杰舜、许宪隆主编：《人类学与乡土中国》，黑龙江人民出版社 2006 年版。

徐茂明：《明清以来苏州文化世族与社会变迁》，中国社会科学出版社 2011 年版。

阎云翔：《礼物的流动：一个中国村庄中的互惠原则与社会网络》，李放春、刘瑜译，上海人民出版社 2000 年版。

阎云翔：《私人生活的变革：一个中国村庄里的爱情、家庭与亲密关系（1949—1999）》，龚小夏译，上海书店出版社 2006 年版。

阎云翔：《中国社会的个体化》，陆洋等译，上海译文出版社 2012 年版。

杨国桢：《明清土地契约文书研究》，人民出版社 1988 年版。

杨际平：《五—十世纪敦煌的家庭与家族关系》，岳麓书社 1997 年版。

杨一介：《中国农地权基本问题》，中国海关出版社 2003 年版。

叶显恩：《明清徽州农村社会与佃仆制》，安徽人民出版社 1983 年版。

于建嵘：《岳村政治——转型期中国乡村政治结构的变迁》，商务印书馆 2001 年版。

赵华富：《徽州宗族研究》，安徽大学出版社 2004 年版。

张先清：《官府、宗族与天主教：17—19 世纪福安乡村教会的历史叙事》，中华书局 2009 年版。

张应强：《木材之流动：清代清水江下游地区的市场、权力与社会》，生活·读书·新知三联书店 2006 年版。

张佩国:《近代江南乡村地权的历史人类学研究》,上海人民出版社 2002 年版。

张仲礼:《中国绅士——关于其在 19 世纪中国社会中作用的研究》,上海社会科学院出版社 1991 年版。

朱维幹:《福建史稿》,教育出版社 1985 年版。

郑振满:《明清福建家族组织与社会变迁》,中国人民大学出版社 2009 年版。

周大鸣:《当代华南的宗族与社会》,黑龙江人民出版社 2003 年版。

周大鸣:《凤凰村的变迁——〈华南的乡村生活〉追踪研究》,社会科学文献出版社 2006 年版。

周建新:《动荡的围龙屋——一个客家宗族的城市化遭遇与文化抗争》,中国社会科学出版社 2006 年版。

庄孔韶:《银翅——中国的地方社会与文化变迁》,生活·读书·新知三联书店 2000 年版。

庄英章:《家族与婚姻——台湾北部两个闽客村落之研究》,"中央研究院"民族学研究所 1994 年版。

中文期刊

常建华:《二十世纪的中国宗族研究》,《历史研究》1999 年第 5 期。

陈春声等:《乡村故事与社区历史的建构——以东风村陈氏为例兼论传统乡村社会的"历史记忆"》,《历史研究》2003 年第 5 期。

陈支平:《从历史向文化的演进——闽台家族溯源与中原意识》,《河北学刊》2012 年第 1 期。

陈重成:《中国农村的变与常:村落社会中的宗族组织》,《远景基金会季刊》第 6 卷第 2 期,2005 年。

陈其南:《房与传统中国家族制度》,《汉学研究》第 3 卷第 1 期,1985 年。

陈其南:《汉人宗族制度的研究——弗里德曼宗族理论的批判》,《考古人类学刊》1991年第47期。

陈奕麟：《重新思考 Lineage Theory 与中国社会》，《汉学研究》第2卷第2期，1984年。

陈永平等：《宗族势力：当前农村社区生活中一种宗族潜在的破坏力量》，《社会学研究》1991年第5期。

陈纬华：《人类学汉人亲属研究：回顾与批评》，《汉学研究通讯》第23卷第1期，2004年。

陈中民：《晋江厝的祖先崇拜与氏族组织》，《中央研究院民族学研究所集刊》1969年第23期。

崔术岭等：《当代宗族现代性与反现代性的论争和反思》，《理论观察》2008年第6期。

戴利朝：《转型时期的农村宗族及其嬗变》，《江西师范大学学报》2004年第2期。

戴冰洁等：《论农村宗族文化的二重性及其调适》，《温州大学学报》2007年第4期。

董翔薇等：《社会资本理论视角下的当代宗族：一种传统嵌入现代的社会组织》，《学术交流》2009年第3期。

杜靖：《超越村庄：汉人区域社会研究述评》，《民族研究》2012年第1期。

杜靖：《作为概念的村庄与村庄的概念——汉人村庄研究述评》，《民族研究》2011年第2期。

杜靖：《百年汉人宗族研究的基本范式：兼论汉人宗族生成的文化机制》，《民族研究》2010年第1期。

杜靖：《30年来汉人乡村人类学发展的知识脉络与生长点》，《民族研究》2008年第6期。

杜靖：《林耀华汉人社会研究的开创与传承》，《广西民族大学学报》2010年第2期。

杜正胜：《传统家族试论（下）》，《大陆杂志》第65卷第3期，1982年。

范可:《旧有的关怀、新的课题:全球化时代里的宗族组织》,《开放时代》2006 年第 6 期。

范可:《全球化语境下的文化认同与文化自觉》,《世界民族》2008 年第 2 期。

傅衣凌:《中国传统社会:多元的结构》,《中国社会经济史研究》1988 年第 3 期。

高崇:《都市化进程中华南宗族的演变动态:以南景村为例》,《浙江大学学报》2005 年第 3 期。

葛剑雄:《家谱:作为历史文献的价值与局限》,《历史教学问题》1997 年第 6 期。

耿欣等:《从中国"八景"看中国园林的文化意识》,《中国园林》2009 年第 5 期。

郭于华:《农村现代化过程中的传统亲缘关系》,《社会学研究》1994 年第 6 期。

何炳棣:《南宋至今土地数据的考释与评价(上)》,《中国社会科学》1985 年第 2 期。

华琛:《中国宗族再研究:历史研究中的人类学观点》,《广东社会科学》1987 年第 2 期。

黄世楚:《宗族现代化初探》,《社会科学研究》2000 年第 4 期。

黄挺:《城市、商人与宗族——以民国时期汕头市联宗组织为研究对象》,载南开大学中国社会史研究中心编《中国社会历史评论(第十卷)》,天津古籍出版社 2009 年版。

蒋国河:《20 世纪 90 年代以来当代中国农村宗族问题研究述评》,《中国农村观察》2006 年第 3 期。

景军:《知识、组织与象征资本——中国北方两座孔庙之实地考察》,《社会学研究》1998 年第 1 期。

科大卫等:《宗族与地方社会的国家认同——明清华南地区宗族发展的意识形态基础》,《历史研究》2000 年第 3 期。

栗建安、范祚其：《福建福安地区的有肩石器》，《考古》1995 年第 10 期。

刘朝晖：《改革年代侨乡社区的宗族组织与政治过程》，《思想战线》2007 年第 3 期。

刘志伟：《宗法、户籍与宗族——以大埔茶阳〈饶氏族谱〉为中心的讨论》，《中国社会经济史》2004 年第 6 期。

麻国庆：《类别中的关系：家族化的公民社会的基础——从人类学看儒学与家族社会的互动》，《文史哲》2008 年第 4 期。

麻国庆：《宗族的复兴与人群结合——以闽北樟湖镇的田野调查为中心》，《社会学研究》2000 年第 6 期。

彭琳淞：《有关中国家族组织分析单位的讨论》，《思与言》1988 年第 4 期。

钱杭等：《宗族问题：当代中国农村研究的一个视角》，《社会科学》1990 年第 5 期。

乔素玲等：《中国宗族研究：从社会人类学到社会历史学的转向》，《社会学研究》2009 年第 4 期。

石奕龙等：《回顾与反思：人类学视野下的中国汉人宗族研究》，《世界民族》2011 年第 4 期。

石奕龙：《城市概念与中国农村的城市化途径——以福建汉族农村为例》，《广西民族学院学报》1996 年第 1 期。

宋平：《传统宗族与跨国社会实践》，《文史哲》2005 年第 5 期。

孙庆忠：《乡村都市化与都市村民的宗族生活——广州城中三村研究》，《当代中国史研究》2003 年第 3 期。

唐军：《当代中国农村家族复兴的背景》，《社会学研究》1996 年第 2 期。

唐军：《仪式性的消减与事件性的加强——当代华北村落家族生长的理性化》，《中国社会科学》2000 年第 6 期。

唐力行：《明清徽州的家庭与宗族结构》，《历史研究》1991 年第 1 期。

田阡等：《城市化进程中的宗族变迁——以深圳龙西客家社区为例》，《广西民族研究》2007年第2期。

万建中：《民间传说的虚幻与真实》，《文化研究》2005年第3期。

王毅杰等：《对建国以来我国乡村宗族的探讨》，《开放时代》2001年第11期。

王朔柏等：《从血缘群到公民化：共和国时代安徽农村宗族变迁研究》，《中国社会科学》2004年第1期。

吴燕和：《中国宗族之发展与其仪式兴衰的条件》，《中央研究院民族学研究所集刊》1986年第59期。

吴雪梅：《清代民族边缘地区宗族组织的形成与乡村社会转型——以鄂西南土家族为中心的考察》，《贵州民族研究》2007年第3期。

吴虞：《家族制度为专制制度之根据论》，《新青年》第2卷第6号，1917年。

吴向红等：《传统地权秩序对土地承包权的挑战》，《法学》2007年第5期。

肖唐镖：《农村宗族重建的普遍性分析——对江西农村的调查》，《中国农村观察》1997年第5期。

谢建社：《变迁中的农村宗族研究综述》，《湖南文理学院学报》2003年第5期。

杨善华等：《近期中国农村宗族研究的若干理论问题》，《中国社会科学》2000年第5期。

杨彦杰：《客家移民与地方文化的建构——以"开善"宗族社会为例》，《福建论坛》2004年第10期。

叶舟：《中国传统社会中的宗族与城市：以清代常州为中心》，《史林》2010年第3期。

于云瀚：《古代城市中民间社、会的基本特征》，《人文杂志》2001年第1期。

袁正民：《宗族势力对村民自治的影响》，《学术论坛》2000年第6期。

曾少聪：《明清海洋移民的两类宗族组织发展比较》，《厦门大学学报》1998 年第 2 期。

张先清：《区域信仰的变迁：廉溪中游的汉人宗族与天主教的传播》，《古今论衡》2003 年第 9 期。

张宏明：《宗族的再思考——一种人类学的比较视野》，《社会学研究》2004 年第 6 期。

张小军：《象征资本的再生产——从阳村宗族论民国基层社会》，《社会学研究》2001 年第 3 期。

张小军：《象征地权与文化经济——福建阳村的历史地权个案研究》，《中国社会科学》2004 年第 3 期。

张小军：《宗族化中的功德寺院》，《台湾宗教研究》2002 年第 1 期。

张小军：《"文治复兴"与礼制变革——祠堂之制和祖先之礼的个案研究》，《清华大学学报》2012 年第 2 期。

郑振满：《清代福建合同式宗族的发展》，《中国社会经济史研究》1991 年第 4 期。

郑振满：《中国家族史研究：历史学与人类学的不同视野》，《厦门大学学报》1991 年第 4 期。

郑振满：《国际化与地方化：近代闽南侨乡的社会文化变迁》，《近代史研究》2010 年第 2 期。

周建新：《人类学视野中的宗族社会研究》，《民族研究》2006 年第 1 期。

周泓：《市镇宗族与圈层格局》，《学术研究》2013 年第 1 期。

周泓：《试论商域宗族》，《广西民族大学学报》2010 年第 4 期。

周泓：《商域与宗族：杨柳青商镇形态与基础结构》，《西北民族研究》2010 年第 3 期。

周泓：《北方市镇与"商域宗族"——兼论"圈层格局"》，《民族研究》2010 年第 1 期。

周大鸣等：《城乡结合部社区的研究——广州南景村 50 年的变迁》，

《社会学研究》2001年第4期。

朱炳祥：《宗族的民族性特征及其在村民自治中的表达——对捞车土家族村和摩哈苴彝族村的观察》，《民族研究》2005年第6期。

庄英章：《历史人类学与华南区域研究》，《历史人类学学刊》第3卷第1期，2005年。

庄英章：《台湾汉人宗族发展的若干问题》，《中央研究院民族研究所集刊》1973年第36期。

中译著作

［美］艾尔曼：《经学、政治和宗族——中华帝国晚期常州今文学派研究》，赵刚译，江苏人民出版社1998年版。

［美］埃里克·沃尔夫：《欧洲与没有历史的人民》，赵丙祥等译，上海人民出版社2006年版。

［美］埃里克·沃尔夫：《乡民社会》，张恭启译，巨流图书公司1984年版。

［英］安东尼·吉登斯：《现代性的后果》，田禾译，译林出版社2000年版。

［英］安东尼·吉登斯：《现代性与自我认同》，赵旭东等译，生活·读书·新知三联书店1998年版。

［美］保罗·康纳顿：《社会如何记忆》，纳日碧力戈译，上海人民出版社2000年版。

［美］本尼迪克特·安德森：《想象的共同体》，吴睿人译，上海人民出版社2005年版。

［美］C.赖特·米尔斯：《社会学的想象力》，陈强等译，生活·读书·新知三联书店2005年版。

［美］丹尼尔·哈里森·葛学溥：《华南的乡村生活——广东凤凰村的家族主义社会学研究》，周大鸣译，知识产权出版社2011年版。

［美］戴维·斯沃茨：《文化与权力——布尔迪厄的社会学》，陶东风

译，上海译文出版社 2006 年版。

［美］杜赞奇：《文化、权力与国家：1900—1942 年的华北农村》，王福明译，江苏人民出版社 2006 年版。

［美］杜赞奇：《从民族国家拯救历史》，王宪明译，社会科学文献出版社 2003 年版。

［英］E. 霍布斯鲍姆、［英］T. 兰格：《传统的发明》，顾杭等译，译林出版社 2004 年版。

［英］莫里斯·弗里德曼：《中国东南的宗族组织》，刘晓春译，上海人民出版社 2000 年版。

［美］弗里曼、［美］毕克佛、赛尔登：《中国乡村，社会主义国家》，陶鹤山译，社会科学文献出版社 2002 年版。

［美］葛学溥：《华南的乡村生活》，周大鸣译，知识产权出版社 2012 年版。

［德］哈拉尔德·韦尔策：《社会记忆：历史、回忆、传承》，季斌等译，北京大学出版社 2007 年版。

［美］黄树民：《林村的故事：1949 年后的中国农村变革》，素兰、纳日碧力戈译，生活·读书·新知三联书店 2002 年版。

［日］井上徹：《中国的宗族与国家礼制》，钱杭译，上海书店出版社 2008 年版。

［美］克利福德·吉尔兹：《地方性知识——阐释人类学论文集》，王海龙等译，中央编译出版社 2004 年版。

［美］克利福德·格尔茨：《文化的解释》，纳日碧力戈等译，上海人民出版社 1999 年版。

［英］科大卫：《皇帝和祖宗：华南的国家与宗族》，卜永坚译，江苏人民出版社 2009 年版。

［日］濑川昌久：《族谱：华南汉族的宗族·风水·移居》，钱杭译，上海书店出版社 1999 年版。

［澳］林恩·休谟：《人类学家在田野》，龙菲等译，上海译文出版社

2010年版。

[美] 鲁比·沃森：《兄弟并不平等——华南的阶级和亲族关系》，时丽娜译，上海译文出版社2008年版。

[英] 马林诺夫斯基：《文化论》，费孝通译，华夏出版社2002年版。

[美] 马歇尔·萨林斯：《历史之岛》，蓝达居等译，上海人民出版社2003年版。

[美] 马歇尔·萨林斯：《文化与实践理性》，赵丙祥等译，上海人民出版社2002年版。

[美] 玛格丽特·米德：《文化与承诺：一项有关代沟问题的研究》，周晓虹等译，河北人民出版社1987年版。

[美] 曼纽尔·卡斯特：《认同的力量》，曹荣湘译，社会科学文献出版社2006年版。

[美] 曼瑟尔·奥尔森：《集体行动的逻辑》，陈郁等译，上海人民出版社1995年版。

[法] 莫里斯·哈布瓦赫：《论集体记忆》，毕然等译，上海人民出版社2002年版。

[法] 皮埃尔·布迪厄：《实践感》，蒋梓骅译，译林出版社2003年版。

[法] 皮埃尔·布迪厄：《实践与反思——反思社会学导引》，李猛等译，中央编译出版社1998年版。

[法] 皮埃尔·布迪厄：《实践理性：关于行为的理论》，谭立德译，生活·读书·新知三联书店2007年版。

[日] 清水盛光：《中国族产制度考》，宋念慈译，中华出版事业推进委员会1957年版。

[美] 史蒂文·瓦戈：《社会变迁》，王晓黎等译，北京大学出版社2007年版。

[美] 施坚雅：《中国农村的市场与社会结构》，史建云等译，中国社会科学出版社1998年版。

[美] 施坚雅：《中华帝国晚期的城市》，叶光庭等译，中华书局2000

年版。

［美］托马斯·许兰德·埃里克森：《小地方，大论题——社会文化人类学导论》，董薇译，商务印书馆 2008 年版。

［英］维克多·特纳：《仪式过程：结构与反结构》，黄剑波译，中国人民大学出版社 2006 年版。

［英］维克多·特纳：《庆典》，方永德等译，上海文艺出版社 1993 年版。

［美］许烺光：《宗族、种姓、俱乐部》，薛刚译，华夏出版社 1990 年版。

［美］许烺光：《祖荫下：传统中国的亲属关系、人格和社会流动》，王燕彬译，九州出版社 2023 年版。

［法］雅克·勒高夫：《历史与记忆》，方仁杰译，中国人民大学出版社 2010 年版。

［瑞士］雅各布·坦纳：《历史人类学导论》，白锡堃译，北京大学出版社 2008 年版。

［美］詹姆斯·C. 斯科特：《农民的道义经济学：东南亚的反叛与生存》，程立显等译，译林出版社 2001 年版。

［美］詹姆斯·C. 斯科特：《弱者的武器》，郑广怀等译，译林出版社 2007 年版。

［美］詹姆斯·C. 斯科特：《国家的视角：那些试图改善人类状况的项目是如何失败的》，王晓毅译，胡搏校，社会科学文献出版社 2004 年版。

［美］詹姆斯·克利福德、［美］乔治·E. 马库斯编：《写文化》，高丙中等译，商务印书馆 2006 年版。

学位论文

陈兴贵：《一个西南汉族宗族的历史、变迁与复兴——基于文化人类学与历史民族志基础上的研究》，博士学位论文，厦门大学，2011 年。

杜靖：《闵氏宗族及其文化的再生产——一项历史结构主义的民族志实践》，博士学位论文，中央民族大学，2005年。

侯功挺：《传统的再造——一个华南城市宗族的人类学考察》，硕士学位论文，厦门大学，2009年。

胡家琪：《宗族形态再构的动力学透析——对鄂东北某村庄重组清明会的研究（2000—2007）》，硕士学位论文，华中科技大学，2007年。

孙庆忠：《都市村庄——广州南景村的人类学追踪研究》，博士学位论文，中山大学，2001年。

叶舟：《清代常州城市与文化：江南地方文献的发掘及其再阐释》，博士学位论文，复旦大学，2007年

张小军：《再造宗族：福建阳村宗族"复兴"研究》，博士学位论文，香港中文大学，1997年。

英文文献

Allen Chun, "The Lineage-Village Complex in Southeastern China: A Long Footnote in the Anthropology of Kinship", *Current Anthropology* Vol. 37, No. 3, June 1996.

Arthur P. Wolf, *Study in Chinese Society*, California: Stanford University Press, 1978.

A. R. Radcliffe-Brown and Daryll Forde, *African System of Kinship and Marriage*, London: Oxford University Press, 1950.

Burton Pasternak, *Kinship and Community in Two Chinese Village*, Stanford: Stanford Uiversity Press, 1972.

Burton Pasternark, "The Role of the Frontier in Chinese Lineage Development", *Journal of Asian Studies* 28, 1969.

Claes Hallgren, "The code of Chinese kinship: A Critique of the work of Maurice Freedman", *Ethnos*, 1979.

David Faure, *The Structure of Chinese Rural Society: Lineage and Village in the Eastern*, Oxford: Oxford University Press, 1986.

David Faure, "The Linage as a Cultural Invention: The Case of the Pearl River Delta", *Modern China*, Vol. 15, No. 1, Jan 1989.

Ebrey and James Watson, *Kinship Orgnization in Late Imperial China*, Berkeley: Uiversity of California Press, 1986.

Emily Ahern, *The Cult of the Dead in a Chinese Village*, Stanford: Stanford University Press, 1973.

Fredrik Barth, *Ethnic Groups and Boundaries*, Long Grove: Waveland Press, 1998.

Geertz Clifford, *Agricultural Involution: The Process of Ecological Change in Indonesia*, Berkeley: University of California Press, 1963.

Hans Vermeulen and Cora Govers, *The Anthropology of Ethnicity: Beyond "Ethnic Groups and Boundaries"*, Amsterdam: Het Spinhuis, 1994.

Helen F. Siu, *Agents and Victims in South China: Accomplices in Rural Revolution*, Nes Haven: Yale Uiversity Press, 1989.

Hilary Beattie, *Land and Lineage in China: A Study of T'ung-Ch'eng County, Anhwei, in the Ming and Ch'ing Dynasties*, Cambridge: Cambridge University Press, 1979.

Hsaio Kung-Chuan, *Rural China: Imperial Control in the Nineteenth Century*, Seattle: University of Washinton Press, 1972.

Hugh D. R. Barker, *A Chinese Lineage Village: Sheung Shui*, Stanford: Stanford University Press, 1968.

Hugh D. R. Barker, *Chinese Family and Kinship*, New York: Columbia Uiversity Press, 1979.

J. M. Potter, *Capitalism and Chinese Peasant*, Berkeley: Uiversity of California Press, 1968.

Jack. M. Potter, "Land and Lineage in Traditional China", in *Family and Kinship in Chinese Society*, Maurice Freedman, ed., Stanford: Stanford

University Press, 1970.

James L. Watson, *Emigration and the Chinese Lineage: The Mans in Hong Kong and London*, Berkeley: University of California Press, 1975.

Maurice Freedman, *Lineage Organization of Southeast China*, London: Athlone, 1958.

Maurice Freedman, *Chinese Lineage and Society: Fukien and Kwangtung*, New York: Humanities Press, 1966.

Myron L. Cohen, *House United, House Divied: The Chinese Family in Taiwan*, New York: Columbia University Press, 1976.

Myron L. Cohen, *Kinship, Contract, Community, andState: Anthropological Perspective on China*, Stanford: Stanford University Press, 2005.

S. H. Potter and J. M. Potter, *Chinese Peasants, The Anthropology of a Revolution*, Cambridge: Cambrige University Press, 1990.

Yang, C. K., *Chinse Communist Society: The Family and The Village*, Massachusets: The M. I. T. Press, 19.

后 记

本书是以我在 2014 年完成的博士学位论文为基础修订而成的。想来从最初成稿到如今杀青付梓，转瞬间已历十载，心中不免百感交集。在书稿最后敲下"后记"二字，竟语塞良久，顿时有不知从何说起之感。光标在屏幕上静静地闪烁，思绪却在静谧的夜晚飘忽游离。回首这十年来，每一步都走得异常艰辛，两个孩子先后被确诊为孤独症，高速公路发生事故翻车生死毫厘，似乎人生的厄运如影随形难以摆脱。如果不是得到诸多师友、亲人的关心、支持和帮助，我想自己是很难积极和坦然地面对生活的。人生旅途中的荆棘坎坷，也唯有在竭尽所能之后选择不强求。

我生性愚钝，竟有幸投在张先清教授门下受业三载。老师学识渊博、思维活跃、循循善诱，总能直指问题的核心。我的博士学位论文大至思想观点、谋篇布局，小到段落语句、注释引文等诸多环节，无不得到老师不厌其烦地悉心指导。尤其是在写作的关键阶段，儿子被确诊为孤独症，内心顿时感到极大的挫败感，陷入极端惶恐、痛苦的深渊而难以自拔，如果没有老师再三的鼓励、开导和鞭策，我的博士学位论文的写作或许是难以完成的，很可能会流于夭折。直到现在，老师在工作和生活上仍总是给予我许多关怀和帮助，着实让我内心感念不已。在此，我要向老师表达由衷的谢意。

董建辉教授是我硕士阶段的指导老师，他和师母徐雅芬教授一直关心着我的学习、工作和生活；余光弘教授是我素所敬重的老师，他不仅给予我严格的人类学田野调查方法训练，而且以其博大的胸怀和严谨的学术品格使我受益良多，在此也对他们给予的无私帮助致以诚挚的谢意。

在厦大求学的日子里，人类学系的郭志超教授、石奕龙教授、曾少聪教授、彭兆荣教授、邓晓华教授、宋平教授、孔青山教授以及朱家骏、蓝达居、余云平、黄向春、杨晋涛、王平、葛荣玲、刘家军、杜树海、牛燕、陈锦英等诸多师长，或在课堂上悉心指教，或在写作过程中给予宝贵意见，或在其他许多方面给予我关心和教益，在此一并致以诚挚的谢意。

感谢徐伟兵、杨蓉、李善龙、汪福建、罗意、马清虎、梁洁、牟军、索南措等同班同学以及王利兵、马越、葛赢超、蒋星梅等同门，给予我在学习与生活中的关心和帮助。

我要将最真挚的谢意送给上杭陈氏的所有宗亲。在田野调查过程中，陈松龄先生、郑幼康先生、陈麟书先生、陈幼生、陈灼生、陈应康、陈毓忠、陈俊明以及其他不知名的陈氏族人所给予我的无私帮助，使我真切地体味到他们的欢乐与执着、热爱与认同，是他们的亲切、热情、善良为我的调查提供了便利。陈佑年主任、陈耀年老师、陈同春理事长更是待我如子侄，让我在宗祠的调研倍感温馨。如果没有他们对我调查研究的热心支持和无私帮助，我不可能顺利地完成田野调查和本书的写作。

我还要特别感谢我的家人。父母亲以坚定的信念和勤劳的双手，夜以继日地辛苦劳作，为我的学习和生活付出了巨大的心血，用各种方式默默地爱护、支持着我，替我承担了大量照顾一双儿女的责任与义务。女人本弱，为母则强，妻子不仅无怨无悔地陪护儿女到专业机构接受训练，而且在工作之余积极学习电商行业知识赚钱贴补家用。作为儿子、丈夫和父亲，每每念及半生为人，一事无成，我内心时常愧疚难安。

当然，我也要特别感谢中国社会科学出版社编辑石志杭先生，是他严谨认真的工作态度和精湛的专业素养，使本书增色不少并得以顺利出版。由于我才疏学浅，书稿疏漏、错谬之处在所难免，这些概由本人负责，也恳请方家不吝赐教。

最后，我想说明的是，本书对于城中族的研究，仍只是初步和阶段性的成果。师友们许多宝贵的意见和建议，我未能完全理解和领悟，故而不曾在本书中充分地表达出来，只能期待于日后更加深入而扎实地研究。

2024 年 2 月 21 日凌晨
上饶师范学院集贤楼